U0832429

国家出版基金项目
NATIONAL PUBLICATION FOUNDATION

“十三五”国家重点图书出版规划项目

陈支平 主编

台湾通史

[第五卷]

日本殖民统治时期

王日根 苏惠苹 著

福建人民出版社
海峡出版发行集团
THE STRAITS PUBLISHING & DISTRIBUTING GROUP

本书由闽南师范大学策划并组织撰写

出版说明

这部六卷本《台湾通史》，是由海峡两岸学者通力合作、共同完成的全景式展示台湾从远古到现代的通史性著作。

全书梳理、展现了我国台湾地区政治、经济、社会、文化等各个方面的历史进程，上起距今约5万～3万年前的台湾史前文化时期，下至21世纪初期的当代台湾，分为六卷：第一卷，上古至明代；第二卷，明郑时期；第三卷，清代（上）；第四卷，清代（下）；第五卷，日本殖民统治时期；第六卷，现代。

由于书稿涉及方方面面的史料，时间跨度大，内容复杂，因此在使用和处理过程中可能会存在一些不妥之处，希望读者提出宝贵意见，以便今后再版时修订。

目　　录

第一章

甲午战争后日本侵占台湾

早在16至17世纪，日本就曾数次出兵窥伺台湾。明治维新后，日本走上了资本主义发展道路，对外扩张领土的野心日益膨胀。台湾在战略位置上扼着日本“南进”道路的要冲，成为日本对外殖民扩张的重要目标。1874年，日本借“牡丹社事件”出兵侵台，其殖民台湾的野心虽未得逞，却为1879年正式吞并琉球奠定了基础，更为甲午战争后侵占台湾种下了恶果。

第一节　日本的扩张野心及对台湾的觊觎

日本地处东亚中华文化圈的边缘地带，历代日本统治者一方面仰慕、仿效中华文化，一方面又不甘心处于边缘地位。例如，7世纪初日本圣德太子努力吸收中华文化、仿行中华制度，在日本推行改革，同时又在给隋炀帝的国书上做小动作，书写“日出处天子致日没处天子无恙”“东天皇敬白西皇帝”，正体现出这种心态。①

这种心态起初因实力有限，只能停留在心理层面，待实力增强，就逐渐变成了极端的行动，此类举动在其后的历史中反复上演。公元663年发生了中日之间第一场战争——白江口之战。日本入侵朝鲜半岛，企图联合百济对抗和挑战中国，结果被唐朝与新罗的联军打败。这使日本统治者认识到自己羽翼未丰，不足以抗衡中国，故而继续派遣唐使加紧吸收中国先进制度文化，而且几百年间未敢再出兵朝鲜，较老实地隐藏起自己的扩张企图。

13世纪，元世祖忽必烈曾两次派大军渡海征日，由于战略战术失误，加上船队遭遇狂风暴雨沉没，损失惨重，只好撤退。日本人把元军失败原因解释为是“神风”保佑日本，由此他们更编造出日本是一个“神国”的神话，借此扩充狂妄自大的心理。其后，元朝国势的衰颓给了日本武士、浪人骚扰中国沿海的机会，延至明朝中叶，更演变为影响中国沿海社会秩序的“倭寇之患”，给中国东南沿海地区人民生命财产带来严重危害。②

到16世纪末，丰臣秀吉用武力扫平群雄并统一日本。其膨胀的野心驱使他于1592年发动侵朝战争，企图占领朝鲜进而征服中国。他幻想着亲自渡海，坐镇宁波指挥战争，而由养子丰臣秀次率兵攻占中国，并将日本国都迁至北京，以北京周围十县之地进贡天皇“御用”。他甚至还梦想着远征印度，“统一天下”。结果日军在明朝廷与朝鲜联军的沉重打击下惨败。1597年丰臣秀吉又发动另一轮入侵，同样受到中朝两国军队的阻击，战事不

---

① 王晓秋：《从日本对华观的演变看甲午战争》，参考消息网2014年6月26日。

② 相关研究有林仁川：《明末清初私人海上贸易》，上海：华东师范大学出版社1987年版；郑广南：《中国海盗史》，上海：华东理工大学出版社1998年版；郑樑生：《明代倭寇史料》，台北：文史哲出版社1997年版。

遂，丰臣秀吉也于1598年病死。

17世纪，日本进入德川幕府统治的江户时代，日本与清朝虽然没有建立外交关系，但通过长崎贸易开展与中国的经济文化交流，规模不小。日本朝野崇尚朱子学，喜读中国书，爱买中国货，如丝绸、茶叶、书画、药材等，拥有“唐物”成为当时社会的时尚。与此同时，已开始有一批汉学家开始制造疑华、贬华的舆论。他们一方面宣扬日本是“神造之国”“皇道之国”，一方面鼓吹清朝已是“华夷变态”，儒教不过“无稽之谈”。如，本居宣长宣称，“世界万国中唯有天皇所统治的日本国才是最优秀的，才是万国之主宰，而中国却是累世紊乱”。这种“神国心态”成为日本人种优越论和轻视中国的心理支撑。[①]

19世纪初，面对西方殖民主义的冲击与幕藩体制的危机，日本的扩张主义意识与国际乱局相结合，产生了学习西方、进行对外扩张的主张。如，佐藤信渊在1823年写成《宇内混同秘策》，宣称：“皇国为天地间最初形成之国，为世界万国之根本，故全世界悉应为其郡县，万国之君主皆应为其臣仆。”他傲慢地断言日本“混同世界，统一万国，何难之有？”

早在明治维新以前，吉田松阴就极端狂热地鼓吹侵略中国。日本当时同中国一样，受不平等条约强加的诸多条款的束缚。吉田松阴没有倡导远东被侵略国家互相支持，为摆脱屈辱地位而共同奋斗，却从狭隘自私的考虑出发，以邻为壑，大肆主张侵略周围的国家。吉田松阴认为：日本“今宜急修武备……谕琉球朝贡，会同各诸侯责朝鲜纳质奉贡，如古盛时。北割满洲之地，南收台湾、吕宋诸岛，渐示进攻之势”，“为今之计，如能以和好牵制二虏（指美国和俄国），乘隙实行富国强兵，开垦虾夷（北海

---

① 王晓秋：《从日本对华观的演变看甲午战争》，参考消息网2014年6月26日。

道），夺取满洲（中国的东北）、朝鲜，吞并南方，然后挫败美国，制服欧洲，就将无往而不胜”。[①] 吉田松阴的“海外雄飞论”成为近代日本侵华政策的思想源流，后来明治政府的许多领导人物如木户孝允、伊藤博文、山县有朋等，都是他的学生，他们继承并发展了吉田松阴的海外扩张思想，成为日本走上侵略扩张道路的一批始作俑者。

明治时代著名启蒙思想家福泽谕吉提出的“脱亚入欧论”成为日本迅速将侵略变成行动的推进器。他在大力提倡向西方学习文明开化的启蒙思想的同时，又鼓吹“脱亚入欧”的民族扩张主义思想。1885 年，他在《脱亚论》一文中写道，中国和朝鲜不出几年就会亡国，其国土将被列强瓜分，我们不必可怜这些“恶邻”，不如“脱其伍与西洋文明国家共进退”，即与欧美列强联手去宰割中国和朝鲜等亚洲邻国，使日本进入世界强国之列。这种主张与日本传统武士道服从强者、蔑视弱者、崇拜强权、弱肉强食的心理一拍即合。福泽谕吉的“脱亚入欧论”在影响日本明治政府对外政策导向和造成日本人崇拜欧美、轻视与歧视中国之心态等方面，起了极为恶劣的作用。甲午战争前后，福泽谕吉写了 40 多篇文章，宣扬侵华战争“是文明与野蛮的战争”，甚至鼓吹“日本的太阳旗尽早在北京城迎着晨风飘扬”。[②]

1868 年 3 月 14 日，明治天皇睦仁颁布《宸瀚》，开宗明义地宣布要“继承列祖列宗伟业……开拓万里波涛，布国威于四方”。其后，有西乡隆盛、木户孝允等军国主义分子，先后提出“征韩论”“征台论”和“大陆政策”，形成完整的向外侵略、扩张的纲领。

实施“大陆政策”的第一步就是吞并朝鲜并以此为跳板，进

---

① 万峰：《日本近代史》，北京：中国社会科学出版社 1978 年版，第 279 页。

② ［日］福泽谕吉：《日清战争是文明与野蛮的战争》，见《福泽谕吉全集》第 14 卷，东京：岩波书店 1961 年版，第 491—492 页。

而侵占中国。参议木户孝允最先在其 1868 年 12 月 14 日的日记中提出“征韩”构想。他在日记中写道：“向朝鲜派遣使节，责其无礼，若其不服，则兴问罪之师，以伸张神州之威。”[①] 木户孝允的这一观点在日本政府上层达成共识，很快，出兵朝鲜的鼓噪便甚嚣尘上。如佐田白茅在其给明治天皇的奏折中，认为征服朝鲜是“富国强兵之策”，而且“不惟一举而屠朝鲜，亦可大耀皇威于海外，岂可不神速伐之也”。但由于当时日本忌惮中朝间存在宗藩关系，并且日本不具备战胜中国的实力，不得不将其暂时搁置。朝鲜东学党起义为日本出兵朝鲜提供了绝佳的机会，日本借此时机进行舆论造势，别有用心的日本政客、思想家和媒体的不断煽动，在一定程度上刺激了初步觉醒的日本民众的“国民意识”，日本多数民众开始支持战争、参与战争，实现了“国民舆论的一致”。许多豪商大族表示“不参军也要尽国民之责”，纷纷捐筹巨款，甚至一些娼妓也将多年积攒的储蓄自愿献给国家支援战争。据统计，日本战前和战时分两次共募到 16721 万日元的公债用于战争。民间各地及地方政府自发掀起征朝义勇军活动，相继组织义勇队、决死队、拔刀队等团体向政府请愿参加赴朝作战。日本整个国家逐渐成为一部战争机器。

明治维新后不久，日本形成了举国着手实现吉田松阴等人遗愿的运动。1871 年 6 月，日本政府派大藏卿伊达宗城为全权代表、外务大臣柳原前光为副使来中国订约，建立正式外交关系。伊达宗城提出凡别国在中国享受的各项特权，日本都要一体均沾，遭到清政府断然拒绝。9 月，中日订立《修好条规》和《通商章程》，体现了相互平等的原则精神，但因为没有完成任务，伊达宗城回国后被免职。第二年，柳原前光来华要求对《修好条

① ［日］井上清：《日本帝国主义的形成》，宿久高等译，北京：人民出版社 1984 年版，第 3 页。

规》作多处修改，被李鸿章驳回，直到1873年副岛种臣和柳原前光再次来中国，才交换了《修好条规》的批准书。由此可见，日本从与中国建交一开始就怀有险恶的用心。这次来华，柳原前光还以1871年12月琉球船民遭风在台湾少数民族居地遇害的事情（即牡丹社事件），到总理衙门纠缠，试探清政府对琉球、台湾的态度，总署大臣毛昶熙等严正指出："二岛（指台湾、琉球）俱我属土，属土之人相杀……何预贵国事，而烦为过问？"驳斥了琉球属日的说法，但随后又说："杀人者皆属'生番'，姑且置之化外，未便穷治。"① 日本抓住答辞中很不得体的"化外"二字，否定台湾少数民族居地是中国领土，并以此为根据，准备对台湾大兴问罪之师。

日本鹿儿岛驻军头目桦山资纪（后任台湾第一任总督）得知琉球船民在台湾遭难的消息，赶到东京报告陆军大辅西乡从道，要求攻台。日本派他和水野遵（后任台湾第一任民政长官）等人到大陆和台湾进行侦察，窥探虚实。1874年4月，日本任命西乡从道为"台湾事务都督"，率日军3000余人，进攻台湾。清政府调集军队准备抵抗，日本侵台企图没有得逞。但同年10月两国订立的《中日台湾事件专条》中，清政府不但没有对日本加以谴责，反而肯定日本出兵"原为保民义举起见，中国不指以为不是"②，等于变相承认琉球是日本属土，这无疑助长了日本好战分子的扩张野心。1876年，日本强迫朝鲜签订第一个不平等条约《江华条约》，三年后又正式吞并琉球，改为冲绳县，由此吉田松阴侵略邻国的思想部分地变成了现实。日本此后在朝鲜接连制造的"壬午事变"和"甲申政变"失败后，认为要夺取

① 王芸生：《六十年来中国与日本》第一卷，北京：生活·读书·新知三联书店1979年版，第64—65页。

② 王铁崖：《中外旧约章汇编》第一册，北京：生活·读书·新知三联书店1957年版，第343页。

朝鲜，与中国必有一战，于是处心积虑、积极从事对华作战的准备。

1886 年，日本军部首脑、参谋总长山县有朋派参谋本部第一局局长小川又次大佐到中国做广泛调查。回国后，小川又次提交名为《清国征讨方略》的报告书，主张在 1892 年前完成对中国作战准备，以便有机可乘时，突然发起攻击。报告书的第三部分谈善后处理，不加掩饰地阐明了日本对中国的狂妄野心：日本战胜中国缔结和约时，应将盛京盖州以南的辽东半岛、山东登州府、舟山群岛、台湾、澎湖以及长江两岸十里之地，直接并入日本版图。报告书还提出肢解中国的方案，企图将山海关以西，长城以南的直隶、山西、山东与黄河以北的河南省，江苏省黄河故道、镇江府、宝应湖、太湖，浙江省杭州、绍兴、宁波等府归日本；东北内（大）兴安岭以东、长城以北，单独立为一国，仍由清朝统治，黄河以南、长江以北，扶植明朝后裔立国，并使其割让长江以南的土地归日本；西藏、青海、天山南路，拥立达赖喇嘛，内外蒙古、甘肃省、准噶尔扶立当地各部首领，但他们都必须接受日本的监护，等等。① 这就是小川在报告书中勾画出的日本阴谋侵占、分裂中国领土的大致轮廓。当时日本羽毛未丰，实现这样庞大的侵华计划，当然力不从心，不免成了纸上谈兵，但它确是小川向参谋本部郑重其事地提出来的方案，不是信口胡诌。后来日本夺取辽东半岛，占领台湾，在东北制造伪满洲国，在中国各地扶植傀儡政权等行为，在报告书里都有踪迹可寻，同吉田松阴等人鼓吹的扩张思想不无联系，不过报告书说得更详细、具体而已。

山县有朋在 1878 年就把辽东半岛看作是控制中国、压制朝

---

① ［日］山本四郎：《1887 年日本小川又次〈清国征讨方略〉介绍》，载张海鹏主编：《抗日战争研究》1995 年第 1 期，第 217—218 页。

鲜的军事要害地区，日本必须加以占领。1889 年他任内阁首相后，更极力主张扩军造舰，要求陆海军费应占年度预算支出的大部分。为加速完成造舰计划，明治天皇从王室经费中拨出专款赞助，以示倡导。甲午战争前，日本海军有大小军舰 30 多艘，排水量近 6 万吨；陆军有 7 个师团，总人数 7.5 万余人，战时可扩充到 23 万人。日本积极备战，反观中国，清政府不仅将一部分海军经费移作修建颐和园等之用，而且 1888 年清政府停止购舰，1891 年户部又奏准两年内停止购买枪炮、战舰、机器，这些无疑妨碍了北洋海军的建设发展。中国海军的基础原比日本强些，但日本加紧购舰造船，中国却停滞倒退，被日本赶上，差距越拉越大，反而处于劣势。①

早在 1894 年 3 月，日本外务大臣陆奥宗光就写信给驻英公使青木周藏说："日本国内政治形势变得越来越紧张，不能用一般手段使这种慌乱的人心安定下来。但是毫无借口就发动战争也是不可能的。" 1894 年 5 月，朝鲜爆发东学党领导的农民起义，对陆奥宗光这些人来说，仿佛是"欲渡河而船来"，照他的话说，"索性使两国（中、日）关系破裂，一变阴天，使降暴雨"，决意挑起对华战争。日本驻美国公使建野乡三于 7 月 7 日对美国副国务卿说："为了使日本国民的注意力从国内现状不满中转移出来，我们宁愿反华战争。"②

甲午海战爆发前夕，福泽谕吉也写了一系列文章，更起劲儿地鼓吹立刻对中国开战。7 月，他在题为《应该直接对支那朝鲜两国开战》一文中，称李鸿章给朝鲜政府的电文所说的"内修德政，勿负皇恩，倭寇放肆，敢恃狡毒，第视天兵一举，无异以石

① 王晓秋：《从日本对华观的演变看甲午战争》，参考消息网 2014 年 6 月 26 日。

② 丁名楠：《略谈日本发动甲午战争的背景、过程及其影响》，见《甲午战争九十周年纪念论文集》，济南：齐鲁书社 1986 年版，第 11 页。

压卵也”这些话，“是对日本无礼万千的语言”，并指出由此可见是中国“挑拨朝鲜政府拒绝我要求的事实确凿无疑”，因而提出“一刻也不要犹豫，要与支那为敌人，断然开战”。[①]

1894 年 8 月 1 日，明治天皇发布了正式对华宣战的诏书，在诏书中，他将自己标榜成为推进“东洋和平”的领袖，打出文明征伐野蛮的幌子，贬损清廷并制造借口。睦仁甚至主动从幕后走到台前来直接调配军政各派的力量，以获得对战争的直接控制权。他从东京来到日军大本营广岛，亲自坐镇，听取战事情报，甚至命山县有朋回国“养病”，有效地抑制了日军将帅在中国战场独断专行的局面，保证了战争朝着计划方向运转。

第二节　《马关条约》的签订与日本割占台湾

平壤战役和黄海战役相继失败后，1894 年 9 月底，慈禧太后重新起用 1884 年被她罢黜的恭亲王奕䜣主持总理衙门。10 月初，总理衙门求助英、德、俄、美等国调停中日战争。由于美、德、俄三国各有各的打算，加上日本的拒绝，英国于 10 月 6 日提出的调停建议没有获得任何结果。

1894 年 11 月初，日军入侵辽东，清廷十分担心其“龙兴之地”遭到兵燹之灾，李鸿章在奕䜣同意下派遣德国人德璀琳作为“头等钦差”到日本去商探议和的条件。但德璀琳到了日本后，日本人拒绝和他谈判，同时日本又通过美国人要求清政府派出“具有正式资格的全权委员”。

日本虽然在战场上连战连捷，但毕竟国力有限，战争带来的

① ［日］石河干明：《福泽谕吉传》第 3 卷，东京：岩波书店 1932 年版，第 756 页。

巨大消耗进一步加重了日本普通国民的负担。自1894年底以来，日本不少地方都爆发了农民暴动。同时，日本首相伊藤博文也很清楚“西方列强的骨子里并不欢迎日本的崛起，妒忌日本在清国分食西方人的利益”。此外，伊藤博文明确反对军部大本营直捣北京的“直隶平原作战计划”，他认为如果这样做，中国将会失去合法政府作为勒索对象，从而招致各国干涉，而且在天寒地冻的渤海上进行运输也很困难。他于1894年12月4日建议先攻取威海卫和台湾，作为将来和谈的筹码，如果“待春暖时清廷犹踌躇而无向我请降之意”，则再进攻北京也不迟。明治天皇接受了伊藤博文的建议，还按伊藤博文的意思召回了正在辽东战场准备攻打山海关的山县有朋。这表明，到1894年末的日本已不再单方面追求军事胜利，而是企图从对清和谈中捞取更大的利益。

此时清政府方面求和的欲望则更加强烈。当时旅顺已失守，慈禧太后害怕日军进犯京津，便不顾光绪皇帝等人的反对，先指使奕䜣委托美国驻华公使田贝秘密向日本疏通，后于1895年1月14日正式派户部侍郎张荫桓、湖南巡抚邵友濂为全权大臣，并聘美国前国务卿科士达为顾问，赴日求和。当时日本正在猛攻威海卫，由于军事上的胜利，日本方面的侵略胃口非常大，气焰极为嚣张，觉得使清政府无条件投降的机会还未到来，因此借口“全权不足”，在广岛将清政府的这两位求和代表侮辱一番，驱逐回国。同时，日本首相伊藤博文通过清廷代表团中的伍廷芳向清政府提出和谈的要求，并指名要恭亲王或李鸿章充当全权代表。1895年2月17日，即日本攻陷刘公岛、北洋水师全军覆灭的当天，日本又通过美国人向清政府提出，必须以割地、赔款为“议和”条件，否则就无须派代表前往日本。

慈禧太后在得知日本的要求后立刻召直隶总督兼北洋大臣李鸿章入京，任命他为全权代表赴日议和。李鸿章虽坚决反对割地，声称："割地不可行，议不成则归耳。"① 又拜会各国公使，乞求干涉，但均无结果。李鸿章见割地已成定局，便于3月2日就割地一事上奏皇帝，要求"面谕训诲"，非要从光绪帝口中得到明确的割地的授权不可。光绪帝无奈，只好表示可以授予李鸿章"以商让土地之权"②。

1895年3月13日，李鸿章以头等全权大臣的名义，聘美国前任国务卿科士达为顾问，率100多名随员前往日本马关（今下关），与日本首相伊藤博文、外务大臣陆奥宗光进行谈判。就在同一天，日本军方大本营正式下达了攻占澎湖岛的命令。早在甲午战争爆发后不久，日军军方就已开始对澎湖驻军情况进行侦察，并组编了一支5000多人的远征军。当日本大本营获悉北洋舰队的其余战船已经全部被日军消灭后，便集结船舰入侵澎湖。

1895年3月19日，李鸿章抵达日本马关，20日，双方在春帆楼会见，正式开启和谈。

在谈判中，伊藤博文对李鸿章极尽羞辱之能事，而李鸿章则委曲求全，唯恐和议中断。日方以苛刻的条件使中国方面自动撤回停战的提议，达成不停战而和谈的目的。

3月24日会议后，李鸿章回住所的途中突然遭日本人小山丰太郎枪击，左眼受伤。此次意外事件的发生使日本的谈判优势锐减，令日本政府极为狼狈，气急败坏，承认"由于此次凶变，帝国不得不立于甚为困难之地位，反之，清国却因此对各国得到最好的口实，清使或将立即归国。而当其向各国哀诉时，各国将向彼表示同情，且难保不转而以其联合之压力抑制我方"③。日本担

① 翁同龢：《翁同龢日记》第五册，北京：中华书局1997年版，第2781页。

② 朱寿朋：《光绪朝东华录》，北京：中华书局1958年版，第3465、3441页。

③ ［日］伊藤博文：《清国使节谈判要件裁可公文》，见《秘书类纂》第1卷，东京：秘书类纂刊行会1933年版，第191页。

心造成第三国干涉的借口，一方面由天皇、皇后亲遣医生和护士对李鸿章进行治疗并给予慰问，另一方面自动宣布承诺休战。李鸿章也没有像日本所担心的那样立即归国，而是继续谈判。3月30日，双方签订休战条约，休战期21天，休战范围限于奉天、直隶、山东各地。此时日军已于3月25日袭占澎湖，造成威胁台湾之势，休战有意将这个地区除外，保持了日本在这里的军事压力。

这一风波平息后，日方代表以胜利者的姿态，继续进行威胁和讹诈。美国顾问科士达则想方设法怂恿李鸿章赶快接受条件，以便从中渔利。1895年4月1日，日方提出十分苛刻的议和条款，要求中方在3～4日内答复，主要包括：确认朝鲜独立；中国向日本赔偿军费库平银3亿两；中国割让台湾岛及其附属岛屿、澎湖列岛、辽东半岛给日本；中国向日本开放北京、沙市、重庆、苏州、杭州、湘潭和梧州七处通商口岸；长江、西江、吴淞江及运河等内河航行权范围；日本驻军地点及所需军费。①

李鸿章一面奏报朝廷，一面对除“确认朝鲜独立”以外的条款进行逐条驳斥，并采取拖延战术。其后，在日本的要求下，清廷改命李经方为全权大臣，随李鸿章一起议约。伊藤博文则在4月8日约见李经方，警告他一旦谈判破裂，“北京之安危亦有不忍言者”，要求尽快接受日方条件。4月10日，伊藤博文提出日方的最后修正案，其中对辽东半岛的割让范围适当收缩，赔款减少1亿两，通商口岸减为4处，但“台湾及澎湖列岛照原案”。李鸿章在割让台湾上提出强烈反驳，强调：“台湾为未经日本军侵略之地，日本竟要予以割取颇为非理，故不能割让台湾。”日方强硬表示这是最后条款。此间，李鸿章每日给总理衙门发回大量电文报告会谈进展情况，但往来的电报均被日方截获破译。伊

① 《日本外交文书》卷28，第2册，第331—334页。

藤博文完全掌握了清政府决意回避谈判破裂局面的底线，同时也意识到拖延谈判对日本不利，故采取了更加强硬的立场。清政府电令李鸿章遵旨定约。

4月15日，中日双方举行最后一次谈判。在台湾问题上，李鸿章说："台湾土地肥沃、物产饶多，民亦服王化，设官署，置吏员，纯然如本土"，"拟请所让之地，如果勒令中国照办，两国子子孙孙永成仇敌，传至无穷矣"，"台湾已立一行省，不能送给他国"。① 更声明台民反对割台："我接台湾巡抚来电，闻将让台湾，台民鼓噪，誓不肯为日民。"② 但日本侵略者割取台湾的决策已定，在当时的情势下，李鸿章的争辩不过是徒费唇舌。

1895年4月17日，李鸿章代表清政府与日本在马关春帆楼签订《马关条约》，其主要内容包括：中国承认朝鲜独立；割让台湾岛及其附属岛屿、澎湖列岛与辽东半岛给日本；赔偿日本2亿两白银；开放沙市、重庆、苏州、杭州为通商口岸；允许日本人在通商口岸开设工厂。

《马关条约》签订6天后，俄国因日本占领辽东半岛，阻碍它向中国东北伸张势力，便联合法国和德国两国进行干涉，结果是日本决定放弃辽东半岛，但要中国以白银3000万两将其"赎回"。三国干涉还辽的成功，让部分清政府官员及台湾士绅重新燃起了保台的一线希望，但日本方面却不惜用武力坚决实现侵占台湾的目标。

---

① 《日本外交文书》卷28，第2册，第414页。

② 《马关议和中日谈话录》，见《东行三录》，上海：上海书店1982年版，第252页。

第二章

台湾人民的武装抗日斗争

1895 年清政府与日本签订《马关条约》，被迫将台湾全岛及其附属诸岛屿与澎湖列岛都割让给日本。这一消息传到台湾，台湾人民纷纷行动起来，拿起武器反抗日本侵略，展开了可歌可泣的武装抗日斗争。

第一节　台湾人民的抗争

在台湾省首府台北，日本割占台湾的消息传来，“若夜午暴闻轰雷，惊骇无人色，奔走相告，聚哭于市中，夜以继日，哭声达于四野。是时风云变色，若无天地”。[①] 全台男女老少、市农工商、贩夫走卒，鸣锣罢市，涌入省府，愤怒抗议，决心誓死保卫

① 江山渊：《徐骧传》，载《小说月报》第 9 卷第 3 号，1938 年 3 月 25 日。

台湾。台湾著名诗人丘逢甲写下血书“抗倭守土”，并带头联名致电清廷，表示：“自闻警以来，台民慨输饷械，不顾身家，无负朝廷。……臣等桑梓之地，义与存亡，愿与抚臣誓死守御。设战而不胜，请俟臣等死后，再言割地。”① 台湾民众也不断上书台湾巡抚表示：“万民誓不从日，割亦死，拒亦死，宁先死于乱民手，不愿死于日人手。”

从 4 月中旬到 5 月初，各级大小官员以至督抚将军、宗室贝勒共 500 余人次上折上书共 100 余件次，为清朝前所未有。

鉴于清政府软弱无能，曾担任过驻欧多国参赞、熟悉国际法、时任台湾巡抚唐景崧副将的陈季同，援引国际法中“割地须问居民能顺从与否”，“民必须从，方得视为易主”的说法，提出了“民政独立，遥奉正朔”② 的主张。

不过，那时候台湾军民仍寄望于清廷能够奋起一战，保住台湾。《马关条约》签订后的两个月里，唐景崧致电北京二十多次，每次词语都是慷慨激昂，丘逢甲等士绅联名血书上奏，却只换来清廷“台湾虽重，比之京师则台湾为轻”的上谕，此后，再不理会。

5 月中旬，丘逢甲率台湾士绅与唐景崧聚会，商议保台之策。会上决定按照陈季同的策略，以“台湾民主国”的形式抗日保台，并发表布告，表达了自救抗日的决心：“查全台前后山二千余里，生灵千万……岂甘俯首事仇。今已无天可吁，无人肯援，台民惟有自主，推拥贤者，权摄台政。事平之后，当再请命中国，作何办理。”同时昭告天下：“因此槌胸泣血，万众一心，誓

① 《台抚唐景崧致军务处台民呈称愿效死勿割台地电》，见《清季外交史料选辑》，“台湾文献丛刊”第 198 种，台北：台湾银行 1964 年版，第 255 页。

② 陈衍：《陈季同传》，《闽侯县志》卷 69《列传五下》。

同死守。”① 他们通电全国：“台湾属日，万姓不服。……事难挽回，如赤子之失父母……伏查台湾已为朝廷弃地，百姓无依，惟有死守据为岛国，遥戴皇灵……台民此举，无非恋戴皇清，图固守以待转机。”②

5月25日，以维护国家统一为目的的“台湾民主国”成立，唐景崧被推举为总统，刘永福为大将军，丘逢甲为义军统领。“民主国”成立后，即向清廷表示：“台湾绅民，誓不臣倭，愿为岛国，永戴圣清。”后发布公告，说明成立“民主国”之缘由，晓谕全台：“惟是台湾疆土，荷大清经营缔造二百余年，今须自立为国，感念列圣旧恩，仍应恭奉正朔，遥作屏藩，气脉相通，无异中土。”③

“台湾民主国”是台湾沦陷前夕，士绅们联合各阶层民众自发为保卫台湾、反抗日本占领而成立的战时地方政权，其实质是“以自主之名，行抗日之实”。

另一方面，日本也很清楚，仅凭一纸《马关条约》，绝不可能就把台湾收入囊中。为攻打台湾，日军组建了两支侵略部队。一支是桦山资纪率领的“台湾总督府直属部队”，总兵力近7000人；另一支是日本亲王北白川能久率领的近卫师团，兵力近1.5万人。2万多人的攻台部队，加上29艘军舰组成的庞大舰队，浩浩荡荡地逼近台湾。

5月29日下午，台湾基隆港遭到日本军舰的猛烈炮轰，保台

---

① 连横：《台湾通史》卷四《独立纪》，北京：商务印书馆1983年版，第70—71页。

② 张之洞：《署江督张之洞奏据台湾绅民公禀坚留唐抚刘提仍理台事电》，见《清季外交史料选辑》，“台湾文献丛刊”第198种，台北：台湾银行1964年版，第304页。

③ 《中东战纪本末》，见中国史学会主编：《中日战争》第1册，“中国近代史资料丛刊”，上海：新知识出版社1956年版，第202页。

战役正式打响。

基隆是台北的门户，是防守台湾的重中之重，唐景崧判断日军的主攻方向必然是这里，派有重兵把守。然而他忽略了距基隆仅仅 50 里的澳底，那里水深浪平，地势开阔，最适合抢滩登陆。澳底的守军仅有 400 人，且多是刚刚招募的抗日义军，基本上没什么战斗力可言。

当日，日军采取声东击西的战术，以军舰佯攻基隆西面的金包里，而以主力掩护先遣登陆部队驶进基隆东面的三貂角海湾，并迅速趁夜色进占台北通往宜兰的要道顶双溪。

唐景崧接到日军在澳底登陆的警报，这才如梦方醒，忙不迭地派吴国华带领 700 人去防守三貂岭。但是当吴国华率队赶到三貂岭时，日军已经在山顶上安营扎寨。就连日军的随军记者，对轻易占领三貂岭也发出如此感慨："实乃我军大幸。"

日军不战而取三貂岭后，进一步夜袭基隆河上游的瑞芳，直逼基隆。瑞芳守军凭围墙和民房英勇抗战，日军首次遭遇大规模巷战，伤亡惨重。6 月 2 日，瑞芳失守。3 日，基隆失陷。第二天，因为新募的广勇和台勇的内讧，守军不战而溃，基隆通向台北的门户狮球岭也被日军攻占。

面对来势汹汹的日军，唐景崧仓皇而逃，潜回厦门。还在台北南部率义军巡防的丘逢甲听说唐景崧携款潜逃，咬牙切齿地说："吾台其去矣！误我台民，一至此极！景崧之肉其足食乎！"①

6 月 7 日，侵台日军进入台北地区；8 日，日军先头部队以台北士绅辜显荣为向导开进台北城。10 天之后，桦山资纪在台北主持"始政典礼"。

侵台日军占领台北后，便急不可待地要拿下新竹，以便打开

① 江山渊：《丘逢甲传》，见《中日战争》第 6 册，上海：新知识出版社 1956 年版，第 401 页。

南侵的通路。

6月11日，北白川能久率领的近卫师团在台北集结完毕，随即派出一个中队作为前锋，直奔新竹而来。日军一出台北，就不断遭到抗日义军的袭击，损失惨重，先遣中队最后逃回台北。这时的新竹，已经成了义军聚集之地，时人记载："不期而会上万人，漫山遍野。"[①] 但是，义军毕竟多是没有经过任何军事训练的乡民，缺乏统一指挥，武器大多还是刀枪弓箭这样的冷兵器。日军重新组建了由步兵、骑兵、工兵、炮兵、辎重兵等组成的混成联合大队，配有山炮和重机枪，再向新竹进发。22日，日军大部队在重炮支援下，攻取了新竹。

自从登陆以来，日军长驱直入，一路没有碰到有效的抵抗，这让他们气焰更加嚣张。据日军所著《台湾征讨史》记载，在他们眼里，清军不堪一击，义军蜂起，却是"乌合之众"，以为"台湾不过手掌大小之地，以一旅之众即可一举歼灭"。[②]

占领新竹之后，北白川能久下令"南征"。但是，桦山资纪和北白川能久都没有料到，日军不仅难以进兵新竹以南，而且连新竹以北的局面也很难控制。"南征"的命令下达了，却迟迟不能抽出兵力往南进攻。日军占领了新竹城，城外仍在义军的掌握之中。事实上，新竹日军已处在包围之中。义军以劣势兵力、劣势装备，不断地袭扰、打击着日军，甚至还三次攻打新竹县城。

日军在进兵途中屡屡遭遇阻击，兵力亦有很大的耗损，于是他们决定暂缓"南征"，转而以残暴的"扫荡""清剿"行动，打击占领地区的抗日力量。

新竹之战后，南部抗日的力量，主要有黑旗军、新楚军、义

---

① 黄海安记录整理，罗香林辑校：《刘永福历史草》，南京：正中书局1936年版。

② 大槻正秋：《台湾征讨史》，见《近卫师团台湾征讨史》，东京：长谷川书店1896年版，第80页。

民军及客家士勇等。南部官绅重整旗鼓，推拥刘永福为“总统”，继续推动台湾人民的抗日斗争。

获悉台北沦陷后，刘永福将指挥营移至台南府城，重新部署兵力，命黑旗军开赴苗栗、彰化等前线，并成立议会，积极设法筹饷。

8月初，日军向台中和彰化进军。台湾军民先后在尖笔山、大甲溪、八卦山、彰化等地与敌展开激战。其中，八卦山之役成了抗日保台期间最惨烈的一次战斗。在这个战役中，3000多名彰化守军与1.5万日军血战三昼夜，黑旗军将领吴彭年、义军首领吴汤兴战死，最后突围幸存的，仅剩不到50人。

在进攻彰化的过程中，日军的损失同样惨重，不仅在攻占彰化的路上留下了上千具尸体，而且近卫师团师团长北白川能久中将、旅团长山根信成少将均受重伤，不久毙命。

彰化失陷之后，日军兵分几路大举南下，黑旗军和义军拼死抵抗，战斗演变为一村一镇逐个争夺。日军凭借强大的军事优势，逐步蚕食着台湾的土地，却也付出了高昂的代价。日军档案记载：“我军冲锋，敌军却一步也不后退，挥舞刀枪，欲杀我军。真是太顽强了！”

在兵力和装备上都处于绝对劣势的黑旗军和义军，并没有因此而退缩，反而选择了主动出击。9月初，趁着日军兵力分散的机会，他们开始北上反攻，一路收复了大莆林、北斗、云林等地。日军狼奔豕突，退回彰化，被数千名黑旗军和义军包围了起来。这一下，桦山资纪着了慌，赶忙向国内求援。9月11日，从辽东半岛紧急抽调来的日军第二师团到达了台湾。这个师团有两万余人，是甲午战争中日本入侵旅顺的主力，兵强马壮。侵台日军的兵力陡然翻倍。

9月23日至25日，黑旗军和义军发动了最后一次攻城行动，在日军猛烈的炮火下伤亡惨重，不得不退去。

日军近卫师团咬着黑旗军和义军撤退的脚步，一路向南追击。第二师团则搭上运兵船，由海路绕到了刘永福部队的身后，一半在台南府城西北方向的布袋嘴港登陆，另一半在东南方向的枋寮港登陆。

曾文溪是守卫台南外围的最后防线，抗日军民在此同敌人展开最后决战。他们凭借爱国热情和民族义愤，临危不惧，奋勇冲杀，终因实力悬殊战败。

曾文溪一战是台湾保卫战的最后一役，黑旗军和义军的有生力量消耗殆尽，再也组织不起有力的抵抗。原本准备退入山中继续战斗的刘永福，不得已只好内渡回厦门。

刘永福以败军之将的身份回到厦门，但民众仍视其为英雄，夹道相迎，并准备在第二天举行仪式，纪念他的抗日保台壮举。刘永福愧不能受，当夜就离开厦门，归居广东南澳，自此离开官场隐居。

从 1895 年 6 月到 10 月，英勇的台湾军民，为保卫领土，不怕流血牺牲，前仆后继，以劣质装备顽强抗击日本侵略军，使侵台日军伤亡人数比甲午战争中日军伤亡人数多了近一倍，在中国近代反帝斗争史上留下光辉的一页。

10 月 27 日，桦山资纪发布告示声称："台湾全岛已全部平定。"① 他实在是高兴得太早了。"全输非定局，已溺有燃灰。"② 此后，在日本帝国主义殖民统治台湾的半个世纪里，台湾人民反抗日本殖民统治的斗争从来没有停止过，他们用鲜血和生命，在中国人民反抗日本侵略的斗争史上写下了可歌可泣的篇章。

---

① 《日清战争实记》第 47 编，第 25、43 页。

② 丘逢甲：《送颂臣之台湾》，见《岭云海日楼诗钞》卷二，上海：上海古籍出版社 1982 年版，第 26 页。

第二节　反占领斗争义士英雄谱

在风起云涌的抗日武装斗争中，涌现出众多可歌可泣的英雄人物，他们的精神中包含了不屈的民族气节和顽强的抵御血腥殖民的斗志，体现了中华民族不畏强暴、敢于牺牲的英勇精神。

“宰相有权能割地，孤臣无力可回天”①，写下这悲愤诗句的人，是台湾著名士绅丘逢甲。丘逢甲，1889 年己丑科同进士出身，授工部虞衡司主事，但他无意仕途，回到台湾讲书授业，主讲于台中府宏文书院、台南罗山书院及嘉义县崇文书院。马关议和割台之议初定，丘逢甲毁家纾难，组织义军，“带头捐家财以为兵饷”，首先动员成年兄弟子侄入伍，并“号召乡里，捐资招募”。经过他的一番努力，终于募集义军 30 余个营，每营 300～500人不等。作为义军统领，他对由他亲自统军的 20 个营义军，“晓以大义，勤加训练”。日军侵台后，丘逢甲率义军，在台北至新竹铁路沿线，顽强抵抗，终因弹尽粮绝，腹背受敌，饮恨返归祖籍广东嘉应州镇平县（广东蕉岭）。回乡后丘逢甲把书房取名为“念台精舍”，为儿子改名为丘念台。1896 年，丘逢甲满怀悲愤写下了《春愁》一诗：“春愁难遣强看山，往事惊心泪欲潸。四百万人同一哭，去年今日割台湾。”后来，丘逢甲投身辛亥革命的大潮。1912 年，丘逢甲病逝，弥留之际嘱咐家人：葬须向南，不忘台湾。

徐骧，字云贤，苗栗秀才，祖籍广东，农民出身，自幼读书习武，颇受乡民推崇。《马关条约》签订后，他愤激于台湾遭割

---

① 丘逢甲：《离台诗》之一，见《岭云海日楼诗钞·选外集》，上海：上海古籍出版社 1982 年版，第 415 页。

让，在苗栗起兵，被推为民团团长。6月，他同义军首领吴汤兴、姜绍祖和清军分统杨载云一起在新竹城东十八尖山和虎头山设伏，消灭日军樱井运输队数十人。他先后转战台北、台中、台南各战场，几乎每次重大战斗都有他率领的义军参加。10月，他率台湾少数民族700勇士在台南阻击日军，不幸身受重伤，临死前豪迈地说："丈夫为国死，可无憾。"①

吴汤兴，字绍文，苗栗秀才，其家族在苗栗当地有相当大的势力。吴汤兴个性豪爽，行侠仗义，受人爱戴。保台斗争中，吴汤兴听到台北被攻破的消息后，望北而誓："是吾等效命之秋也。"与当地生员邱国霖、吴镇洸等招募义军。日军占领台北后南下途中，在新竹、苗栗一带受到义军的顽强抵抗，其领导者便是吴汤兴、徐骧等人。8月，吴汤兴率部与日军决战于八卦山，炮击重伤日军统帅、近卫师团师团长北白川能久。吴汤兴在战斗中壮烈牺牲。

姜绍祖，新竹秀才，是丘逢甲的学生，家为北埔巨富。武装抗日斗争中，他"散家财募军，得健儿五百，率以赴战"。新竹一战，姜绍祖受伤与家人一同被俘，日军"问谁姜绍祖，其家人猝应曰：'余'。推出斩之，故绍祖得生。骤归北埔，再集佃兵，又赴战，遂死"。②

杨载云，亦作杨紫云。台湾新楚军统领。日军由台北入侵新竹，杨载云率新楚军与义军领袖吴汤兴、徐骧、姜绍祖及黑旗军将领吴彭年等联合抗击日本侵略军。8月，日军为南犯台中，向尖笔山和头份庄发动猛烈进攻。杨载云率新楚军身先士卒，奋勇

① 连横：《台湾通史》卷三十六《列传八》，北京：商务印书馆2010年版，第778页。

② 连横：《台湾通史》卷三十六《列传八》，北京：商务印书馆2010年版，第776页。

抵御，大挫敌军。日军从正面进攻未能得逞，便贿买汉奸引路，调兵抄袭杨载云后路。新楚军虽处于孤军作战的不利局面，双方兵力悬殊，但在杨载云指挥下，仍然顽强作战，不稍退避。终因寡不敌众和后援不继而失败，杨载云中炮牺牲，为国捐躯，新楚军的将士也大都战死疆场。

吴彭年，原籍浙江余姚，后客于广东顺德，黑旗军主要将领。日军攻陷台北城后，刘永福唯恐台中有所闪失，遂商议派兵支援。吴彭年主动请缨，率领黑旗军七星队 700 人，加入李惟义的阵营。8 月 13 日苗栗之战，吴彭年坚守阵地，日军久攻不下，最后因伤亡严重，被迫撤退。28 日，日军三路合攻八卦山，李士炳、沈福山、汤人贵率部迎敌，先后阵亡。吴汤兴和徐骧紧守阵地并开炮轰击。日军冒险登山进攻，吴汤兴阵亡，徐骧不支而败走。当时吴彭年正率领部队于大肚溪畔与日军交战，遥望八卦山已树立日军旗帜，急率全军回救。至山麓处，吴彭年中弹坠马，裹创再战，直至弹药告罄，最后壮烈牺牲。

杨泗洪，江苏宿迁人。随刘铭传赴台，因中法战争保卫沪尾一役战功卓著，升任镇标左翼统领，后为署台南镇总兵，协同刘永福防守台南。杨泗洪在台湾的时间长，地方上各方面的情况比较熟悉，协助刘永福团结不同派系，组织散兵游勇、绿林豪客奔赴前线。彰化失守后，嘉义吃紧，台南危在旦夕，为了扭转局势，杨泗洪率所部与简精华、林义成等义军，夜袭盘踞嘉义城北大埔林的日军。经过激战，日军大溃，仓皇逃窜。杨泗洪在战斗中一向身先士卒，冲杀在前，有“黑虎将军”之誉。8 月 30 日夜，在追敌途中不幸中弹，受重伤致死。

李应辰，名应时，字宗聘，祖籍为福建泉州府同安县。祖上渡台，定居台北县沪尾镇（今淡水）。日军犯台，李应辰在沪尾领导民众抗击。最初，日军企图从沪尾登陆，但见港口水雷密布，民众防范严密，改从澳底登陆。台北陷落后，李应辰率领沪尾民众步步防御，据《台北县志·军事篇》记载，著名士绅高尔伊曾上书刘永福："举人李应辰联沪尾十八庄，庄五百人，精悍可恃。沪尾有警，愿当前敌。"[①] 李应辰率众打了两个月的游击战，在龟崙岭炮战中受伤。后因兵力悬殊，抵抗乏力，李应辰不得不携家眷迁往厦门。

胡盛兴，台湾少数民族举人。《马关条约》签订的消息传到北京时，胡盛兴正在北京参加会试。年逾七十的他毅然投笔从戎，返回台湾，深入台湾少数民族地区，组织民众"诱击倭兵，半年杀过百"。

林昆冈，嘉义秀才。在台北被日军占领、义军败退之时，他召集当地民众前往支援，先在铁线桥等地阻击日军。后在沟仔头"鸣鼓出，弹贯其胸，握刃坐，长子亦战死。越五日，庄人乃收其尸，倔强如生。年四十有五"[②]。

另外还有恒春秀才钟春发，嘉义生员沈芳微、生员黄镜源、贡生黄晓潭、邑庠生林为恩及生员翁煌南、曾春华等，都曾组织义军参加抵抗日本殖民者占领台湾的斗争。

台湾人民奋起反抗日本占领台湾的斗争是近代中国人民的一次爱国主义的壮举。尽管它最后以失败告终，但它充分表现了台湾军民维护祖国领土完整的坚强意志和高度的爱国主义精神。在国家民族面临生死存亡的紧要关头，在反对帝国主义侵占祖国宝岛台湾的斗争中，海峡两岸的中国人不分彼此，同呼吸，共命运，相互支持，谱写了一首首波澜壮阔的瑰丽诗篇。

---

① 王国璠：《台湾抗日史》，台北：台北市文献委员会1981年版，第260—261页。

② 连横：《台湾通史》卷三十六《列传八》，北京：商务印书馆2010年版，第779页。

第三章

殖民统治下台湾的政治、经济与教育

日本依靠武力实现了对台湾的占领，并开始了在台湾的殖民统治。日本殖民者用武力和强势威慑，推行殖民计划，以掠夺台湾资源滋养日本本土，同时迫使台湾人民“皇民化”，以便永久统治。在近代化和殖民地化的过程中，台湾的社会、政治和经济结构发生了巨大变化，台湾人民饱受掠夺、奴役和欺凌。

第一节　日本对台湾的殖民统治政策

日本殖民统治初期，以台湾总督府与日军为主的日本殖民者，依靠枪炮和刺刀，实现了对台湾的武力占领，也遭遇了台湾人民顽强的抵抗。在这种情况下，着重于武力镇压的日本对于台湾总督的人选，都以授阶中将或上将的武官来担任。

1898 年，日本明治政府任命儿玉源太郎中将为第四任总督，并派后藤新平担任民政长官以为辅佐，采取软硬兼施的政策治理台湾。此后，日本对台湾的统治进入新的阶段，从武力镇压转为采用同化与镇压两手政策。这种软硬兼施的殖民地政策，一般称为“特别统治主义”。

事实上，日本侵占台湾之初就存在着殖民地统治策略的两条路线之争。第一条路线就是后藤新平所代表的“特别统治主义”。后藤新平认为，从“生物学”的观点来看，同化殖民地人民既不可能也不可行，因此主张效法英国殖民统治方式，将台湾等新附领土视为真正的殖民地，亦即分离于日本之外的帝国属地，不适用日本法律，必须以独立特殊方式统治。他认为应当要先对台湾的旧有风俗进行调查，再针对问题提出相应政策。这个原则被称为“生物学原则”，同时也确立了以“渐进同化”为主的统治方针。

与之相对应的，则是由原敬所代表的“内地延长主义”。受到法国殖民思想影响的原敬，相信人种、地域等相近的台湾是有可能同化于日本的，因此主张将新附领土视为“虽与内地有稍许不同，但仍为内地之一部”，直接适用本国法律。

从 1896 年到 1918 年，担任民政长官的后藤新平所持的“特别统治主义”主导了治台的政策。在这段时间内，台湾总督在“六三法”的授权下，享有所谓“特别律令权”，集行政、立法与军事大权于一身。而握有绝对权力的台湾总督府，为了有效压制武装抗日运动，改革了原来的警察制度，将警察机构扩张成为民政部各局之首的机构，使民政部能够直接执行警察事务，实现了总督府的行政官厅与警察官厅的一体化。警察可以参与一般的行政管理，并与保甲制度密切结合起来，从而开启了“儿玉-后藤”时代，造就了日本殖民统治台湾史上“警察政治”最为恶劣的时期。

在这一时期，国际局势发生极大的变化。1914 年到 1918 年发生了第一次世界大战，从根本动摇了西方列强对殖民地的统治权威。战后民主与自由思想风靡一时，民族自决主义更弥漫全世界。

与此同时，日本本国的政治生态也发生改变，正处于由藩阀政府与官僚政治转换到政党政治和议会政治的所谓大正民主时期。1919 年，田健治郎被派任为台湾的首任文官总督。他在赴任前，与日本首相原敬谈妥以同化政策为统治台湾的基本方针。他表示，同化政策的精神是“内地延长主义”，也就是将台湾视为日本内地的延长。1919 年 11 月，田健治郎到达台湾，就其同化主义加以解释：

> 夫台湾乃构成日本之一部分领土，虽然属日本帝国宪法统治之版图，不能视同英法各国之以殖民地只为其本国政治之策源地或经济上的利源地而论。因此，统治方针，皆以此大精神为前提，作种种经营设施，使台湾民众成为完全之日本民臣，效忠日本朝廷，加以教化善导，以涵养其对国家之义务观念。统治方针虽然如是，而当在实地施行时，对其施行方法，须为慎重查核，勿致有误其缓急顺序为要。对于地势、民情、言语、风俗相异之台湾民众，如俱以实行与内地同一法律制度，势必龃龉干戈，反招苦恼。必先致力于推行教育，一面启发其知能、道德，一面使知我朝廷抚民精神与一视同仁之圣旨，而予醇化融洽，与内地人在社会上接触无任何径庭，结局须为教化善导，使其到达政治上均等地步。而欲贯彻此目的，端赖官府不断加以诱挽指导。在民众则须忠勤互勉，而尽最善之努力。①

---

① 简后聪：《台湾史》，台北：五南图书出版公司 2001 年版，第 606—607 页。

田健治郎之后的各任总督也延续此政策。在具体措施上，如实施地方自治、创设总督府评议会、公布日台共学制度及共婚法、撤废笞刑、奖励日语等，强制推行同化政策，也改变了后藤新平的“以无方针为方针”“只管铁路、预防针与自来水”[①] 的内政方向与统治政策。

自1937年卢沟桥事件开始，一直到二战结束为止，日本在台湾的殖民统治迈向了另一个阶段。在此之前，1936年9月，日本政府恢复台湾武官总督的设置。在发动全面侵华战争后，日本需要榨取台湾资源以支持战争。因此，总督府除取消原来允许的社会运动外，还全力进行“皇民化运动”。该运动大力倡导台湾民众全面日本化，并全面动员台湾民众参加其战时工作，而这项运动一直持续到二战结束、台湾光复为止。此种由台湾总督府主导，将台湾人民改造为忠诚于日本天皇的强制社会运动，就是“皇民化运动”，这成为“内地延长主义”的一种极端形式。

“皇民化运动”分成两阶段进行，其实质有两个方面的内涵，即精神与物质的。精神上强调彻底清除以前的中华文化，让台湾民众在思想上成为日本人，知晓“皇国大义”，体会“皇道精神”，成为“天皇赤子”。大体上第一阶段从1936年底到1940年，为“国民精神总动员”时期，重点在于“从本岛的特殊情况出发，将重点放在全体岛民对国家的报恩感谢上，确立对时局的认识，强化国民意识，刷新社会风气，强化后方后援，协助非常时期财政经济政策，维持治安、卫生，振作岛民精神”。[②] 第二阶段从1941年到1945年，为“皇民奉公运动时期”，主旨在彻底落实日本“皇民”思想，强调挺身实践，要像日本人一样为“皇道信仰”奉献物质与身心，驱使台湾民众为日本帝国尽忠。《皇

① 蔡培火等：《台湾民族运动史》，台北：自立晚报社1971年版。

② 陈小冲：《日本殖民统治台湾五十年史》，北京：社会科学文献出版社2005年版，第269—270页。

民奉公运动规约》明确指出：“本运动为台湾全体岛民的臣道实践运动”，《皇民奉公运动实践纲要》要求：“本岛六百万同胞与政府表里一体，确立合作关系，展开臣道实践这一国民运动，竭尽奉公之诚”，重点为训练、增产和“台湾一家”的后方生活三大目标。[①]

台湾总督府为推动“皇民化运动”，开始强制要求台湾民众说日语、穿和服、住日式房子、放弃台湾民间信仰和祖先牌位、改信日本神道教。此外，殖民政府还在 1940 年公布改姓名办法，推动废汉姓、改日本姓名的运动。太平洋战争爆发后，由于战争规模不断扩大，所需兵员越来越多，日本当局也在 1942 年开始在台湾实施陆军特别志愿兵制度，1943 年实施海军特别志愿兵制度，并于 1945 年全面实施征兵制。

第二节　日本殖民统治初期台湾的政治状况

日本占据台湾之后，便在台湾推行其殖民统治，将此前“依俗而治”的粗放式治理逐渐转变为以日本法律作为准绳，在民事、商事和刑事方面均有所体现。起初，与日本人无关的相关事务还是依据习俗，但 1899 年以后，日本法律逐渐占据主导地位。1901 年，总督府成立“临时台湾旧惯调查会”，调查台湾法律和经济的旧习俗，1908 年还专门对台湾少数民族进行旧习俗的调查。1909 年设立立法部，目的是根据调查的结果，制定特别法。到 1923 年，废止过去的台湾民事令，而在台湾实施民法、商法、民事诉讼法及其他附属法律。台湾的土地权适用日本民法、物权

① 陈小冲：《日本殖民统治台湾五十年史》，北京：社会科学文献出版社 2005 年版，第 271—272 页。

法。过去限制台湾居民不能成立株式会社①，后来也可自由设立。日本人与台湾人的户籍转移，也被允许。只是台湾人的亲族和继承事项，仍依循台湾旧的习惯，保留少数的特例。

从刑事法律上看，日本在台湾长期推行刑事令，但1923年以后，关于刑事事项，依据刑法或刑法施行法、新刑事诉讼法，除一些例外，多数在台湾实行。不过，《匪徒刑罚令》《台湾阿片令》仍有效力。《匪徒刑罚令》是1898年制定的律令，“不问目的如何，凡为达其目的而以暴行或胁迫而聚众者，以匪徒论罪”，处以严刑。在当时，《匪徒刑罚令》更针对反抗斗争，到1925年《治安维持法》及1926年有关暴行行为等处罚的法律公布实施后，各种令文便缩小了使用空间。日本法律的渗入日益加强。

日本人及日本资本追随着国家权力进入台湾，并在国家权力的保护、支持之下迅猛发展。因此，殖民统治体制的确立是日本人在台湾发展的根本倚恃力量。

台湾总督原由陆海军大将或中将担任，除一般行政的权限以外，还有立法权和海陆军的统帅权与军政权，是对台湾实行殖民统治的军事和行政首脑。1896年3月31日发布的《台湾总督府条例》，规定总督的主要权限：①于委任范围内统率陆海军，掌管辖区内防务，在认为有必要时可使用武力以保持秩序安定；②在内阁总理大臣的监督下统理台湾诸般政务，在认为必要的地域内可任命当地守备队长或驻在武官兼掌民政事务，并可独断处置判任以下文官；③在其职权范围内可发布府令，并制定禁锢1年及罚金300元以内的罚则。②

继而日本政府颁布《有关应施行于台湾法令之法律》，进一

---

① “株式会社”，日本对企业的称呼，亦译为股份公司或有限责任公司。

② ［日］向山宽夫：《日本统治下台湾民族运动史》，东京：中央经济研究所1987年版，第121、126、127页。

步确立了总督的委任立法权，该法第一条规定：台湾总督在其管辖区域内，得制定具有法律的效力之命令。该法以法律第六十三号发布，史称“六三法”，是日本殖民统治台湾的基本法律，自1896年4月1日正式实施。

由于“六三法”本身存在着违宪问题，日本国内对其法律地位争议不断，加之岛内抗日武装斗争被镇压使得殖民地统治秩序渐趋稳定，关于“六三法”的修订问题被提上日程。1906年10月，以法律第三十一号对其进行了修改，即所谓的“三一法”。在此，总督的权力受到了一定限制，如不明定总督制颁的律令具有法律效力，规定其不得抵触在台施行之法律及敕令等，且明确了日本法律、敕令位阶高于台湾的律令，台湾法令处于从属的地位。

只是，日本的法律或敕令施行于台湾的并不多，台湾总督制颁的律令在运作上仍有法律效力，已颁布的总督律令除非明令废止，否则即使与日本实施的法律或敕令相抵触，也多以不溯既往为由而继续生效。故而“三一法”在实质上仍是“六三法”的延续，总督以委任立法为中心的专制权力仍然是日本殖民统治制度的核心内容。

概而言之，台湾在“六三法”与“三一法”时期的殖民地法治体制是采行律令立法，总体上以总督所颁律令作为统治的基础，日本国内法律为辅助。[①]“三一法”虽附有五年的有效期规定，但如“六三法”一样一再延长。

1927年，为缓和台湾人民的反抗斗争，“三一法”经修订后以法律第三号施行，称“法三号”。“法三号”对总督律令权的规定为：“在台湾须以法律规定之事项，如并无应适用之法律或依

① 陈小冲：《日本殖民统治台湾五十年史》，北京：社会科学文献出版社2005年版，第4页。

前条之规定处理有困难者，以因台湾特殊情形有必要时为限，得以台湾总督的命令规定之。”总体上看，“法三号”下台湾作为特别法域地位及总督的律令制定权仍得以维持。

由“六三法”确立的委任立法是一种典型的殖民地法律模式，由此法源，总督可以不受日本法律限制而颁布各种严刑酷法，如《犯罪即决例》《匪徒刑罚令》《台湾阿片令》《罚金及笞刑处分例》《台湾浮浪者取缔规则》等。据统计，日本殖民统治时期台湾总督府颁布律令计为466件，其中依实行“六三法”制颁者174件，依“三一法”制颁者124件，二者相加占总数的64％，由此可见台湾总督之专制立法权力。尤其是在“六三法”和“三一法”的“依殖民地特别法”统治时代，台湾总督的特别委托立法权对日本在台殖民统治的确立与稳定发挥了重要作用。

至于治安的维持，初则以军队为主，到了“儿玉-后藤”时代，乃大大充实警察的力量，且于1898年制定《保甲条例》，加强对居民的控制。日本侵占台湾以后，台湾的旧制度只有保甲制被长期保留。十户为甲，十甲为保，即以百户组织而成为台湾民众的地域邻保团体。甲有甲长，保置保正。保甲的事务，如户口调查、出入者调查，对于风水火灾及土匪强盗的警戒搜查，除了这些保安警察事务之外，还包括道路桥梁的小修理及清扫、害虫预防、兽疫预防等普通行政事务。到1905年更以律令第五号规定：保正、甲长还得辅助执行下述各种区行政事务，即由法令及其他行政官厅所发布的通知或传递、产业上调查资料的搜集及其实施、关于台湾税入地方税及其他收入之书面传达及缴纳的督促等。甲长则监督其家族的动静，各甲长又互相监视警戒，保正则监督全体，判明职责与赏罚，如有违法或怠职之时，课以单独或连坐的制裁。保甲的经费由保甲员负担。保甲员的工作纯属于义务性质，而保正、甲长，虽说由保甲员的家长互选，实质上保甲或壮丁团并非自治组织，而完全沦为接受警察命令的下级警察及下级行政辅助机构。

关于台湾的治安，除了保甲之外，根据1900年《保甲规则》，凡危害日本治安维持的日本人或外国人，都可令其出境。根据1906年《台湾浮浪者取缔规则》规定，台湾居民中的浮浪者，可以送至远隔之地，强制劳动。又据1900年《台湾出版规则》，即使在日本国内不受任何处分的出版物，也可禁止在台湾出版或发行。据同年《台湾新闻纸条例》，新闻的发行乃与日本国内的申请做法不同，必须经过地方长官，而得总督的许可。

台湾的警察政治色彩特别浓烈，警察的突出地位和作用，构成台湾殖民地社会的一大特色。警察不仅维持地方社会秩序，凡同老百姓直接相关的措施，也都要通过警察来执行。

1896年前，台湾的警察权由军队掌握。1896年3月，日本政府正式公布《台湾总督府条例》，实行“民政”，警察权始由军队或宪兵移交给警察机构。1897年6月，乃木希典采取“三段警备法”，即山泽的治安由军队或宪兵负责，村落的治安由警察担当，中间地带则由宪兵和警察共同戒备。1898年2月，儿玉源太郎下令废除“三段警备法”，将全岛分为12个厅，厅之下设支厅，分掌厅的事务。支厅长几无例外地是由警部担任，职员全为警察官，结果警察官把持了全部行政，成为经济政策的实践者。当时台湾的经济政策，都由穿着制服的警察人员负责执行。1920年田健治郎实行警制改革，“普通行政事务由普通文官担任，使警察部门发挥警察本能的机能”，但结果适得其反，警察反在全部行政上获得更大的支配力，因此，台湾的警察政治体制达到了登峰造极的地步。

日本侵占台湾之初，台湾的警察以日本人为主。日本一占领台湾，即由日本派来警官44人、警员492人。同年12月，继续增派警官23人、警员200人。1901年以后，也偶尔录用台湾本地人，但人数少，且位阶很低。

殖民统治者在警察人员的训练方面，比日本国内更加宏大和严厉。儿玉源太郎在1898年以经常费10万余元的巨额创办练习所，他积极鼓励日本警察学习汉语，且根据其掌握程度给予津贴；同时奖励台籍警察学习日本语，一样给予津贴。这样方便日本人对台湾社会的控制，使同化政策尽快得以实施。

据统计，至1902年，当时的警察力量，除全岛10个厅的警察课之外，97个支厅共设992个派出所，警部177人，警部补271人，巡查3234人，巡查补1524人，警察费总额180万元。处理这些事务的地方行政补助机构叫“街庄役场”，设街庄长（或乡镇长）1人，手下书记1～2人，对管辖的五六千人进行管理，其下设有保甲，设町村长，台湾的警察统治网由此编成。

民事法规方面，与日本国内差异不大。不过，总督权力甚大，后逐渐改设文官总督，削除其军事方面的权力，总督的绝对专制状况逐渐有所改变。

台湾的地方制度在1920年经历了重大的改革，与日本国内相似，州郡长官的职权体现出行政管理与警察权力相重叠的特点，市之市尹（市长）、助役及地方技师都是官吏，街庄长（类似町村长）也由官吏任命。较诸日本国内，官治行政的权限还要大些。同年，除州和厅外，又以市或街庄为新地方团体，州、市、街庄皆设“协议会”，作为预算和其他事务的咨议机构。州协议会成员由总督选任出来，市、街庄协议会成员则由州知事或厅长选任。由此，不能将台湾的地方团体看成是自治的团体。

日本侵占台湾以后，特别致力于切断台湾与大陆间的关系，竭力将台湾往“皇民化”的道路上拖拽。教育上推行日语教育，将台湾与大陆间历来存在的航渡加以切断，不许设置清朝的官方机构，对移居台湾的大陆人加以多方面的限制。

第三节　台湾社会经济的殖民地化

日本侵占台湾之前，台湾土地多掌握在大地主手中，他们有的是得到清政府的封赐，占据大量的良田美地，有的则是经商致富后购买来大量的土地。拥有土地的人往往将土地租佃给佃户，也有的租户再将土地转租，成为二地主。土地的所有者享有田底权，或者叫作“田骨”，土地的耕作者则享有田面权，或者叫作“田皮”。[①] 另外，为保护番民[②]的土地，清政府往往禁止汉民越界开垦或是汉番之间的土地买卖。

日本侵占台湾后，制定明确的方针，调查人口和地籍。关于人口，1903 年制定户口调查规则，依据曾在日本国内推行的近代国势调查的方法，进行以 1905 年 10 月 1 日午夜零点为现状的第一次临时户口调查。关于土地调查，则于 1898 年开始，成立土地调查局，实行地籍调查、三角测量与地形测量。土地调查的主要内容是：①土地测量，即对土地地形、面积的测绘；②土地种类的确定；③土地权利关系的确定。后来增加地租改正事业，共花费 540 万日元。[③] 此次土地调查历时 6 年，至 1903 年 6 月止，虽遭到台湾农民的强烈抵制，但总督府仍以武力强制推行，并借以应备日俄战争之由在岛内宣布戒严，加快土地调查的进行。一

---

① 邓孔昭：《清代台湾大小租的产生及其社会条件》，载《厦门大学学报（哲学社会科学版）》1985 年第 1 期。

② 番民，旧时对边境地区少数民族的称呼。大陆移民至台后，岛内沿海平原地区的少数民族居民与大陆移民较早较多接触，受汉文化影响较深，被称为“熟番”或“归化番”；山地丘陵地区的少数民族居民与大陆移民较晚较少接触，被称为“生番”。

③ ［日］竹越与三郎：《台湾统治志》，东京：博文馆 1905 年版，第 206 页。

般认为，随着土地调查的完成，“基本上确立了日本在台湾的统治体制”[①]。1903年12月，日本殖民政府公布《有关大租权之告示》，对既有大租户予以确定，但严禁产生新的大租户。1904年，总督府公布《有关整理大租权之事宜》，宣布消灭一切大租权，给予公债作为补偿，这种做法同明治维新时的秩禄处分一样，借以消灭遗留的大租小租关系，确定过去的小租户为业主，使土地所有的权利关系简单明了。关于土地权利的转移，则于1905年制定《土地登记规则》，除继承或依照遗嘱者外，强制以登记为权利转移效力的发生条件。1904年11月，总督府公布《台湾地租规则修正案》，开始实施第一次修正地租征收办法，大大提高了地租率，并强化了对于小租户和一般自耕农的经济剥削。总督府地租收入由1903年的92万余元，骤增至1905年的298万余元。[②]

土地调查的结果是：①明确了地理地形，获得了治安上的便利；②整理隐田，土地数量有所增加，大租权被消灭，土地收益加多，财政收入因此增加；③经济上，由于产权得以明确，土地交易也更有了保障。总之，其改革了台湾既有的大租权，调查出大量隐田，方便了日本殖民者掠夺岛内土地资源，大大改善了殖民政府的财政状况。[③]

在水田和旱田调查的基础上，总督府又着手林野调查，以明确官有与民有林地，夺取农民的山林及林区资源。有鉴于此，早

---

① 涂照彦：《日本帝国主义下的台湾》，李明俊译，台北：人间出版社1993年版，第40页。

② 《台湾税务史》上卷，台北：台湾总督府编印1918年版，第86页。

③ 1895年通过实施《官有林野及樟脑制造业取缔规则》，强占全台94.15%的山林原野。3年后，总督儿玉源太郎设置临时土地调查局，颁布《台湾地籍令》《土地调查规划》，1901年实施《土地征收规则》，1905年实施《土地登记规则》。根据这些法令，日本总督府强占民田2700万亩，日本财团强占200多万亩，也就是说台湾土地的3/4落入日本殖民者手中。土地向日本殖民者手中高度集中，致使许多中国农民破产、逃亡。

在1895年殖民政府就颁布《官有林野及樟脑制造业取缔规则》，第一条规定："如无足以证明所有权的地券或其他确据之山林原野，概为官有。"也就是说没有所有权证明的山林原野无偿归属台湾总督府官有。这样居住在山区的广大台湾少数民族同胞因缺乏所谓产权证明而被剥夺所有权。这一规定因过于严苛而引起反抗，故此后对其有所调整，规定无产权证明等书面证据也可采用实际占有的"事实认定"原则，只是认定条件极为苛刻。1896年总督府又先后颁布所谓的《台湾官有原野及产物处分令》《台湾官有森林原野预约转让规则》《台湾官有森林原野租赁规则》等土地法规，这些都为殖民政府无偿夺取山林资源提供了依据。

林野调查的结果使殖民政府获得了大量的林野所有权，除台湾少数民族居住地外，在97万余甲[①]林野中，确定"官有林野"为91.7万甲，民有林野仅为5.7万甲，民有地仅占官有地的6.2%。[②] 可见，其对山林原野的掠夺，较之对农业耕地的掠夺更加彻底、更为残酷。总督府的所谓林野调查，不仅是对台湾岛内林野地的直接掠夺，同时为日本垄断资本进入台湾岛内、掠夺台湾的森林资源开辟了便利的道路。[③]

自1915年起，日本殖民者在台湾推行官有林野整理事业，逐渐将官有林野区分为"保存林野"和"不保存林野"，并允许提出申请的经营者继续经营，避免林野的荒废，同时明确了他们的所有权、经营权和买卖权，使他们的长久经营有稳定的政策支

---

① 甲，是台湾地区独有的计算田土面积的基本单位，据传源于荷兰殖民统治台湾时曾以甲征租，大约以十亩之地为一甲，相沿成习，台湾民间至今仍有使用。

② ［日］台湾总督府：《台湾统治概要》，台北：南天书局有限公司1945年版，第501页。

③ 台湾省文献委员会：《台湾近代史》（经济篇），台中：南投出版公司1995年版，第137页。

持。1925 年总督府又开始强推《森林十五年计划事业》，计有 172 万甲台湾少数民族居住的原始森林被总督府强占。

山地居民逐渐搬迁下山，改变了过去以狩猎为主的生产方式，转而从事农业生产和畜牧业生产，形成了更加聚居化的村落形态。山区被利用作资本主义的大规模经营，如种植凤梨，发展矿业生产，以创造更大的经济效益。

至于台东、花莲两县，由于此前这里已经多有开垦，从 1910 年起，日本殖民者承认既有的开垦权，即使是开垦尚未久的林野也拨给开垦者，设定了他们的私有产权，同时实行地租制度。

总督府的强力推进保证了台湾地权的明确、产业的规模化，这样的强权式统治方式推进了资本的迅速扩张，台湾的田地、林野迅速地转化为资本，进入资本盈利的运作之中。其"实质乃是台湾土地所有权的日本化、殖民地化"[①]。台湾人民祖祖辈辈自己开垦的土地、林野，在日本统治下却要向殖民当局购买才能拥有所有权。

从土地的集中者看，日本企业家占据绝对主导的地位。各新式制糖会社所占土地达到 78601 甲，佃权取得地 25237 甲，共计 103838 甲，超过台湾总耕地面积的 1/8。在花莲港厅，盐水港制糖株式会社的所有地为 9428 甲，其中耕地 5001 甲，占厅属耕地面积 1/4 以上。而这些新式制糖会社都为日本资本家所支配。

除制糖会社外，其他日本企业也占有大量土地，如三五公司开设的源成农场占地 3000 甲、南隆农场占地 4000 甲，今村农场在 1923 年占地 1600 甲，日本拓殖株式会社在新竹中坜占有水田 3000 甲。[②]

---

① 陈泽尧：《台湾殖民地经济概论》，载《河南师范大学学报（哲学社会科学版）》1997 年第 1 期。

② ［日］矢内原忠雄：《日本帝国主义下之台湾》，台北：帕米尔书店 1987 年版，第 26—27 页。

由上统计，日本人支配的土地已逾12万甲，为台湾全部耕地面积的15%，其中大部分附属于少数几个会社，即少数几个日本大资本家控制了台湾的大量耕地。

从林野方面看，集中程度更加明显。台东开拓株式会社占2万甲，三井合名株式会社占茶园1.7万甲，台湾拓殖株式会社占茶园1000甲，三菱制纸会社占林1.5万甲。台湾原有的大地主在日本资本主义式的经营面前逐渐被蚕食。[①]

日本侵占台湾后，总督府即开始推行日本的度量衡制度，引进日本式度量衡器。1900—1903年为转轨期，从1906年4月起，凡度量衡的制作、修理及批卖，均归官府控制。这种由中式向日式的转变，成为台湾日式资本主义生产方式的前奏。

此前台湾币种繁杂，有定额钱币，也有称重的碎银。日本侵占台湾之后，大量的日本钞票、一元银币及辅币输入台湾，台湾总督府对此进行统一与规范，其目的在于“将当时还在经济方面隶属于中国的台湾，改归日本资本的支配”[②]。

1897年，日本公布货币法，实行金本位制度，台湾总督府将这一制度推行到台湾，不过，具体施行还是经历了一个曲折的过程。过渡期间，金币与银币相辅而行，一元银币作为基本单位。1899年，台湾银行开业，发行一元钞票，以取代一元银币。1903年，台湾银行追随日本金币改制，于1904年6月发行金币兑换券，除纳税以外，禁止银币的流通。1905年，银币亦被禁止用于纳税。银圆的收兑期延至1906年4月，银圆兑换券的收兑期则延至1906年12月末，到1911年4月，施行货币法，完全与日

---

① 张宗汉：《光复前台湾之工业化》，台北：联经出版事业公司1980年版，第211—212页。

② ［日］矢内原忠雄：《日本帝国主义下之台湾》，台北：帕米尔书店1987年版，第30页。

本国内的制度相统一。这为台湾迅速融入日本资本主义经济体系创造了条件。

土地林野调查的完成，度量衡和货币制度的改革，为日本资本侵入台湾铺平了道路，标志着台湾殖民地化的确立和深化。

第四节　日本资本在台湾的推展及台湾产业的资本主义化

1858年《天津条约》签订以后，英、美、德等国的资本开始进入台湾，厦门作为台湾对渡大陆的重要枢纽，承接了大量贸易中介业务。日本占领台湾之后，逐渐切断大陆与台湾的贸易，转而形成日本与台湾的直接贸易。日本资本家在这些业务中迅速壮大，成为日台贸易中的主角。

糖、茶、樟脑是台湾近代主要产业，日本殖民者对外国资本的驱逐正是围绕这几方面展开。

先说砂糖。德记、怡记、庆记、美打、海兴、东兴等英国洋行利用买办制度，一方面向制糖业者放款，另一方面垄断砂糖销售，至其装运出口，除用帆船之外，凡用轮船装运者，必须得到这些洋行的许可。

1898年，日本三井物产在台湾开设支店，1903年开始收购砂糖。1905年，横滨增田屋商店着手经营砂糖贸易，不按过去在安平、打狗交货的旧习惯，初改车站交货，后来直接改为产地交货，由此打破了其他外国商行对砂糖贸易的垄断。大阪商船会社进一步介入，使独占台湾的英国德忌利士公司不得不于1904年退出台湾海运界。1907—1908年，神户的铃木商店、汤浅商店及大阪糖业会社亦加入台湾糖业的批购行业，逐渐形成日本资本家控制台湾糖业的格局。1909年，台湾糖业俱乐部组织中，日本糖商是绝对的主角。[①]

茶业方面，以三井物产和泽野组为代表的日本资本从1907年起开始逐渐排挤其他外国茶业商行，驱逐以英国为首的其他外国资本。[②]

早在咸丰年间《天津条约》尚未生效之前，英商怡和商会和德记商会即与官府勾结，从事樟脑输出，获得巨额利润。随后，外国商人趋之若鹜，清政府曾设想将樟脑改为官营专卖，因受到外国资本（尤其是英国资本）及领事的抗议而作罢。日本侵占台湾以后，也怕其他列强不愿放弃这份利益，小心翼翼地推行了一些试探性措施，先是1895年颁布《樟脑制造取缔规则》，第二年又颁布樟脑税进而固定课税，但总是遭遇其他外国商人的强烈抵制。1899年，日本官方在台推行樟脑专卖制度，樟脑输出仍由输出业者竞争投票，英国商会总是处于有利地位。直到1908年，三井物产会社取得贩卖樟脑的专营权，日本资本家在樟脑行业的独占权才得以树立。台湾总督府权威的逐渐树立是保证日本商行取得专营权的重要保障。[③]

鸦片在日本侵占台湾期间的输出品中，地位尤其重要，是当时价额最高的重要商品。其他外国资本在该领域也势力巨大，三井物产及其他日本会社亦在台湾总督府的支持下逐渐取得该领域的主导权。

米是台湾的重要物产。1901年，日本三井物产开始介入该行业。1904年，台湾总督儿玉源太郎出任日俄战争的参谋总长，命

---

① 涂照彦：《日本帝国主义下的台湾》，李明俊译，台北：人间出版社1993年版，第465页。

② ［日］浅田乔二：《在台日本人大地主结构》，载《台湾风物》第31卷第4期。

③ 林满红：《茶、糖、樟脑业与台湾之社会经济变迁（1860—1895）》，台北：联经出版社1997年版。

令三井物产缴纳大量台湾米以供军用，这一举动，包含着开拓台湾米业销路的意义。其后三井和其他日本商会逐渐占据这一行业的主导地位。

台湾是海岛外向型经济，海上运输线是其他经济发展的生命线。台湾的海运此前由英国德忌利士公司所独占，1899 年总督府对大阪商船会社发给补助金，令其开辟淡水至香港的航线。到 1904 年，德忌利士公司退出了台湾航线。台湾海峡的航运权自此转由日资所垄断。

由上可知，台湾的商贸和海运经历了由其他外国商行所控制到逐渐由日本商行垄断的转变，1907 年是完成这一进程的关键年份。台湾总督府凭借其政治强势，给予日本商行以诸多政策性的支持和鼓励，同时积极支持日本商行由商业领域向产业领域转移，确保日本势力控制从生产到销售的全部链条，并通过在台湾创办银行，给日本企业强大的资金支持，还通过专卖制度，将输出输入商权都转给日本商行。加上日本殖民统治体制的逐步建立，台湾与日本税收制度的一体化，日台间的贸易成为一体，这也极大地排挤了其他外国商行在台湾的发展空间。

日本侵占台湾以后，土地调查确保了产权的树立和买卖活动的合法化；度量衡和货币的统一虽经历曲折，但也最终完成。各种企业逐渐为日本资本家所掌握，且在生产关系上逐渐资本主义化，由此台湾完成了由商业资本向产业资本转化的资本主义改造。

商业资本与产业资本的结合带动了产业资本自身的壮大，乃至可以摆脱商业资本而勃兴。银行资本的注入则可以进一步壮大产业资本的力量，即金融业渗入产业资本，为产业资本化提供新助力。三井、三菱及台湾银行的金融势力，对于在台湾的日本资本家企业之勃兴、发展与集中，大有促进与援助的作用。

糖业方面，日本侵占之前，台湾制糖业分布零散，规模较小，主要依靠人力或畜力，没有太多的机械化生产，生产出来的多为赤糖，少量的白糖。“儿玉-后藤”时期，提出改良种蔗技术和改进制糖技术的方针，新渡户稻造为此提出的《糖业改良意见书》[①] 被付诸实施。推动台湾种蔗户形成糖业组合，适合建成大型机械工场的建大型工场，适合建成中小型工场的则建成中小型工场。

台湾总督府为谋求台湾产糖量的增加，首先进行一连串糖业改革措施，包括引进含糖量高的蔗种、改善制糖方法、奖励从事糖业者等。总督府还扶植资本家投资制糖业，建立原料采集区域制度，规定农民只能把甘蔗卖给自己农地附近的糖厂，而且价格由糖厂决定。这样的制度促使许多日本大财团纷纷来台设立制糖公司，使台湾传统的制糖业者几无容身之地。除了几家台湾商人创办的较大规模的糖公司，如林本源制糖等，糖业几乎为日本资本家垄断。此外，由于甘蔗的收购价格由糖厂决定，导致甘蔗的收购价长期低落，蔗农生活困苦。

糖业之外，制茶、樟脑和米，以及新兴产业凤梨、香蕉等，产业资本逐渐进入各生产领域。这些产品均由此前的仅供台湾内部销售转向向外销售，产业规模扩大，资本主义化更加彰显。与之相关的电业、机械、肥料、水泥等企业相伴而生，在银行金融的带动下，产业的扩张更加迅速。

日本侵占台湾之前，台湾银行业、公司和工场均未形成，经日本殖民者的引入，台湾的银行建立起来，公司制度迅速发展，

---

① 《糖业改良意见书》是1901年9月时任台湾总督府殖产局长的新渡户稻造针对台湾糖业向总督府提出的改良意见。在此之前他已经受台湾总督府之托对各糖业进行调查研究，意见书里共有7点改良办法、11项保护奖励方案与14项对于糖业设施及机构的改良意见。这份意见书对台湾总督府的糖业政策有重大影响，总督府日后参考其意见于1902年6月14日颁布了《糖业奖励规则》，影响了台湾糖业的发展。

大型工场也建立起来。近代银行是以 1895 年 9 月大阪中立银行（后合并于三十四银行）基隆办事处专营国库事务为嚆矢。近代的公司是以 1895 年 5 月资本金 2 万元的四十万合资会社为开端，其次是同年 6 月开业的株式会社台湾银行。近代的工场则首推 1902 年开业的台湾制糖株式会社的桥仔头工场。

日本国内资本的积蓄、台湾投资条件的优良，以及总督府的政策，成为台湾资本主义迅速发展的综合因素。其中，日本资本牢牢控制着台湾的经济命脉。

1. 台湾经济的向外扩展

台湾糖业扩展到上海及东南亚各地。台湾的银行业也在大陆的厦门、香港等地设立支店，其后在孟买、纽约、伦敦等地也设立支店，进一步方便经济的外扩和贸易的推展。

日本与台湾间的关税制度被统一起来，辅助航路亦建立起来，强化了日本与台湾间的贸易联系，拓展了台湾与南洋、大陆东南沿海间的航线。1914 年以来，台湾银行给予在日本、华南进行贸易的船只汇兑上的便利。1910 年以后，日本鼓励台湾生产过剩的糖产品输往大陆销售，大阪商船会社开辟了从高雄到福州、上海、青岛、大连、天津间的“命令航线”。

台湾银行也将借债的触角伸向大陆，将日本资本引向大陆，这样日本资本便随着日本侵华的步伐由台湾再伸展到大陆，扩大了日本资本的影响范围。

2. 财政与台湾经济的资本主义化

土地调查使土地甲数增加，土地税收随之增加，财政收入增多。产权的明确加速了土地的买卖，也带动了税收的增加。银行发行公债推动大租权向资本家地权的转移，也促进了土地财富的资本化。

铁路、港口及厅舍的建设、水利事业的兴办和酒专卖制度的建立，均为资本运行和获利创造了前提条件。鸦片、食盐、樟脑、烟业和酒业的兴盛无疑为日本总督府提供了广阔的财源。

台湾资本主义的发展，日本资本家收获了其中的绝大部分利益，他们的力量占到台湾各企业全部股份的93%，仅7%的股份掌握在台湾本地人手中。股份的绝对多数也决定了他们成为左右台湾政策的重要力量。台湾的资本家中，还有一部分属于依附于日本总督府者，只有很少部分是对抗日本资本家的力量，他们的处境总是较为恶劣。①

3. 日本殖民统治下台湾的交通与水利

为掠夺台湾各种资源，台湾总督府于1899年11月成立铁道部推进台湾铁路建设。

1908年起于基隆、迄于高雄，贯穿整个台湾岛西部的纵贯铁路线全线贯通，让过去台湾南北的交通需时数日，缩短至朝发夕至。殖民当局还陆续修筑淡水线、宜兰线、屏东线、东港线路线，也收购一些民营铁路，包括台东南线（现属台东线一部分）、平溪线。此外，还有林田山、八仙山、太平山、阿里山森林铁路等林业铁路。另外，殖民当局亦曾进行北回线、南回线与中央山脉横贯线以及后续路网的路线探查与规划。

除官方外，民间或会社兴建铁路也相当投入，例如糖业铁路、盐业铁路、矿业铁路、轻便铁路等曾经密如蛛网遍布全岛并兼办客运，为地方交通主力。人们由产业铁路小火车接至纵贯线，再转乘大火车至其他主要都市，是当时普通的交通方式。

为改进台湾海运运输，使其成为日本的前哨基地，殖民当局整建基隆港，并花费巨资建造高雄港。此外，为改善东部与离岛交通，还兴建花莲港与马公港。

台湾主要的产业是农业，因此，水利设施是经济建设中相当重要的一环。在推行农业方面，1901年，总督府颁布《台湾公共

① 周宪文：《台湾经济史》，台北：台湾开明书店1980年版，第546页。

埤圳规则》。规定凡是与“公共利害”有关的埤、圳，一律指定成为“公共埤圳组合”，其规约、预算、兴废与变更均须先经官方的认可，也等同将台湾的埤圳收归殖民当局所有。此外，殖民当局还重修老旧埤圳，并在各地进行新的埤圳工程建设。

4. 日本殖民统治下台湾资本、商品、人口变化

（1）资本流向的变化

总督府鼓励台湾银行推行较日本本国更高的贷款利息，日本资本大量流向台湾，以获得较在日本本土更大的利息收益，加上台湾劳动力成本较日本国内低，因而投资的收益也较高，日本国内企业有些便转到台湾进行生产。

（2）商品流向的变化

日本侵占台湾之前，台湾商品主要流向大陆，而日本侵占台湾之后，台湾与大陆的天然联系被人为切断，台湾商品或转向日本，或转向更远的国家。

台湾贸易之转向日本，投资、金融、海运等政策便利固然特别重要，关税制度也是重要影响因素。日本殖民统治时期，逐渐将清朝旧关税改为日本关税，当时日本的关税税率仅5%，而对来自大陆的商品课以重税。这样做也在一定程度上使台湾民众的生活逐渐日本化，有利于进一步加强殖民统治。

（3）人口移动的变化

伴随着资本、国家势力而来的是日本人大量移住台湾。这其中有移住农民，他们分布于台湾的西部和东部，糖业是他们经营的主要行业，有的直接种植甘蔗，有的雇用当地人种植甘蔗。但由于他们中的一些人水土不服，生病而亡或撤回，这方面的殖民计划没有取得预期效果。

虽然日本确立了农业移民、渔业移民、矿业移民计划，但数量不占主导地位。因为总督府对日本大企业给予政策上的扶植与经济上的补助，对中小型的日本企业关照相对较少，台湾当地的

中小型企业与日籍中小型企业间形成相互竞争关系。同时，台湾中小型企业家亦有着较强的中华民族意识，推动着民族运动的高涨。

总的来说，日本殖民统治时期的台湾经济是相当典型的殖民地经济模式，即以台湾自然资源与人力来推动宗主国的整体发展。此种模式于儿玉源太郎的总督任内打下基础，并于 1943 年太平洋战争中达到最高点。若以年代区分，1900—1920 年间，台湾的经济主轴在于台湾糖业，1920—1930 年为以蓬莱米为主的粮食外销。综括这两阶段，总督府的策略约略是以“工业日本、农业台湾”为指导方针。至于 1930 年之后，则因战争需要，总督府对台湾的经济重心则转为工业化。

第五节　殖民统治下的台湾教育

日本殖民统治初期，台湾总督府对台湾人民实行奴化教育，台湾人子弟所接受的初等教育完全不同于日本人，基础的义务教育在初期依然分为“公学校”（台湾人就读）及“小学校”（日本人就读），在考试制度上也不公平（同样的分数，日本人能就读较好的学校），显示日本人无法掩盖的殖民统治阶级心态。

虽然日本在台湾推行同化政策，强制台湾人民接受日本文化，后期甚至施行“皇民化”运动，全力消除中国文化的一切影响，中国传统的私塾仍顽强存在。当时很多人也让小孩趁着课余时间到私塾，跟着汉文老师学习四书五经、作诗写文，要他们不能忘本。

1895 年 7 月，台湾总督府第一任学务部长伊泽修二执掌台湾教育事务。他在《设置台湾公学校意见》一文中，建议台湾总督府于台湾实施儿童义务教育。台湾总督府遵循其意见，同年于台北市芝山岩设置第一所西式教育场所，也是台湾第一所近代小学，此小学基本上为实验性的义务教育。第二年，台湾总督府在全台湾设立所谓的“国语（日语）传习所”[①]，设置更多义务小学。从1896年至1897年，先后在台湾各重要城市设“国语（日语）传习所”16所、分校18所。为巩固其殖民地位，掩盖其借基础教育谋求同化的目的，台湾总督府宣传其目的在于“以有利于其日常生活，并养成本国之精神”[②]。1898年，“国语（日语）传习所”升格至公学校。

日本殖民统治时期的义务教育除了公学校等制度外，还有专门为台湾少数民族设置且为“理番”政策重点工作的番童教育所与番人公学校及专门容纳日籍学童的小学校。殖民当局对于义务教育的规范十分严格，绝大多数的汉人子弟仅能于公学校就读，仅有日本学子与少数社会上层的汉人学童能在师资设备较佳的小学校学习。1922年，总督府重新修订《台湾教育令》，使台湾教育体系与日本内地一体化，在初等教育阶段开始采用日台学生“共学制”。

1941年3月，日本人为加速实行同化政策，再度修正《台湾教育令》，将小学校、番人公学校与公学校一律改称为“国民学校”（保留部分番童教育所），至此，全台的义务教育学制才完全统一。而不管哪种学校形式，日本殖民者发展台湾初等教育的根本目的在于：通过强制性的日语传授和普及，以及日本历史、国民精神的灌输，把台湾人造就成忠良的“帝国臣民”。

① 所谓的“国语（日语）传习所”是1896年到1898年台湾总督府实施的基础教育学制与场所。此学制或场所的制定或设立，确定日本统治者对台湾在“放任驱逐”与“同化”两教育政策中，选择了后者。“国语（日语）传习所”也成为台湾首个西式教育的学校，更成为后来公学校的前身。

② 《系统教育的创立》，见《乐石自传·教界周游前记》，东京：国书刊行会1980年版，第241页。

台籍儿童的教育普及率增长相当缓慢，直到强制义务教育实施后才逐步加速增长。强制义务教育实施后，1944 年，台湾“国民学校”共有 944 所，学生人数达 87.6 万余人（含女学童）。

日本殖民统治时期台、日籍儿童就学率比较①

年代	1904 年	1909 年	1914 年	1920 年	1925 年	1930 年	1935 年	1940 年	1944 年
台籍	3.8%	5.5%	9.1%	25.1%	27.2%	33.1%	41.5%	57.6%	71.3%
日籍	67.7%	90.9%	94.1%	98.0%	98.3%	98.8%	99.3%	99.6%	99.6%

日本殖民统治时期，殖民政府并不希望台湾人民受到太高的教育，台湾的高等教育主要是向日本人开放的。因此，在高等教育中，日本人子弟占据 80%以上。台湾人受政策限制，一般就读为公学校培训教师的师范学校，或是培养医师的医学校，使得教师和医师成为台湾社会中人人称羡的职业，并影响至今。

总体来看，日本殖民统治时期的高等教育有以下几个特点：第一是从经济掠夺的角度注重培养资源开发方面的人才；第二是配合殖民地统治和殖民地扩张的政策，根据台湾的地理环境特点，注重培养热带医学、农业和商业方面的人才，同时把调查、研究东南亚以及中国华南地区的资源作为高等教育的重要内容；第三是为在台湾的日本人子弟在高等教育上提供方便。②

殖民政府为了对台湾进行资源掠夺和经济开发，比较重视职业教育。总督府最初仅设立农事试验场讲习生，之后又设立糖业讲习所及学务部附属工业讲习所等修业半年至二年的职业学校，用以培养缺乏的初级技术人才。虽然各地陆陆续续设立了普通中学，但总督府为了满足技术劳工的需求，仍偏重职业教育。1922

① 台湾省行政长官公署统计室：《台湾省五十一年来统计提要》，台北：进学书局 1969 年影印版，第 1241 页。

② 汪知亭：《台湾教育史》，台北：台湾书店 1962 年版，第 126 页。

年，总督府修订《台湾教育令》，将职业学校分为农、工、商三个科别。总督府所设立的学校以二年制的职业补习学校为主，1941 年太平洋战争爆发后，修业期限改为四年，并且将所有职业学校改为州立，这使得台湾的基层技术人才不再匮乏。

日本殖民统治时期，台湾的教育呈现出较强的日本化色彩。“国语（日语）学校”区分为师范部、“国语（日语）部”和实业部，师范部在于培养公学校教员，“国语（日语）部”在于向台湾人传授日语为基础的中等普通教育，实业部则在于向台湾人传授有关农业、电信和铁路等方面的专业技术知识，直到 1906 年为止。小学、中学及高等女学校分别于 1898 年、1907 年、1910 年脱离“国语（日语）学校”的附属地位而独立。台湾人的中等教育虽在“国语（日语）学校”实施，但程度较日本人的中学校还低。1914—1915 年，台中发起旨在发展私立学校的文化运动。1915 年 4 月，总督府却在台中自办台中公学校，招收台湾人子弟，内容与“国语（日语）学校”相差无几，学制四年，其程度还是低于日本人的中学校。专门学校方面，1899 年，总督府设立医学校，专收台湾人子弟，程度同样低于日本人同级的水平。

日本殖民统治初期，日本殖民者强调对台湾人的“心性同化”。殖民统治不久，他们便在台北市近郊士林芝山岩学务部（掌理台湾教育行政事务的机构，隶属民政局）里设立学堂，先后招收 21 名台湾人为日语练习生，分甲、乙、丙三组授课。第二年，又在全台各重要城市设立“国语（日语）传习所”，积极推行日语教育。

据统计，“国语（日语）传习所”从 1896 年起到 1901 年 3 月停办，6 年期间，先后办了七届，毕业生共 262 人，但全部是日本人。另外，“国语（日语）学校”师范部起初招收对象也限定是日本人。然而，因为当时旅台的日本人不多，学生来源颇感困难，到了 1902 年 7 月，才将师范部改设甲、乙两科。甲科仍然招收日本人，乙科则开始招收公学校毕业或具有同等学力的台湾学生，修业年限为 3 年（1905 年 12 月改为 4 年）。1910 年 5 月，因为来台日人子弟逐年增加，总督府为了培养日本人子弟就读的小学校教员，再将师范部甲科改组为小学师范部与公学师范部甲科；原有的师范部乙科则改为公学师范部乙科。1918 年 7 月，总督府为适应公学校大量教员的需要，又在台南设立“国语（日语）学校”分校，专收公学师范部乙科的学生。

除附属于“国语（日语）学校”内部的师范部，总督府曾于 1899 年在台北大稻埕设立台北师范，在彰化文庙内设立台中师范，以及在台南三山国王庙内设立台南师范。然而，因为财政及学生来源匮乏等客观因素，到了 1902 年 3 月，台北、台中两校即停办，台南师范也仅维持到 1904 年。

1919 年 1 月 4 日，《台湾教育令》公布，规定以师范学校为师范教育的场所。3 月 31 日，公布师范学校规则。4 月 1 日，公布台湾总督府师范学校官制，并将“国语（日语）学校”改设为台北师范学校，同时也将“国语（日语）学校”台南分校改为台南师范学校。1922 年，总督府又在台中增设一所师范学校，招收公学师范部普通科的学生两班。当时，师范学校按照规定设置预科及本科，凡在 6 年制公学校毕业或具有同等学力者，得入预科，修业年限为 1 年。预科修毕者或具有同等学力者，得入本科，修业年限为 4 年。

在教学上，师范学校非常重视技能与实业科目，各师范学校有关音乐、美术、劳作、书法、体育、家事学科的教学设备都颇为齐全。除此之外，还另设有农业、工业、商业、水产等项实业科目，以便适应多方面的需要。

日本殖民统治时代师范教育的帝国主义色彩浓厚是不争的事实。据 1933 年修正的《台湾总督府师范学校规则》，第一章“生徒教养要旨”第一条即开宗明义说明培养“忠君爱国之志气”与振起“国民志操”的目的。在历史学的教授方针上更是赤裸裸地宣称，应“基于皇国发展之系统，把握各时代之意义，敬仰历代天皇之伟业，彰明忠良贤哲之德行，并彻底明了敬神奉公之真义”。同时还强调：“应使学生明了以皇国为主之东亚及世界之情势。”在地理学的教授方针上，也脱离不了“以皇国为主”的范畴，要学生知道“东亚及世界之趋势与皇国对东亚及世界之使命”，并特别规定应注重“南支那与南洋之研究”。

由于当时的师范教育完全以配合殖民者的政策为目的，是整体教育政策的一个关键部门。因此，当时师范生的待遇也相对优厚。除了膳、宿免费之外，并有以下几项的优待：每年冬夏供给制服一套，外发毛巾、鞋袜以及书籍、文具、簿本；甚至小如雨伞和草纸，也由学校代备，零用金每月 18 元（当时师范生的菜金每月 3 元），毕业旅行的费用由政府负担。同时，旅行的地点往往远达南洋、日本一带。另外，假期返乡及派往服务地点的旅费，也全由政府负担。毕业后，师范生的待遇（月支 44 元）也比一般中学校毕业者（28 元至 38 元）为高。

事实上，就日本殖民者而言，希望师范教育所培养出来的毕业生，扮演的角色是日本向外侵略的尖兵。因此，台湾总督府始终以独占的姿态来办理台湾的师范教育。在 1922 年《台湾教育令》修订以前，台湾学生始终被排斥在师范学校之外。教育令修订以后，表面上对台湾学生的入学已不加限制，但事实上，能进入师范学校的普通科或演习科就读的台湾学生，仍然不多。而且在形式上平等的“内台共学”制度下，民族之间的尖锐矛盾并没有因此缓和下来。

日本殖民统治台湾之初，台湾只有非常初级的医师养成所，直到 1919 年为止，尚没有专门教育机构和实业教育机构。可见，日本只将经济的资本主义化放在重要位置，对于教育几乎没有给予重视。后来创办各类学校，依然给予在台湾的日本人更多的便利，台湾人所受教育程度较低，多处于依附性的地位，这表明日本人仍只想让台湾人处于较低的文化程度，以便于其殖民统治。

不过，得以进入各类学校的台湾学生尽管数量不多，却在受教育中培养起自强的意识，他们兴起抵制日语、自办报纸等运动，虽然屡遭禁止，这种意识却越来越明显。

综观整个日本殖民统治时期，台湾总督府教育政策的演变，大致可分为三个时期。

第一期：推行日语同化教育。

殖民统治前期，在教育政策方面，日本殖民当局主要是大力推行日语教育，建立日本帝国主义文化侵略的桥梁。

1903 年总督府民政长官后藤新平在学事咨问会上致辞说："这个会议是以普及国语（日语）为目的，只要讨论如何去普及……就够了，……对于智育开发，我们必须防止陷入荷兰及印度之弊害……只道教育是好事，未经深思熟虑，便贸然开设学校，乃是贻误殖民政策的做法。"后藤新平的这段话，可以看作是日本殖民当局对于台湾教育的指导思想。

第二期：致力初等普通教育。

日本殖民统治中期，台湾人民的抗日武装虽然已在日本殖民者的血腥镇压下处于低潮，但是由于土地被掠夺和苛捐杂税的加重，台湾人民对日本殖民者的仇恨之心却无日稍减；另一方面，此时正当第一次世界大战之后，日本拟以台湾为侵略基地，趁机向中国大陆及东南亚扩张势力，正需要利用台湾人，因此，它开始对台湾人民采取怀柔政策，在政治、经济、社会、文化、教育各方面，都采取了一些改良主义的措施。

教育方面，殖民当局于 1919 年发布《台湾教育令》，并于 1922 年修订，开始广设中等及专门学校。嗣后，台湾的初等教育得到发展，但日本人之所以致力于普及实业和科学教育，不过是培养中下级的工商业干部，以助长其对台湾的经济榨取与永久占领。

第三期：培养“南进人才”与“皇民”。

自从九一八事变以后，日本已走上法西斯的道路，积极开展侵华战争，并且打算向东南亚方面扩张。因此，日本对“皇国南方锁钥”的台湾的殖民政策，也进入了新的阶段。军事上，台湾变成了日本“南进”的基地；教育上，台湾更成了日本“南进人才”的培养所。为了配合“南进”政策，台湾总督府积极地充实台湾高等教育的内容，尤其注重热带医学、商业、农业的研究，以及中国华南、东南亚一带资源的调查。

出于这样的政策需要，殖民当局又提出“岛民皇民化”的口号，积极推广“皇民化运动”。首先，于1937年废止汉文，强迫推行“国语（日语）普及运动”，并从1943年起，实施义务教育制度；遍设青年学校、“皇民练成所”，奖励“改姓氏”“国语（日语）家庭”等，以求达到台湾人民“皇民化”的目的。

日本对台湾的殖民统治延续了五十年，台湾总督府一直致力于将台湾纳入日本版图。在台湾推行日本式法律，给台湾注入更多的日本资本，使台湾成为日本建立所谓“大东亚共荣圈”的跳板，在台湾推行“皇民化”教育，竭力加强日语教育，竭力抹除台湾人民的中华文化认同标识，使台湾经济依附色彩浓重，台湾民众身份地位低下，台湾文化遭遇凌夷。

第四章

台湾人民反抗日本殖民统治的斗争

第一节　反殖武装暴动

轰轰烈烈的武装抗日斗争失败后，英勇的台湾人民并未屈服，反抗日本殖民当局政治压迫和经济掠夺的斗争，以反殖民武装暴动的形式，在台湾各地相继爆发。

1. 北部抗日的简大狮

简大狮，原名简忠浩，生于淡水。台湾北部沦陷后，简大狮一家人多数遇害，他发誓与日本人不共戴天。1895 年 12 月，北部义军自发式的抗日运动蓬勃展开，简大狮在淡水揭竿响应。他同宜兰的林大北、林李成，锡口的詹振，文山的陈秋菊、陈捷升，石碇的卢振春、许绍文，新竹的胡嘉猷等联合起事，在多地袭击日军。起义者仍假借刘永福的名义来号召，一时声势浩大，给总督府以“土匪蜂起”之感，但终因力量悬殊，攻克台北城的计划无法实现，简大狮退入大屯山。

1897 年 5 月 7 日夜，义军约 2000 人再攻台北，简大狮率众一度攻入台北奎府街，声势盛极一时。1898 年 3 月，简大狮先发制人，率部先后袭击日军堡矿溪宪兵屯所、日警林口派出所和日军北埔宪兵屯所，给日寇以不小的打击。但根据地已暴露，日军宪警大举包围竹仔湖，简大狮所部化整为零，突围到更内陆的内寮山。日军软硬兼施，对义军采取诱降政策，简大狮苦于孤掌难鸣，迫于形势压力率部出降。不久，简大狮部下与日警发生冲突，简大狮重上山，继续开展抗日斗争。日本人前去劝降，被击毙。日军警混编进山围剿，简大狮在台湾无法立足，回到福建，不料日方与清廷交涉，腐败卖国的清政府把简大狮交给日本人。简大狮被总督府处死。

2. 云林铁国山柯铁虎

柯铁，号铁虎，云林古坑乡人。年轻时曾做过竹纸工人，年纪渐长之后，他便积极参与抗日游击战斗。他因熟悉地形，身手矫健，胆识过人，赢得众人拥戴，成为铁国山义军领导者。1896 年 6 月，铁国山抗日军围攻南投，袭击斗六，突入鹿港，并光复云林县。日军羞怒之下派“讨伐军”进行“扫荡”，在斗六、云林一带进行疯狂屠杀，斗六街等地为之一空，日军犯下滔天罪行。避入深山的抗日军继续坚持战斗。12 月，铁国山失陷。柯铁虎又团结抗日力量，在大坪与日军多次对垒，日军无法战胜之，只好采用招抚之策，柯铁虎在归还铁国山和保存部属的条件下签订了和议。后来，柯铁虎复起抗日，但已困于穷山之间，最后饮恨而亡。

3. 凤山林少猫

林少猫或称小猫，名猫生，又名义成，为屏东城外一碾米厂厂东，兼营鱼行与豚行。乙未之役，林少猫启于民族大义与保乡卫民的情操，号召同胞投入刘永福黑旗军麾下，弃商从戎。因操练勤勉，通晓韬略，擢升福字中军左营管，转战于彰化、云林、嘉义之间。

刘永福力竭去台时，林少猫为南台抗日盟主，率弁勇50余人潜入隘寮溪山区，伺机杀敌，时人誉为“三猛”之一（另两猛为北部简大狮及中部云林铁国山柯铁虎）。

1898年12月27日，林少猫更联合闽南人、客家人、高山族，攻击屏东的潮州庄日本办务署。28日拂晓时分，义军发动攻击，击毙潮州庄办务署长濑户和后藤巡查等人，并分头痛击来援的日军。日人急调各地军警，并以军舰“葛城号”和陆军队助战，义军血战三日后始退，日本人称之为“潮州事件”。

潮州事件后，林少猫等义军转进山区。日军为彻底消灭义军势力，立即采取“大讨伐”。1898年末至1899年3月间，两次“大讨伐”，高雄、屏东地区百姓受伤者不计其数，被日军所杀的达2053人，民屋毁于日军毒手者2783户，半毁者3030户，家财牲畜损失难以计数。① 由于日本人连番“大讨伐”，引起世界各国的谴责，日本国内也严厉谴责台湾总督府的无能与残虐。总督于是改行诱降政策，以割地讲和为条件，招抚柯铁虎、林少猫、黄国镇、林添丁等各路义军。林少猫在日本人同意其提出的划后壁林为“自治区”、居民可携带武器等十项要求后，签订和议。

1902年5月底，日军在诱杀数百义军后，大举进攻后壁林，林少猫在掩护妇孺撤退时牺牲。日本人曾悬巨赏募人暗杀林少猫未果，这足见林少猫之机智。

4. 北埔蔡清琳

蔡清琳为新竹北埔人，因能言善道，且颇机智，而任巡察

---

① 蔡伯壎：《日本台湾总督府警察沿革志》，台北：台湾历史博物馆2008年版。

补，和樟脑丁、隘勇、高山族都非常熟悉。

当时，日本总督佐久间左马太派遣日军和日警对台湾少数民族进行武装镇压，因而激起大科崁地区台湾少数民族群众的反抗。日本人想派北埔隘勇去征讨，但是北埔隘勇踌躇不前。蔡清琳见状，于是劝说隘勇不要被日人所利用，屠杀自己的同胞，并称与祖国取得联系，受任为“复中兴总裁”，将和不久即登陆的祖国大军相约，里应外合会师新竹，最后光复台湾。

1907 年 11 月，蔡清琳发动隘勇近百人起事，联合台湾少数民族同胞，进攻警察分遣所和派出所，攻入北埔支厅，杀死日本警察及眷属 50 多人。台湾总督府立即派兵镇压，起义者退进深山，日本军队及警察进山搜捕，杀 80 多人，逮捕 100 多人。蔡清琳被杀。

5. 林圯埔刘乾

刘乾是台湾南投新寮人。南投林圯埔有大片竹林，长期以来当地居民以采竹造纸或编制竹手工艺品为生。日军侵占台湾后，殖民当局进行林野调查，把民众赖以谋生的竹林列为“模范竹林”，划为公有地，让三菱、三井等株式会社来控制竹林的生产与开发，普通民众则严禁采伐。这使当地庄民的利益受到根本侵害，生计无着。庄民一再向日本殖民当局进行抗议和请愿，但都没有任何结果。

1912 年 1 月，中华民国成立，刘乾以庆祝中国革命成功为名，召集林圯埔一带民众饮酒以示祝贺，并借机调动民众情绪，与众人秘密组织台湾革命党，筹款置械，积极准备起事。然而不慎起义事泄，日本殖民当局迅速派日警出动进行大搜捕。无奈之下，刘乾决定提前起义。

3 月 23 日黎明，刘乾与林启祯等率百余人猛攻南投林圯埔支厅顶林庄的日警派出所，杀死日警官数人，缴获日警的全部枪械和物资。后日方派南投警察所警力前来支援，刘乾等率义军进行了英勇的抵抗后被捕。刘乾最终英勇就义。

6. 苗栗罗福星

罗福星，又名罗国权，原籍广东嘉应镇平（今广东蕉岭）。在厦门加入中国同盟会，曾担任同盟会书报社书记。

1912 年 8 月间，罗福星奉北伐军刘士明之命，赶赴台湾从事抗日光复任务。抵台后他与林修五、刘习修等密商成立抗日复台革命组织，定名为“华民联络会馆”。罗福星明确提出战斗口号：“驱逐日人，恢复台湾。”① 为了壮大力量，他与中国同盟会保持密切联系，互相策应并发动民间各种公开组织的成员入会，严格入会宣誓手续，采取联络暗号，密码通讯。为了在起义战斗中能统一指挥发挥战斗力，将会员进行军事编队。

经过罗福星等人广泛深入发动，起义虽事起仓促，但新竹、台中、台南等地深受日本帝国主义压迫、奴役的台胞积极响应，参加者达 1500 多人。

1913 年 12 月，由于叛徒告密，罗福星不幸被捕，受严刑拷打，英勇就义。

7. 西来庵余清芳

余清芳，又名余清风，原籍福建，生于台南。1895 年日军侵台时，年 17 岁，参加义民武装抗日。抗战失败后，他经常出入台南厅内各处斋堂，利用宗教信仰，动员佛教信徒，扩大反日范围。1911 年后，余清芳以西来庵为基地，邀集同志，以修筑庵堂为名广募捐款，发展力量。

随着参加抗日者日见增多，余清芳见时机逐渐成熟，就在成员集中的地方，用“大明慈悲国大元帅”名义发布告示，提出“恢复台湾”的口号。1915 年 5 月，去大陆联络的苏东海等人被

---

① 薛军力、徐鲁航：《台湾人民抗日斗争史》，北京：北京燕山出版社 1997 年版，第 105 页。

日本人捕获，革命计划暴露。日本殖民当局即进行全台大搜查。

7 月 6 日，余清芳等在台南厅噍吧哖支厅中港仔山首次同日本人作战。9 日，阿缑甲仙埔支厅警员倾巢出动搜查。余清芳指挥队伍乘虚袭击甲仙埔支厅和十张犁、阿里关、大丘园派出所，杀留守警员和日本人 30 多名。8 月 2 日夜，抗日军出动数百人袭击噍吧哖支厅南庄派出所，打死吉田警部补以下 12 人。抗日军乘胜火烧派出所，从火中逃出的日本人，多被斩杀。总督府闻警，下令出动军队驰援。抗日军败退，噍吧哖一带被日军血洗，死难者达 3200 多人。

1915 年 8 月 22 日，余清芳被敌诱捕。25 日，开始审判，被告 1957 人，被判死刑的 866 人。日本国内对台湾殖民当局残杀过甚颇多非议。安东贞美总督就借大正天皇登基颁大赦令，将判死刑者减为无期徒刑，但被判死刑者中已执行 95 人。

义军另一领导人江定及其部下数百人退进深山，继续战斗。直至 1916 年夏，日本殖民当局才通过诱杀等手段，平定此次事件。

第二节　台湾社会团体与民族运动

随着台湾资本主义的快速发展和教育的普及，并受世界民主主义及民族解放运动思潮的影响，台湾的民族民主运动也逐渐发展壮大，成为继武装斗争后，台湾人民反抗日本殖民统治的新方式。

此外，台湾的民族民主运动一定程度上受到日本开明人士的启发和协助。如板垣退助首倡同化会，伊藤政重、久我懋正鼓励台湾民众请愿撤废“六三法”，植村久我、田川大吉郎、清濑一郎等协助台湾议会设置运动等。但他们的目的是要缓和台湾人民的情绪，抑制台湾人民武力革命，巩固并延长日本人在台湾的殖民统治。

一、台湾同化会与新民会

（一）台湾同化会

“台湾同化会”是由林献堂和日本人板垣退助共同创立的。

林献堂，名大椿，字献堂，为台湾望族雾峰林氏族人。林献堂自幼即勤于汉学，尤其对梁启超颇为向往。1907 年，林献堂在日本奈良与梁启超会面。林献堂向梁启超历陈日本殖民统治台湾的种种恶政及台湾同胞所受的苦楚，向梁启超请教解救同胞于水深火热中的办法。梁启超以爱尔兰人数百年来武力抗英不计其数，皆被镇压无一幸存，后来以议会方式谋求独立，而能左右英国内阁之命运为例，建议林献堂仿效爱尔兰人，厚结日本中央显要，运用议会政治以牵制总督府对台湾人之苛政。受梁启超影响，林献堂以其资产、地位与声望，开始了谋求自上而下迫使总督府改善台湾人民政治待遇的斗争活动。

板垣退助曾经参加讨幕战争，是明治维新政府的参议，曾任第一次大限内阁内相，是日本国内自由民权的旗帜性人物之一。1914 年 3 月，板垣退助应林献堂之邀访问台湾。

板垣退助认为，中国是个有着悠久文明史的国家，汉民族或中华民族并非劣等民族，日、中两国应携手对付欧洲白种人的侵略，台湾的中国人正可以介于二者之间发挥纽带作用。尽管这种观点带有浓烈的种族仇视含义，并与同时代日本帝国主义扩张理论相符合，但其中对台湾人还是给予了人格上的尊重，这与其标榜、宣扬的民主形象及平等观相一致。在当时的形势下，板垣退助提出的日、中两国“携手”，善待台湾人的说法，对于深处日本殖民压迫之下的台湾人民来说，“却是闻所未闻，颇为感激，因此到处大博好评”[①]。

1914年11月，台湾同化会成立。成员有在日日本人、在台日本人、台湾本地传统士绅、青年学生和官方人士，不同的人有不同的追求，各怀不同的目的。[②] 以板垣退助为代表的在日日本人希望给予台湾人部分权利来换取台湾人同化于日本；以林献堂为代表的台湾士绅和青年学生试图在同化会合法外衣的庇护下，利用日本上层人士的影响力，制造舆论，以求获取一定程度的政治、经济权益，减轻总督专制统治带来的痛苦；台湾总督府对同化会虽然表面上予以支持，但是骨子里却是反对的。而作为殖民统治的直接受益者，在台日本人对同化会持强烈的反对态度，他们要求台湾同化会只需从事普及日语、矫正风俗的活动，应当完全避免政治。

台湾同化会在短短的时间内，就有3000多名各阶层人士成为正式会员，日益引起台湾总督府的警惕。1915年1月，总督府以同化会募款账目不清、该会干部涉嫌欺诈为由下令取缔，同时命令全岛各地方官员退出同化会。尽管台湾同化会被解散，但是板垣退助表示要运动舆论的力量继续监督台湾总督府，林献堂等一些台湾士绅仍然相继到日本东京活动，联络日本国内上层人士，并有意出资赞助板垣退助创办报纸。

台湾同化会的成立表明，台湾的部分士绅和知识分子在政治上已经觉醒，开始运用非暴力的、合法的政治手段来争取自身的权益，初步具备了近代民族运动的雏形，在台湾抗日斗争史上有转折性的意义：一是改变了以往抗日武装斗争中下层民众是主要参与者的局面，同化会是台湾上层士绅和知识分子第一次针对日

① 叶荣钟：《台湾近代民族运动史》，台北：学海出版社1979年版，第16页。

② 陈小冲：《板垣退助、林献堂与台湾同化会》，载《台湾研究集刊》1996年第3期。

本殖民统治的抗争尝试。二是酝酿出台湾民族运动的新的领导者和骨干力量，如林献堂、蒋渭水、蔡培火、杜聪明等人，为民族运动的发展做了组织上的准备。三是促成了台湾民族运动总目标的确立。在总督府的专制统治之下，台湾的民族运动从一开始就把撤废“六三法”作为近期目标，而将设立代表台湾人民利益、有权决定台湾地方事务的台湾议会作为长期目标，进行不懈的努力。①

（二）新民会

第一次世界大战后，世界政治格局和思想潮流发生了深刻的变化，民族自决广泛传播，各国民族解放运动此起彼伏，五四运动和朝鲜三一独立运动等，都极大地影响了台湾。在日本国内，也出现了一时较为自由的政治环境。新思想、新观念首先刺激了留日台湾学生。② 1919 年秋，在东京学习的台湾青年蔡惠如、林呈禄、蔡培火等人联络大陆在日本留学的青年马伯援、吴有容等，为响应五四运动号召，取“同声相应”之意，成立声应会，旋又组织启发会。

1920 年 1 月 20 日，在蔡惠如的号召组织下，成立新民会，以取代组织涣散的启发会。林献堂、蔡惠如担任正副会长，会员 100 多人，包括后来成为抗日民族运动中坚的蔡培火、林呈禄、彭华英、蔡式穀、郑松筠、王敏川、吴三连、林攀龙、石焕长、谢春木等日本十几所大学的留学生。新民会以“考究台湾所应予革新之事项，图谋文化之提高为目的”③。为了方便活动，又以学生会员组成台湾青年会。新民会成立之后，出版会刊《台湾青

---

① 陈小冲：《日本殖民统治台湾五十年史》，北京：社会科学文献出版社 2005 年版，第 153—154 页。

② 陈小冲：《日本殖民统治台湾五十年史》，北京：社会科学文献出版社 2005 年版，第 154 页。

③ ［日］井出季和太：《台湾治绩志》，东京：青史社 1937 年版，第 226 页。

年》，后来扩大为《台湾民报》，并经多年争取得以在台湾本岛发行，成为当时岛上唯一由台湾人经营的报刊。新民会最重要的活动，是发起台湾议会设置请愿活动和指导建立台湾文化协会。

二、台湾文化协会

1921 年 10 月 17 日，台湾进步知识分子及开明绅士林献堂、蒋渭水、吴海水等人在台北成立台湾文化协会。林献堂任总裁，蒋渭水等人任常务理事，总部设在大安医院。新民会会员几乎全部加入其中。此外，台湾医学校、师范学校、商工学校、工业学校的学生占了大部分。该会以“以谋台湾文化之向上”为宗旨，“以助长台湾文化之发展为目的”。① 台湾文化协会的中心任务是启发民智、宣扬民族文化、促进台湾人民的民族意识的觉醒。1925 年 8 月 26 日，蒋渭水在《台湾民报》上发表文章说：“台湾人现实有病了，是没有人才可治的，所以本会目前不得不先着手医治这个病根。我诊断的结果，台湾人所患的病，是智识的营养不良症，除非服下智识的营养品，是万万不能治愈的。文化运动是对这病唯一的治疗法。文化协会就是专门讲究并施行治疗的机关。”② 在文化协会的创立大会上，周桃源也发表谈话：“世界大战后，在自由平等、民族自决的声浪高涨的现时，我们同胞应该相互奋发，成为日华亲善的楔子，为亚洲和平鞠躬尽瘁。”③ 可见，文化协会借“日华亲善”为幌子，以此来进行台湾人民的民族意识的发动和促醒工作。

为此，台湾文化协会开展一系列的启蒙宣传活动，主要有举

① 《台湾社会运动史·文化运动》，见《台湾总督府警察沿革志》第二编，王诗琅译，台北：稻乡出版社 1988 年版，第 190—191 页。

② 《台湾民报》1925 年 8 月 26 日。

③ 《台湾社会运动史·文化运动》，见《台湾总督府警察沿革志》第二编，王诗琅译，台北：稻乡出版社 1988 年版，第 190—191 页。

办各类文化讲习会、创办报社、改良和普及文化艺术活动、复兴台湾地区的中华文化等等。[①]

首先，文化协会在各地设立新闻杂志阅读所，陈列各种报刊供人阅读；经常举办文化讲座，传习历史、社会、法律、卫生、经济、宗教知识。其中，连横主讲台湾通史讲习会，听众每天多达 300 余人；蔡式榖主讲通俗法律讲习会。而蒋渭水除参加组织各类活动之外，还亲自讲授通俗卫生、文化主义、日本史概论、明治维新、政治哲学概论、社会病等课目。在讲演中，蒋渭水结合实际，借题发挥，抨击总督府的不当统治，鼓励人民争取应有的权利。[②] 由于主讲者多借讲座抨击日本殖民统治，日本警察经常临场监视。文化协会还不断组织会员深入民间讲演，听众踊跃，1924 年举办了 132 次，讲演者 432 人，听众 44050 人；1925 年举办了 315 次，讲演者 1165 人，听众达到 117880 人。[③]

其次，文化协会创办报社，发挥舆论宣传作用。创会之初，筹划出版《文化协会会报》，未果。《台湾民报》成为文化协会事实上的机关报（后改名为《台湾新民报》）。“专用平易的汉文，满载民众的智识，宗旨不外欲启发我岛的文化，振起同胞的元气，以谋台湾的幸福”。[④] 值得一提的是，《台湾民报》对祖国的介绍和大陆作家作品的转载，为当时的台湾民众和祖国之间搭起了一条文化情感纽带。

再次，改良、普及文化艺术活动，寓教于乐。陈嵌、周天启

---

① 陈小冲：《日本殖民统治台湾五十年史》，北京：社会科学文献出版社 2005 年版，第 163—165 页。

② 钟安西：《蒋渭水和台湾的抗日民族运动》，载《台湾研究》2007 年第 2 期。

③ 《台湾社会运动史·文化运动》，见《台湾总督府警察沿革志》第二编，王诗琅译，台北：稻乡出版社 1988 年版，第 273 页。

④ 王晓波：《台胞抗日文献选编》，台北：帕米尔书店 1985 年版，第 95 页。

等组织成立彰化新剧社，开创台湾新剧运动。在台北，陈凸成立星光演剧研究会。此外，还有新竹新光剧团、基隆民运新剧团等，他们演出的剧目大多以宣传民族意识、讥讽总督政治为中心内容，时人称为“文化剧”。1925 年，美台团电影放映队成立。这些文化艺术活动，促进了启蒙运动的开展。

此外，针对日本殖民者的民族同化政策，台湾文化协会开展一系列复兴中华文化的活动。他们宣传台湾与大陆同根同祖的历史渊源关系，引进大陆的报纸杂志和书籍，介绍五四运动以来祖国的新文化、新气象，强烈抗议殖民当局压制汉文的政策，要求恢复汉文在学校教育中的应有地位，同时编撰教科书、在社会上开办各类汉语学习班等。这些举措得到广大民众的积极响应。

在台湾文化协会的启蒙教育和领导下，台湾青年学生的觉悟日益提高，他们组织公开或秘密的反日团体，如兴华协会等，号召学生进行罢课斗争。连温卿从日本返台后，召集文化协会指导下的台北和彰化青年宣传马克思主义。在大陆的台湾籍学生也纷纷建立如平社、台湾学生联合会等组织。

台湾文化协会成立之后，新民会会员几乎全部加入其中，文化协会很快取代新民会成为民族运动的大本营，运动的重心迅速从海外转移到台湾本岛。每年一度的议会请愿从第二次开始，参加签署的人中台湾本岛人士占了多数，文化协会取代新民会成为推动这一运动的主力。

针对台湾文化协会成立之后掀起的民族运动浪潮，台湾总督府采取了一系列措施。其一，剥夺参与者的种种原有特权，如有公职者予以罢免，有专卖权者加以取消，等等；其二，利用士绅如辜显荣组织公益会和有力者大会等团体，公开与文化协会相对抗，并唆使流氓破坏文化协会的讲演会；其三，直接运用警察镇压机器压制、取缔文化协会的活动，最显著的例子就是“治警事件”。[①] 然而，总督府的这些措施效果并不佳，相反地，参与文化协会的人越来越多了。

总括来说，台湾文化协会基本上是由一批不同阶级、不同思想信仰的人们所组成的松散的、不稳固的组织。他们在共同反抗日本殖民主义的基础上，组成了一个由地主资产阶级领导的、以小资产阶级知识分子为主体的、有相当部分工农民众参与其中的反日民族统一战线。[②] 由于各种社会思潮相继传到岛上，多种社会运动陆续兴起，在此背景下，文化协会日益扩大，会员之间的出身、经历、教育不同，思想、主张、行动也开始逐渐有了差异。林献堂、蔡惠如等人坚持和平渐进的方式使台湾逐渐摆脱日本的殖民统治；连温卿、王敏川等青年学生在海外接受了较多社会主义理论，主张发动工农群众，开展阶级斗争，彻底推翻帝国主义和资本家阶级；蒋渭水则信仰孙中山先生的三民主义学说。[③]

随着成员思想差异的扩大，文化协会内部要求改组的呼声越来越高。1926 年 10 月，王万得等人面见林献堂，直截了当地申明：“台湾议会设置请愿运动为不可能实现的妄动，假使实现，也不能增进台湾人的幸福。这项运动是承认资本主义、帝国主义，为之唱高调，我们无产阶级政党反对这种不彻底的妄动，宜予以中止。”[④] 这就直接否定了林献堂等稳健派以设置台湾议会来达到台湾自治的斗争方略。1927 年 1 月 3 日，台湾文化协会召开

---

① 陈小冲：《日本殖民统治台湾五十年史》，北京：社会科学文献出版社 2005 年版，第 166 页。

② 陈小冲：《日本殖民统治台湾五十年史》，北京：社会科学文献出版社 2005 年版，第 160—163 页。

③ 钟安西：《蒋渭水和台湾的抗日民族运动》，载《台湾研究》2007 年第 2 期。

④ 许世楷：《日本统治下的台湾》，东京：东京大学出版会 1973 年版，第 269 页。

临时总会，通过连温卿提出的会章修正案，将结合无产大众、推行阶级斗争、达成民族解放等内容写入会章。[①] 以连温卿为代表的激进派掌握了领导权，林献堂、蒋渭水、蔡培火、蔡惠如等人相继退出，文化协会正式分裂。

分裂后，王敏川等成为文化协会新的领导人。1927 年 10 月，台湾文化协会召开第一次代表大会，会上发表的宣言书指出：文化协会永远是农、工、小商人及小资产阶级的战斗团体。[②] 1928 年 10 月，台湾文化协会在台中召开第二次代表大会，在台湾共产党的帮助下，讨论“对于反动政府暴压的抗争”等议案。在会议的进行过程中，临席的日本官宪下令中止会议，并逮捕了 10 多名干部。1931 年，台湾文化协会决定接受台湾共产党的政治纲领。1932 年春，台湾文化协会被迫停止活动。

三、台湾民众党与台湾共产党

（一）台湾民众党

台湾文化协会正式分裂后，林献堂等人决意成立新的民族运动团体，继续遵循其合法、稳健、体制内斗争的道路以推进民族运动的发展。1927 年 2 月，蒋渭水、蔡培火、林幼春等人在林献堂家中聚会，商讨政治结社问题。蒋渭水仿效日本政党组织办法，起草纲领文件，以谢南光的名义申请创立台湾民众党。7 月，台湾民众党在台中正式成立。10 月 1 日，民众党正式脱离文化协会。

台湾民众党“以确立民本政治，建立合理的经济组织及改除

---

① 《台湾社会运动史・文化运动》，见《台湾总督府警察沿革志》第二编，王诗琅译，台北：稻乡出版社 1988 年版，第 190 页。

② 苏新：《未归的台共斗魂》，台北：时报文化出版企业有限公司 1993 年版，第 101—103 页。

社会制度之缺陷为纲领”[①]。“我党的目的只是为了提高本岛住民的政治位置，安定其经济基础，改善其社会生活，如在纲领政策里所表示者。不但没有民族斗争的目的，更认为在此小地方如兄弟阋墙相争的情况并不能增进我们的幸福”[②]，强调“以合法的手段”进行抗争。民众党的纲领包括政治、经济、社会三方面，此外还相应制定 15 项政策。政治方面，提出“确立民本政治”的纲领，争取台湾人民的政治权利和控制地方政权；反对殖民统治的一些重要制度，如警察制度和保甲制度；反对日本殖民者的同化阴谋。经济方面，提出“建立合理的经济组织”的纲领，并“要求改革税利，节约冗费”，“拥护生产者之利权，废除一切榨取机关及制度”，“要求台湾金融制度之改革，急设农工金融机关”，“改革专卖制度”等。社会方面，提出“改除社会制度之缺陷”的纲领，在政策中提出“援助农民运动、劳动运动及社会的团体之发达”和“确认男女平等的原则，援助女权运动，反对人身买卖”。不难看出，台湾民众党的任务是组织以工农运动为基础的民族运动，在政治上反对日本殖民主义统治，反对日本殖民同化阴谋，在经济上反对殖民掠夺，最后求得全民族的解放。尽管台湾民众党在建党初期受到日本殖民当局的阻挠和限制，不能在结党宣言书和纲领中明确表达建党目的，但是从它所制定的政策中可以看出民众党是以开展全民抗日运动为己任的。[③]

1928 年 7 月，民众党召开第二次党员代表大会，宣言中写道：“我们求台湾人之解放，对内先要唤起全台湾人之总动员，对外与世界上之弱小民族和无产阶级联系，共同奋斗，如此始能

① 王晓波：《台胞抗日文献选编》，台北：帕米尔书店 1985 年版，第 113—116 页。

② 警察沿革志出版委员会：《政治运动》，见《台湾社会运动史（1913—1936）》第二册，王乃信等译，台北：创造出版社 1989 年版，第 149 页。

③ 陈动：《试析台湾民众党》，载《台湾研究集刊》1984 年第 4 期。

达其目的。”[①] 1930 年，民众党第四次党员代表大会召开，申明当初之所以有不从事民族运动的申明，是由于“帝国主义的压迫和客观情势之限制”，绝非本意。

民众党成立之后，根据其制定的政策，主要进行三方面的活动：一是宣传抗日思想，动员组织群众；二是反对日本殖民统治制度，要求实现地方自治；三是具有鲜明立场的民族斗争。民众党主要依靠各种类型的讲演会，宣传抗日文化，宣传党的纲领政策，批评日本当局政治，以启发民众的抗日意识。同时考虑到下层民众文化水平较低的因素，专门组织电影巡回放映队深入乡村宣传。1927 年，民众党举办各类演讲会 216 次，放映电影 94 场，共 151536 人次参加。此外，他们还结合斗争形势，经常举办专题演讲。在 1930 年的一次专题活动中，两个月内到 42 处地方宣传，吸引听众 15790 人。每年 5 月 1 日，民众党都组织罢工，开展各种纪念活动。

根据各项数据的统计，民众党成立之初，仅有党员 165 名，到 1931 年时增加到 1055 名。民众党领导的工人团体在 1927 年时有 21 个，拥有工人 3188 名，到 1930 年时团体增加为 46 个，拥有工人 15525 名，占当时全岛参加团体的工人总数的 60.44%。1928 年成立的台湾工友总联盟是第一个全岛性的、最大的工人组织。在其领导下，工友总联盟在四年中共组织 32 次罢工，其中 1928 年高雄野花水泥厂反对日本资本家无理解雇工人的罢工坚持了两个多月，影响极大。此外，民众党还领导农民、青年等团体 20 多个，成员 2000 多人。这样，民众党领导的群众运动成为抗日运动的一支重要力量。

除领导请愿运动和文化启蒙之外，民众党还发动几次较大的

---

① 警察沿革志出版委员会：《政治运动》，见《台湾社会运动史（1913—1936）》第二册，王乃信等译，台北：创造出版社 1989 年版，第177 页。

抗争，其中以向国际联盟控告台湾殖民当局的鸦片政策一事影响最大。当时的国际社会已经认识到鸦片的危害，日内瓦《万国鸦片协定》也于1929年1月9日生效，严禁吸食鸦片，日本也是签约国，然而台湾总督府并未遵行。在此情形下，台湾民众党举行全岛打倒鸦片演讲会，向东京的日本政府抗议，要求全面禁止鸦片吸食，但日本当局对此采取高压政策。1930年1月20日，蒋渭水致电国际联盟鸦片委员会，控告台湾殖民当局违反国际公约，请求国际联盟出面制止。2月9日，国际联盟派员赴台湾调查，林献堂、蒋渭水亲自与专员见面，陈述鸦片之害与当局举措之非，在确凿的证据和国际的压力下，当局被迫表示重新审议鸦片政策。[①] 此外，民众党还先后三次组织反对日本当局推行"评议会""协议会"制度的活动，四次掀起要求自治的斗争高潮，并明确提出取消民族压迫的要求。民众党进行的争取台湾自治的斗争，赢得了台湾人民的支持，1930年就有10000多人参加了民众党的签名请愿。

1930年，"雾社事件"发生之后，台湾民众党致电日本内阁总理大臣等："我党认为雾社事件系向来肆意榨取及生活上之迫害与驻在警官不正、贪戾、残忍之处置所激发者。应从速将总督、警务局长、台中州知事以下责任者撤职，并立即保证番人之生活，承认其自由，不阻碍其民族发展之政策，尤其宜乘此机会，对向来为保持官吏威严，放任非违乱暴，警察万能之积弊，加以彻底的改革。"[②] 民众党为寻求事件的真相，收集消息加以揭发。那时，蒋渭水将收集到的消息天天公布在大安医院门前的黑

---

① 钟安西：《蒋渭水和台湾的抗日民族运动》，载《台湾研究》2007年第2期。

② 蔡培火等：《台湾民族运动史》，台北：自立晚报出版部1983年版，第431页。

板上，遭到日警的威胁。[1]

在社会主义思潮的影响下，民众党内以蒋渭水为首的一批骨干人物思想日趋激进。1928年，蒋渭水发表《台湾民众党特质》一文，强调："台湾民众党有六个特质：民主的中央集权、解放团体、多阶级的党、以农工阶级为中心势力、注重民生问题、唤起民众。"[2] 蒋渭水的建党思想是试图仿效孙中山联俄、容共、扶助农工三大政策下的国民党的模式，建立以农工势力为中心、联合各阶级的全民政党。蒋渭水通过领导民众运动的实践，深感林献堂的主张多年来收效甚微，决心另辟蹊径，走与工农运动结合的道路。而蔡培火一派则主张以舆论的力量来逼迫总督府放松专制统治，着重于启发民智，最终目标是实现自治，斗争的手段以合法性为原则。民众党内两派分歧随着台湾工人运动的发展而日趋尖锐。1928年6月，在民众党中央常委会上，彭华英与蒋渭水发生激烈的争论，他指责民众党专注于工人运动的发动，违背了单纯谋求参政权以达台湾地方自治的斗争目标，称彼此之间已到水火不相容的地步，并提出辞呈。蒋渭水一派则针锋相对地痛斥彭华英为"反动"及"总督府当局的走狗"。[3] 1929年10月，民众党在第三次党员代表大会宣言中更明确提出："世界无产阶级及殖民地民众，对内须坚固阵容，对外须紧密联络更加努力奋斗，并猛烈进攻，以便和他们进行最后决战。这是极为要紧的事。"[4] 浓厚的左倾色彩，激化了党内不同思想路线的斗争。[5]

---

① 蒋建春：《民族浩气长存——记先祖父蒋渭水先生》，载《台声》1997年第12期。

② 《台湾民报》1928年10月21日。

③ 警察沿革志出版委员会：《政治运动》，见《台湾社会运动史（1913—1936）》第二册，王乃信等译，台北：创造出版社1989年版，第187页。

④ 警察沿革志出版委员会：《政治运动》，见《台湾社会运动史（1913—1936）》第二册，王乃信等译，台北：创造出版社1989年版，第220页。

⑤ 陈小冲：《日本殖民统治台湾五十年史》，北京：社会科学文献出版社2005年版，第172页。

1930年初，蔡培火等人筹划组建台湾地方自治联盟，加深了民众党的分裂危机。12月5日，在蒋渭水的主持下，民众党通过决议，对该党政策作了修改，提出“争取劳动者、农民、无产市民及一切被压迫民众之政治的自由”[①] 等接近社会主义理论的口号，并将参加自治联盟的党员除林献堂外全部除名。1931年1月21日，林献堂正式辞去民众党顾问，宣布退出民众党。当时民众党党员加入台湾地方自治联盟的人很多。针对这一情况，民众党中央提出两周内不脱离自治联盟的人给予除名的处分，仍然无法阻止党员加入联盟。于是，民众党中央采取强硬的措施，将蔡培火、陈逢源、洪元煌等16名加入台湾地方自治联盟的干部开除党籍，林献堂愤而脱党，民众党至此正式分裂。[②] 随着民众党内部的分化，日本殖民者于1931年2月18日宣布取缔民众党，理由是：第一，民众党随着稳健分子的退出已为左派所把持，故不得不予严正处分；第二，民众党的目的，在于反对总督政治、宣传阶级斗争，妨害日台融合，违背本岛统治大方针，断难容许。同时，日本殖民当局还拘捕蒋渭水等16名领导人，不久在严令其今后不得从事政治活动后释放。

当时，台湾民众党周围聚集了一批包括工人、农民、地主、资本家、小资产阶级、知识分子在内的各阶层抗日人士。作为一个抗日的民族主义资产阶级政党，它在一定程度上反映了台湾人民反抗日本统治的迫切要求，在抗日斗争中起过宣传、组织和局部的领导作用。当然，民众党也有一些局限和不足之处：其一，因为反对阶级斗争而同台湾无产阶级势力产生理论分歧；其二，

---

① 王晓波：《台胞抗日文献选编》，台北：帕米尔书店1985年版，第131—135页。

② 杨娟：《日据时期台湾民族运动中知识分子的联合与分化（1914—1937）》，福建师范大学2008年硕士学位论文，第84页。

依靠单纯的合法斗争，难以扩大抗日的力量。[①]

1930 年 8 月 17 日，台湾地方自治联盟在台中正式成立。联盟成立之后展开宣传，举办巡回政谈演说会，在各地设立支部，并分别向台湾总督和帝国议会提出台湾地方制度改革案的建议和请愿。其台湾地方自治制度改革大纲主要包括：①依普通选举赋予公民权。②确立州市街庄之自治权。③改官任咨询机关为民选议决机关，并确定其职务及权限。④改革执行机关之组织，确立其职务及权限。⑤确立州市街庄之财政管理权。[②] 由此可见，台湾地方自治联盟成立后致力于台湾自治改革运动，但同时也对其他地方事务极为关注。例如，在 1931 年 8 月召开的第一次联盟大会上，对总督太田政弘提出包括实施义务教育、公共组合自治化以及要求改革农会、水利会、青果会等内容的建议书。

在 1932 年召开的台湾地方自治联盟第二次大会上，台北和台中两个支部作为代表，提出将联盟改组为代表民众党的政治结社的议案。尽管林献堂对此表示支持，但是该提案在大会上未获通过。

1935 年 4 月 1 日，台湾总督府公布地方自治改革令，对地方议会制度进行改革，将原全官选的地方议员改为半官选半民选，决定 10 月起实施。一些台湾地方自治联盟的参与者认为运动的目标已经阶段性达成，主张解散联盟。8 月，联盟召开第三次大会，对总督府的改革案虽不满意，却也只能无奈接受。

1936 年 3 月，林献堂、林阶堂等参加台湾新民报社组织的华南考察团，途经厦门、福州、汕头、香港、上海等地。在上海接受华侨团体欢迎的时候，林献堂在致辞中有“林某归还祖国”的

① 陈动：《试析台湾民众党》，载《台湾研究集刊》1984 年第 4 期。

② 叶荣钟：《台湾近代民族运动史》，台北：学海出版社 1979 年版，第 464 页。

表述，被日本间谍发现并转报告台湾军部。5月，《台湾日日新报》登载此事，对林献堂恶意中伤，辱骂其为“日奸”，即所谓的“祖国事件”。6月，日本人唆使流氓在台中公园殴辱林献堂，造成“台湾天昏地暗，风声鹤唳，草木皆兵，一般知识份子惶惶不可终日”的局面。[①] 8月，台湾地方自治联盟召开第四次代表大会，宣布联盟解散。

（二）台湾共产党

日本殖民统治时期，台湾学生许乃昌、谢廉清、谢雪红、林木顺、赵清云、赵从锡等人留学莫斯科，他们在莫斯科接受共产主义思想的教育和熏陶，并将之带回台湾，加以实践，推动台湾共产主义运动的开展。其中，谢雪红和林木顺参与创立台湾共产党，并成为领导人。

1923年11月，许乃昌在上海加入中国共产党。1924年，经陈独秀的推荐，许乃昌通过中国共产党和共产国际的组织系统，前往莫斯科东方大学学习。同年10月，许乃昌写成《关于台湾形势的报告》，这份报告还涉及在台湾和当时生活于上海、日本的台湾人中存在的马克思主义组织和其他左翼组织。其中，赤华党的建立，是在台湾开展共产主义运动的第一次尝试。许乃昌的报告中简要介绍了连温卿、赖维种、王传枝等人的基本情况。许乃昌认为，台湾的共产主义运动处于发展的初始阶段，有许多错误和缺点，希望日本共产党和共产国际今后能提供支援，实现对台湾共产主义运动的领导。

1925年3月，谢廉清开始在莫斯科学习。先前，谢廉清于1924年3月进入北京朝阳大学学习。期间，与国民党左派的代表接近。1925年，他从苏联领事馆获得了宣传资料。在台湾，他与

① 叶荣钟：《台湾近代民族运动史》，台北：学海出版社1979年版，第491页。

蒋渭水建立联系，并做了一定的工作，而后前往苏联学习。

1925年7月，许乃昌和谢廉清从苏联回到北京。12月，许乃昌和彭华英、蔡孝乾等成立上海台湾学生联合会之后，许乃昌前往东京，1927年4月在那里参与组织东京台湾青年会的社会科学研究部，把左翼台湾大学生联合起来。另外，谢廉清在上海组织赤星会，参加者有蔡孝乾等人。

1925年10月，谢雪红、林木顺等接到中国共产党的命令，前往苏联的莫斯科东方大学进行学习。此番学习，是中国共产党为了培养干部，考虑将来帮助台湾的同志在台湾建党。

在东方大学的学习中，关于谢雪红和林木顺的操行评语是这样写的："谢雪红，台湾女子，自1924年起为中国共产主义青年团团员，自1925年起为国民党党员，是一个有能力且积极的女性。因生病，学业未能完成。对党坚定不移，积极参加工作。有主动精神，能独立地从事党的工作。""林木顺。台湾男子，1925年加入中国共产主义青年团和国民党。……对党的坚定性比去年强。必须派遣他去做实际的党务工作。"①

1927年11月，谢雪红和林木顺回到上海。

与此同时，也有一些留日的台湾学生在共产主义思想的熏陶下逐渐成熟。当时，苏新是一位较为突出的留日台湾学生，1924年他在日本大成中学就读时，即因阅读进步书籍而与日共学生运动干部藤田勇和广獭氏结成好友，并在他们的影响下加入日本共产党外围组织学生联合会。1928年初，他因表现突出，被日共吸收入党，并参加台湾共产党的筹建工作，成为台湾共产党最早的

① 俄罗斯国立社会政治史档案馆//全宗532/目录1/案卷46，第11页。转引自郭杰、白安娜：《台湾共产主义运动与共产国际（1924—1932）研究·档案》，李随安、陈进盛译，台北：中原造像股份有限公司2010年版，第43页。

党员之一。[①]

1928 年 4 月 15 日，台湾共产党在上海法租界召开成立大会，其正式名称为日本共产党台湾民族支部，在组织上隶属于日本共产党，提出推翻日本殖民帝国主义，没收日本在台湾的土地和财产，实行土地革命等斗争纲领。林木顺、林日高、蔡孝乾为中常委，庄春火、洪朝宗为中央委员，翁泽生、谢雪红为中央候补委员，由谢雪红负责与日共联系，翁泽生则负责与中国共产党及第三国际联系。“从此以后，台湾农民联合会、工会、文协等团体就在共产党的领导下，展开了政治、经济、文化各方面的剧烈斗争，造成了一九二八至一九三一年台湾革命运动的高涨时期”[②]。

台湾共产党的政治大纲认为，台湾的殖民地地位决定了台湾革命的性质是民族民主革命，革命的首要任务是推翻日本殖民者的殖民统治，同时在台湾消灭封建势力，实施土地革命。在后来的台湾民族运动中，资产阶级表现出妥协和软弱性，已经不能胜任台湾革命的领导任务，无产阶级必须掌握革命的领导权，以无产阶级及农民大众为主力军，一定程度上团结资产阶级，推进台湾民族民主革命。[③]“台湾民族革命的主力军与领导阶级，必将是无产阶级无疑”[④]。

台湾共产党成立不久，正值中坜、桃园、湖口等地农民与日本三菱土地公司展开激烈斗争。台湾共产党及时地派党员及党

---

① 苏新：《未归的台共斗魂》，台北：时报文化出版企业有限公司 1993 年版，第 363 页。

② 刘大年、丁名楠、余绳武：《台湾历史概述》，北京：生活·读书·新知三联书店 1956 年版，第 72 页。

③ 陈小冲：《日本殖民统治台湾五十年史》，北京：社会科学文献出版社 2005 年版，第 183 页。

④ 警察沿革志出版委员会：《共产主义运动》，见《台湾社会运动史（1913—1936）》第二册，王乃信等译，台北：创造出版社 1989 年版，第 33 页。

影响下的革命分子去领导农民组合工作和这次斗争。1928 年 7 月，台湾共产党领导和帮助农民组合本部举办农村青年训练班，向他们宣传马克思主义，分析国际革命形势，介绍阶级斗争的理论和经验。在其指导下，农民组合本部发行机关刊物《农组情报》。

创办书局、发行革命书刊，在广大群众中传播、普及马克思主义，也是台湾共产党的重要任务。1928 年底，台湾共产党决定在台北市开设一家国际书局，专门销售社会科学书籍，受到广大群众的欢迎。当时，日本殖民当局曾无可奈何地表示："看到国际书局招牌上面的大红星就头痛。"① 不久之后，该书局遭到查封。

1928 年 12 月 30 日，台湾农民组合第二次代表大会在台中开幕。早在大会之前，台湾共产党东京支部代表林兑从日本返回台湾，带来了领导人林木顺有关"农民问题对策"的指示，并先后与谢雪红、简吉会商，希望通过大会议案的方式将"农民问题对策"贯彻于农民组合的政策与实践中。大会发表《台湾农民组合第二次全岛大会宣言》，确立阶级斗争与民族反帝斗争的路线。虽然决议没有确定台湾农民组合和台湾共产党的组织关系，但台湾共产党得以通过台湾农民组合实施自己的合法活动。台湾共产党与台湾农民组合建立了联系，并逐渐将之纳入自己的领导之下。

1929 年 10 月，台湾共产党中央委员会召开会议，对工作安排进行新的调整，其中，杨春松和赵港负责台湾农民组合的工作，庄春火负责工人运动，后专指派刘守鸿为高雄地方负责人，

① 杨克煌：《台湾人民民族解放斗争小史》，武汉：湖北人民出版社 1956 年版，第 136 页。

领导当地的工人运动和党的活动。[①] 12 月，赵港加入台湾共产党。之后，台湾农民组合的积极分子颜石吉、陈德兴、林朝宗、高甘露、简娥等人也相继加入。同一年，台湾共产党在台北三重埔等地区组织农村青年读书会、研究会，吸收农村青年入党、发展农民组合成员，指导当地农民运动。这一时期，早在 1928 年就成立的研究会开始在台湾的左翼中积极发展，在台湾农民组合的范围内开展活动，而研究会是由那些在思想上接近台湾共产党的人组成。通过研究会，台湾共产党实现对台湾农民组合的领导。

台湾共产党还在工人中建立党组织和工会组织。1929—1930 年，台湾共产党在瑞芳、猴垌、九分等煤矿、金铜矿的矿工中建立党组织和筹建工会；在台北至基隆段、宜兰线等铁路工人中建立党领导的职工组织；在高雄铁道部属机械厂、高雄浅野水泥厂等工厂中建立党组织及工会。1930 年 9 月，台湾共产党决定在台北成立党的北部地区委员会。此外，台湾共产党在 1929 年秋领导台中师范学校的台湾学生举行反对奴化教育、反对军事训练、反对学校当局暴行的斗争；在 1930 年领导纪念国际劳动节的斗争、反对"六一七"日本帝国主义侵占台湾的纪念斗争，等等。[②]

1930 年秋天，台湾共产党与它影响下的台湾文化协会、台湾农民组合采取一系列措施，反对民族运动的右翼——台湾民众党和台湾地方自治联盟。9 月，打倒反动团体斗争委员会成立。10 月，全台湾 14 个地方的委员会举行集会，反对台湾民众党和台

① 警察沿革志出版委员会：《共产主义运动》，见《台湾社会运动史（1913—1936）》第三册，王乃信等译，台北：创造出版社 1989 年版，第 109—110 页。

② 季云飞：《台湾人民反抗日本殖民统治斗争述论》，载《台湾研究》1998 年第 3 期。

湾地方自治联盟，参加者约有7000人。[①]

1931年，台湾共产党的改革同盟成立，苏新、赵港、王万得等骨干分子清算了党内主要领导人机会主义和关门主义的错误，决定在工农大众中广泛发展党员，扩大党的影响力，筹备赤色工会。5月底，台湾共产党第二次临时代表大会正式确立新的中央领导核心及台湾共产党与中国共产党的紧密联系，指出“党的成立大会及此次大会均受到中国党的帮助与指导，此点具有重大的革命的国际性意义”[②]。大会采纳新的政治纲领，指出台湾革命的性质为资产阶级民主革命，但台湾的资产阶级已经不能负担此一革命任务，必须由无产阶级担当革命的领导力量。“唯有无产阶级指导农民、小资产阶级及一般勤劳大众组织形成的势力，才是推进革命的唯一动力”[③]。然而，台湾共产党在清算党内机会主义和关门主义错误的同时，又犯了“左”倾冒险主义和盲动主义的错误。[④]

1931年1月初，台湾农民组合在嘉义郡竹崎庄召开扩大中央委员会全会，陈德兴、赵港、颜石吉参加会议，会议通过成立“反帝同盟”的决议，正式把农民组合作为台湾共产党领导下的大众团体，并决定淘汰组织内部的机会主义者和中间动摇分子。

① 警察沿革志出版委员会：《共产主义运动》，见《台湾社会运动史（1913—1936）》第三册，王乃信等译，台北：创造出版社1989年版，第223页。

② 警察沿革志出版委员会：《共产主义运动》，见《台湾社会运动史（1913—1936）》第三册，王乃信等译，台北：创造出版社1989年版，第167页。

③ 警察沿革志出版委员会：《共产主义运动》，见《台湾社会运动史（1913—1936）》第三册，王乃信等译，台北：创造出版社1989年版，第176页。

④ 陈小冲：《日本殖民统治台湾五十年史》，北京：社会科学文献出版社2005年版，第185页。

大会还提出“打倒日本帝国主义”“拥护苏共”“支持中国革命”和“台湾共产党万岁”等口号。5 月 31 日，台湾共产党中央决定，在第二次帝国主义战争即将爆发的情形下，通过工农武装斗争打倒日本帝国主义，建立工农苏维埃政权，要求农民组合开始执行武装斗争政策，在大湖、永和山等地设立基地，秘密训练战士。6 月 11 日，台湾共产党两次遭到当局的大规模镇压和破坏，大批党员被捕、出走，此后完全转入地下。对于台湾共产党对台湾社会的影响和作用，当时资料有这样的记载：“将台湾农民组合、台湾文化协会完全变为其指导下的外围团体，而农民运动、小市民学生运动则依据党的方针推行，至昭和五、六年，甚至连赤色公会的组织或劳动争议方面亦有相当发展，在本岛左翼运动中留下了甚大的业绩。”①

四、台湾农民组合

日本侵占台湾之后，总督府颁布土地调查和林野调查条例，很多农民世代耕作的土地成为“无主地”被强制无偿剥夺。同时，日本资本家在警察的帮助下，强迫收买农民土地。据统计，日本殖民统治末期日本人拥有的耕地面积占台湾耕地总面积的21%。担任过总督府官员的东乡实曾经告诫说：“西部台湾的土地兼并只能促使本岛人的民族反抗，对台湾的开拓并无贡献。其结果将使得他们仇恨日本的统治、仇视日本人，激发民族的觉醒。”② 20 世纪 20 年代中期，台湾农民开始成立一些农民组合，组织和领导农民的抗议行动，主要围绕反抗日本殖民者的土地掠

---

① 警察沿革志出版委员会：《共产主义运动》，见《台湾社会运动史(1913—1936)》第三册，王乃信等译，台北：创造出版社 1989 年版，第 215 页。

② ［日］浅田乔二：《日本帝国主义下的民族革命运动》，东京：未来社 1978 年版，第 51—53 页。

夺和经济剥削而展开，并同时反抗本岛地主阶级的压迫和剥削。[①]台湾文化协会的会员简吉、赵港是抗议行动的领导人。这些行动刺激了高雄州凤山郡、台中州大甲郡、台南州虎尾郡的农民组合的成立。[②]

当时，在反对官地放领的浪潮中，台湾中南部较为激烈。台中州大甲郡大肚庄有 48.5 甲土地放领给 6 名日本退休官吏，牵涉当中的 73 名农民代表向简吉、赵港求援，并组织大甲农民组合，阻止对土地的丈量，发动壮丁团全体辞职、公学校罢课三天，最终迫使日本退休官吏将土地转卖给台湾人经营。在日本殖民政府的支持下，制糖会社强制以低价购买农民土地，压低甘蔗收买价格，并通过资金预贷及肥料、水利灌溉等手段对蔗农进行控制和盘剥，这样的情况日益引起台湾蔗农的不满和反抗。例如，1923 年以来，二林、大城等蔗农因甘蔗原料收购价格偏低一直与林本源制糖会社交涉。1925 年 6 月，二林蔗农组合成立，拥有会员 400 多人。[③] 同年，高雄的物产会社宣布要从佃农手中收回凤山 70 甲的土地，转给新兴制糖会社作为自营蔗园地。这一情况引起承租土地的佃农的不满和抗议。[④] 台湾文化协会成员黄石顺决定效法二林蔗农，召集 53 名佃农成立“小作人（佃农）组合”，与物产会社抗争，最终迫使其同意暂缓一年收回土地。1925 年 11 月，黄石顺为了巩固佃农组合并扩大影响，邀请简吉参加该组合，并改名为“凤山农民组合”，推举简吉为组合长，

① 宋帮强：《日据时期台湾共产党对农民运动的影响》，载《当代世界社会主义问题》2013 年第 3 期。

② 警察沿革志出版委员会：《农民运动》，见《台湾社会运动史（1913—1936）》第四册，王乃信等译，台北：创造出版社 1989 年版，第 54 页。

③ 陈小冲：《日本殖民统治台湾五十年史》，北京：社会科学文献出版社 2005 年版，第 176—177 页。

④ 警察沿革志出版委员会：《农民运动》，见《台湾社会运动史（1913—1936）》第四册，王乃信等译，台北：创造出版社 1989 年版，第 48 页。

成员 80 多人。之后，简吉、黄石顺等人积极举办农民演讲会，鼓励大家团结起来和地主做斗争。凤山农民组合的成功运作为日后“台湾农民组合”的成立打下基础。在这期间，台湾各地农民组合相继宣布成立，除了二林蔗农组合、凤山农民组合之外，还有大甲农民组合、虎尾农民组合、曾文农民组合、竹崎农民组合等。

1926 年 4 月 28 日，根据简吉、赵港的倡议，在凤山召开会议。会上通过成立台湾农民组合，然后把各地的农民组合改造为这个机构的各个分部，简吉任中央委员长。[①] 台湾农民组合的纲领提出：提高农民知识水平，发扬互助友爱精神，以合法手段达到目标。这一时期，台湾农民组合的积极分子与日本农民组合、日本劳动农民党建立联系。另外，当时许多留学祖国大陆和日本的台湾学生，有机会接触到各种进步的思想和书籍，他们通过各种渠道将这些思想传播回台湾，激发了岛内左翼思想的高涨，为农民运动找到理论依据。

1927 年，杨逵回到台湾投身农民组合运动，担任中央委员，负责政治、组织和教育三部门，在组织特别行动队、发动农民抗争活动中，先后十次被捕入狱，成为一名活跃的左翼社会运动家。

台湾农民组合的支部数量、会员数量增长迅速。根据统计，1926 年 6 月，台湾农民组合有 6 个支部，会员 4137 人；到了 1927 年 11 月的时候，共有 23 个支部，会员超过 24000 人。[②] 1927 年 12 月，台湾农民组合召开第一次代表大会，大会决定“支持进行无产阶级政治斗争的日本劳动党”和“促进工农联

① 警察沿革志出版委员会：《农民运动》，见《台湾社会运动史（1913—1936）》第四册，王乃信等译，台北：创造出版社 1989 年版，第 68 页。

② 蔡文辉：《不悔集：日据时代社会与农民运动》，台北：简吉陈何文教基金会 1997 年版，第 86—87 页。

合”，确立以“依照马克思主义指导支持无产阶级之方法，宜待之于解决农民问题之方针”。[1]

1928年1月，台湾农民组合在《台湾民报》上发表《台湾农民组合的过去、现在和未来》，呼吁“为了完成无产阶级的历史使命”，必须“以马克思主义的变革理论为探照灯，引领我们前进”。[2] 1928年五一节，台湾农民组合在工农联合大会上抗议田中义一内阁出兵侵略中国，在同年的第二次大会上议决“扶持祖国工农革命”，以声援中共领导下的第二次国内革命战争。12月，台湾农民组合第二次全岛大会发表宣言，号召全岛工农大众团结起来，拥护苏维埃，打倒国际帝国主义。

1927—1928年，台湾农民组合组织了420多起农民抗争，[3] 抗争的手段趋于多元化和激烈化，其中以中坜、麻豆、大甲、凤山等地最为活跃，涉及向总督递交请愿书，就当局的土地政策、警方的禁令提出抗议，以及在地方上进行抗议等活动。

1928年6月下旬，台湾农民组合中央委员会召开会议，成立附属于台湾农民组合的研究会，负责对农民组合干部进行专门培训。7月，台湾共产党领导和帮助“农民组合本部”举办农村青年训练班，向他们宣传马克思主义、分析国际革命形势、介绍阶级斗争的理论和经验。在其指导下，农民组合本部发行机关刊物——《农组情报》。8月29日，在台湾农民组合中央委员会全会上，通过台湾共产党关于农民运动的计划。根据这个计划，

① 警察沿革志出版委员会：《农民运动》，见《台湾社会运动史（1913—1936）》第四册，王乃信等译，台北：创造出版社1989年版，第84页。

② 《台湾农民组合的过去、现在和未来》，载《台湾民报》第189、190号，1928年1月2日、8日。

③ 警察沿革志出版委员会：《农民运动》，见《台湾社会运动史（1913—1936）》第四册，王乃信等译，台北：创造出版社1989年版，第86页。

决定成立青年部、妇女部和救济部。[①]

1928 年 12 月 30 日，台湾农民组合第二次代表大会在台中开幕。大会发表《台湾农民组合第二次全岛大会宣言》，确立阶级斗争与民族反帝斗争的路线，指出："濒死的帝国主义与反动地主为了保持狗命，正全面准备屠杀工农的第二次世界大战，对无产阶级——尤其是殖民地台湾的无产阶级——的压迫与剥削更为积极，更加残忍，愈来愈露骨。因此，台湾的工人、农民、小市民在政治上经济上所受的痛苦已经达到极点。"[②]《宣言》号召：农民赶快加入农民组合，工人赶快加入工会；工人与农民团结起来；确立耕作权与团结权；全台湾被压迫民众团结起来，工农阶级团结起来；拥护工农祖国苏维埃；支持中国工农革命；打倒国际帝国主义；反对新帝国主义战争；被压迫民族解放万岁；全世界无产阶级解放万岁。[③] 由此可见，大会通过的决议具有共产主义特征。

1929 年，台湾共产党在台北三重埔等地区组织农村青年读书会、研究会，吸收农村青年入党、发展农民组合成员，指导当地农民运动。

1929 年 2 月，日本警方对台湾的左翼运动严加打击。2 月 12 日清晨，日本警察搜查台北、新竹、台中、台南、高雄等地农民组合的办公场所和主要干部的住宅，59 人被捕。谢雪红也在这次搜捕中被捕。[④] 3 月 3 日，在东京的台湾学术研究会寄出题为

---

① 警察沿革志出版委员会：《农民运动》，见《台湾社会运动史（1913—1936）》第四册，王乃信等译，台北：创造出版社 1989 年版，第 106 页。

② 警察沿革志出版委员会：《农民运动》，见《台湾社会运动史（1913—1936）》第四册，王乃信等译，台北：创造出版社 1989 年版，第 145 页。

③ 警察沿革志出版委员会：《农民运动》，见《台湾社会运动史（1913—1936）》第四册，王乃信等译，台北：创造出版社 1989 年版，第 146 页。

④ 谢雪红口述、杨克煌笔录：《我的半生记》，台北：杨翠华出版 1997 年版，第 296 页。

《为全岛大拘捕敬告农工兄弟书》的声援函，这次的逮捕行动，对台湾农民组合的活动产生了极大的破坏，其成员数量从11410人缩减到9369人。没有遭到逮捕的会员被迫转入地下，秘密开展农民运动。

尽管存在诸多困难，之后台湾农民组合还是取得了一些成绩。青年部、妇女部和救援部有了一定发展。1930年下半年，因1929年2月大搜捕而入狱的积极分子被释放出狱，促进了台湾农民组合工作的开展。

1931年1月初，台湾农民组合召开扩大的中央委员会全会，正式把农民组合作为台湾共产党领导下的大众团体。8月，台湾农民组合和台湾文化协会的一些成员在台中开会，决定成立赤色救援会，暂时停止台湾农民组合的所有活动。随着赤色救援会工作的开展，警方日益关注，并对其各个小组成员进行逮捕。1932年3月，日本警方逮捕刘双鼎等92人。[①] 随后，日本殖民政府宣布台湾农民组合为非法组织并予以解散。

五、台湾议会设置请愿运动

日本侵占台湾次年，日本国会通过第六十三号法律（即“六三法”），授予台湾总督以在其辖区颁发具有法律效力的律令的权力。此后，总督发布许多镇压、歧视、压迫台湾人民的法令。这种集立法、行政、司法三权为一体的专制政治与近代宪政社会的精神不相符合。

台湾议会设置请愿运动自1921年开始至1934年9月，历时近14年，共提出15次，结果未达成目的。第一次设置台湾民选议会请愿书在1921年1月30日由林献堂领衔，获178人签署，

---

① 韩嘉玲：《简吉与台湾农民组合》，见《台湾史研究会论文集》（第二集），台北：台湾史研究会1990年版。

经江原素六、田川大吉郎分别任介绍人，于第四十四届日本帝国议会贵族院暨众议院提出。请愿的内容强调：承认台湾特殊事情，有特别立法的必要；日本是立宪的国家，台湾在其统治下，自应享受立宪政治的待遇；台湾总督享有立法、行政的全权关系违反宪政的常规；设置民选台湾议会以便协赞台湾的特别立法和台湾特别预算。结果遭到国会贵族院、众议院的拒绝。2 月 28 日，台湾总督田健治郎表示，台湾议会设置请愿运动违背日本治台的大方针，实质乃是谋取独立的地位；总督府宣称："此种运动往往煽动岛民轻举妄动，有害治安，给本岛百般施政带来恶劣影响。"① 期间，台湾议会设置请愿委员蒋渭水、蔡培火、陈逢源等人抵达东京，台湾留学生数百人到东京火车站欢迎并举行示威游行。

当年，日本殖民当局决定成立台湾总督府评议会，由总督任会长，总务长官任副会长，另外还有 9 名台湾士绅任评议员。日本当局企图利用评议会来对抗台湾议会，以此来分化瓦解议会设置请愿运动。另一方面，总督府还对该运动的参与者施加压力，据载："专横之台湾官宪对此问题素抱偏见，对吾等请愿人加以各种不当之压迫，企图阻止正当请愿权之行使。兹举两三实例为证：即对于服务官方机关者，立即被解职，服务于银行公司者，透过该银行公司，各予以免职，有关公卖事业者则剥夺其特权，与银行有借贷关系者，拒绝其资金之融通，且严禁有关政治之讲演，虽系通俗之学术讲演，亦常被命令中止解散。"②

由台湾进步士绅和知识分子组成的台湾议会设置请愿团，每年都会派代表去东京向日本帝国议会递交请愿书，表达台湾人民

---

① 《下村宏文书》，见《日本统治下的台湾》，东京：东京大学出版会 1983 年版，第 196 页。

② 叶荣钟：《台湾近代民族运动史》，台北：学海出版社 1979 年版，第 130—131 页。

要求当家做主的意愿。议会请愿从第二次开始，参加签署的人中台湾本岛人士占了多数，文化协会取代新民会成为推动这一运动的主力。1922 年，经过两次请愿后，台湾总督府加紧了对参与人士的压制。当时，林献堂、林幼春、杨吉臣、甘得中、李崇礼、洪元煌、林月汀、王学潜等面见总督田健治郎，田健治郎告诫他们：政府对台湾议会设置“绝无容许之理”，“与其徒劳无益，不若断然停止以免劳民伤财”。私底下还通过银行机构逼迫林献堂提前偿还贷款以施加压力。林献堂在其压力下，曾一度被迫声明与这一运动“奉谕脱离关系”；其他 7 人也被迫暂时退出议会设置请愿运动。

1923 年 1 月 30 日，在组织第三次请愿时，蒋渭水、蔡培火等人组成台湾议会期成同盟会，但台北警方拒绝承认。然而，两人却利用赴日之机，以同样的组织名称、章程在东京早稻田警署登记，注册成功，回台后有时也公开以这一组织名义活动。

12 月 16 日，总督府借口此举违反《治安警察法》，秘密拘捕了蒋渭水、蔡培火等 41 人，58 人遭到搜查和传讯，此即“治警事件”。1924 年 2 月，总督府在日本国内舆论压力下将蒋渭水等人交保释放。不料，蒋渭水等人出狱后毫无畏惧，又一次投入请愿活动。7 月 25 日，蒋渭水等 18 人因“治警事件”受到起诉。在法庭辩论中，蒋渭水、蔡培火、陈逢源等猛烈抨击日本殖民统治，如陈逢源指出：“殖民政策的同化主义，是民族优越感和帝国主义的总和，是要以母国的制度和文化，强制施行于殖民地的。”蔡培火则说：“原来台湾所采用的同化主义是错误不可行的。尤以检察官所说的极端民族优越感，是征服者的理论。”与此同时，他们还鲜明地表明自身中华民族的民族属性，如林呈禄说：“现在台湾岛的大部分，无论怎样说，事实上是由中国福建、广东移民过来的。”陈逢源也说：“中华民族自有五千年来，虽有同化其他民族，但至今尚未被他民族所同化。”①

“治警事件”发生之后的几年，议会请愿运动虽然屡经挫折，但是每年参加签署的人不断上升。台湾文化协会正式分裂后，蒋渭水、蔡培火等人组建台湾民众党。此后，议会请愿运动主要由民众党继续领导。

台湾人民对请愿运动给予了热烈的拥护。林献堂等人每次请愿回台之后，都受到了民众的热烈欢迎，他们“应各地亲友同志的邀请，联袂访问各地，除受盛大欢迎外，并举行讲演会，报告请愿运动的经过——这也是一种宣传活动；万人空巷，争睹风采，声势的壮大，情绪的热烈，不逊于凯旋的将军”②。蒋渭水也感慨说：“台湾议会的设置，是台湾人唯一的活路。”③

台湾议会设置请愿运动一共进行15次，前后历时近14年，直到1934年，由于每次请愿都被日本议会以“审议未了”“不采择”为名不予采纳，加上九一八事变之后台湾岛内政治局势的恶化，台湾的民族主义者才不得不停止议会设置请愿运动。

台湾议会设置请愿运动的基本理念，是建立在承认日本在台殖民统治的基础之上的，它只是要求允许台湾人民参与立法，在殖民体制内寻求参政权，并不主张从根本上改变台湾的社会性质。因此，台湾议会设置请愿运动从本质上说属于改良主义性质，即使他们的愿望得以实现，台湾人民仍旧摆脱不了受压迫的殖民地二等公民的地位，与真正的民族自决相去甚远。④

---

① 高日文：《治安警察法违反事件之法庭辩论经过》（一），载《台湾文献》第17卷第1期。

② 叶荣钟：《台湾近代民族运动史》，台北：学海出版社1979年版，第121页。

③ 蒋渭水：《五个年中的我》，载《台湾民报》1925年8月26日。

④ 陈小冲：《日本殖民统治台湾五十年史》，北京：社会科学文献出版社2005年版，第155页。

在蒋渭水、林献堂等台湾有志之士的努力下，台湾社会对民族自决与自治的要求日益高涨，总督府也不得不对其治台政策作出某些调整。1935 年 4 月 1 日，总督府公布《台湾地方自治制度改正》，并于同年 10 月 1 日实施。改革的内容如下：州协议会改为州会，州协议会员改为州议会员，性质由原来的咨询机关改为议决机关。州会议员由全部官选改为半数民选，其中市会议员和街庄协议会员具有选举权与被选举权。非民选的半数由总督派任。市协议会改为市会，市协议会员改为市会议员，性质由原来的咨询机关改为议决机关。市会议员由全部官选改为半数民选，非民选的半数由州知事派任。街庄协议会员由全部官选，改为半数民选，非民选的半数由州知事派任。州会、市会、街庄协议会议长仍由官派的州知事、市尹、街庄长兼任。规定年满 25 岁，年纳税额 5 元以上，在选区内居满 6 个月以上的男子才具有选举权与被选举权，妇女则无选举权。① 1935 年 11 月 22 日，总督府举办了第一次市会及街庄协议会员选举。虽然这是台湾史上首次经由民选方式产生议员，但这样的改革仍属于不完全的自治。所以部分民众仍然不满这样的改革。台湾地方自治联盟对这项措施加以批判，并派杨肇嘉等人向总督提出普选、议员全部民选、改街庄为议决机关的改革主张，总督府均未接受。

第三节　留日台湾学生运动

设于日本的东京台湾青年会是台湾留日学生中最大的社团。1916 年 1 月，台湾青年会学生在东京帝国大学新人会（日共的外围组织）的指导下，组成台湾新文化学会，逐渐显示出通过马克

① 黄昭堂：《台湾总督府》，台北：自由时代出版社 1989 年版。

思主义的研究进而实践共产主义的行动倾向。为了扩大组织活动，新人会发出要他们在东京台湾青年会内部组织小组的指令。1920年起，该会开始关注台湾的社会问题，并组织一些反对日本在台湾殖民统治的活动。

与此同时，台湾青年会还组织留学生文化演讲团回台湾，到各地进行宣传，从1932年夏季开始，这项活动坚持了数年。演讲团的文化启蒙活动受到台湾民众的热烈欢迎。台湾青年会从1920年开始发行会刊《台湾青年》。[①] 其创刊号《发刊之旨趣》明确表示“国民之荣辱，不在乎国力之强弱，而在乎文化程度之高低”；“若要救台湾，非先救祖国着手不可！欲致力于台湾革命运动，非先致力于中国革命成功。待中国强大时候，台湾才有回复之时，待中国有势力时候，台湾人才能脱离日本强盗的束缚”。[②] 1923年4月17日，在东京的台湾留学生举行“割台纪念日”的集会。

在东京的台湾籍留学生因为受到日本社会主义运动发展的冲击，也逐渐兴起以马克思主义为主的社会科学的研究热潮。向来以民族自决主义维持思想统一的台湾青年会内部，也产生了意识形态上的分歧与对立。

当时，在日本社会主义思潮的冲击下，台湾青年会中的许乃昌、杨云萍、杨贵、高天成、商满生、林朝宗和林聪等人逐渐倾向共产主义。彰化籍的许乃昌，曾于1922年就读于上海大学社会系，1924年8月，到苏联，进入莫斯科共产主义学校，研究共产主义运动。一直到1925年6月，他才停止学习，回到日本，进入日本大学就学。因为具有这样的经历，许乃昌成为台湾青年会中左倾学生的中心人物。杨贵、杨云萍等，在许乃昌的领导下，定期聚会，研究马克思主义。

---

① 黄新宪：《日据时期台湾学生留学日本考》，载《教育科学》2004年第5期。

② 《台湾青年》第1卷第1号，1920年7月16日。

1926年1月，他们在东京台湾青年会下另行组建台湾新文化社，宣传共产主义，开展对马克思学说的研究。1927年3月，他们利用东京台湾青年会春季例会的机会，说服全体青年会干部，决议设置社会科学研究部。大会并且以东京台湾青年会社会科学研究部组织筹备委员会的名义，发布宣传文告，鼓励台湾青年会学生及时加入研究部，指出："我们应怎样来看混沌的现社会的所有问题和一切现象？又应怎样来对应它呢？我们应怎样看待所面临的民族问题、殖民地问题，或切身的我台湾之总督独裁政治所包藏的阴谋，并且又应怎样来对应它呢？本研究部的使命，便在于忠实地、科学地来分析究明这些和我们有密切关系的各种问题。"①

社会科学研究部除了与帝大新人会、无产青年同盟、学生社会科学联合会等日本进步团体加强联系之外，还与台湾岛内各左翼团体，尤其是文化协会左派及农民组合干部进行密切的合作。该研究部利用暑假回台湾的机会，与这些团体一起举办演讲会、纪念会等活动。采取类似共产党的活动方式，每周举行一次秘密会议，研究和讨论有关共产主义的书籍和文献。东京台湾青年会的一些成员如林兑、林添进、陈来旺、萧来福等后来都成为台湾共产党的领导骨干。②

因为这样，当时日本警察对学生社会科学联合会的取缔行动，也逐渐波及东京台湾青年会。因此，向来与研究部的思想倾向相左的青年会干部便与研究部的成员公开决裂。③后来，社会

---

① 蓝博洲：《日据时期台湾学生运动：1913—1945》，台北：时报文化出版企业有限公司1993年版，第111页。

② 宋帮强：《日据时期台湾共产党与日本共产党的关系研究》，载《中共天津市委党校学报》2012年第6期。

③ 黄新宪：《日据时期台湾学生留学日本考》，载《教育科学》2004年第5期。

科学部演变为社会科学研究会和台湾学术研究会。在共产党人林木顺的领导下，该会团结在日本的台湾留学生，加入台湾岛内反对殖民统治的斗争。

在台湾岛内，则于1922年、1924年先后发生两次台北师范事件，接着有1926年台北商工学校学生的同盟罢课斗争、台中第一中学的学生罢学事件，以及1928年台中师范事件等。这些斗争一定程度上都反映了日本奴化教育总是会遭遇台湾学生的反抗，体现了台湾学生对民族利益的维护。

第四节　新文化启蒙运动

台湾新文学运动是在祖国大陆“文学革命”的影响下产生的，伴随着台湾抗日民族运动而来。由于参加民族运动的许多革命者本身也是作家，他们接触到底层人民的生活，对日本殖民统治下的台湾社会有深刻的认识，在殖民统治的高压下，这些革命者纷纷转入文坛。“由黄呈聪、黄朝琴提倡白话文于先，张我军提倡诗学的改革于后，而逐渐发展的。上述诸人都是在‘中国新文学运动’发生后，到过祖国，目睹蓬蓬勃勃的新文学运动，大受刺激，回来提倡白话文或文学改革的”[①]。其中，黄呈聪在《论普及白话文的新使命》一文谈道：“我们的社会，从前和现在多数的人，都喜欢看那个《红楼梦》《水浒传》等的白话小说。”[②]黄朝琴认为，反对日本殖民同化，提倡白话文，应该从儿童抓

---

① 廖汉臣：《新旧文学之争——台湾文坛一笔流水账》，原载《台北文物》第3卷第2期、第3卷第3期，1954年8月20日、1954年12月10日，引自李南衡主编：《日据下台湾新文学文献资料选集》，台北：明潭出版社1979年版，第413页。

② 张深切：《台湾文艺的使命》，载《台湾文艺》2卷5号，1935年5月。

起："我们台湾同胞，亦是汉族的子孙，我们有我们的民族性，汉文若废，我们的个性我们的习惯我们的语言从此消灭了。……万不可以少数的内地（日本）儿童做标准，来牺牲大多数的台湾儿童。"①

1923 年 4 月 15 日，台湾留日学生蔡惠如在《台湾民报》上撰文（《祝台湾民报创刊》）说，他想到台湾的兄弟不懂汉文，眼泪都掉下来了，"我们台湾人的人种，岂不是四千年来黄帝的子孙吗？堂堂皇皇的汉民族为什么不懂自家的文字呢？"因此，他提倡用白话文向台湾百姓普及知识。②

当时台湾著名的新文化运动代表蔡培火、陈逢源、吴新荣等都有类似的主张。他们一方面对祖国传统文化持有批评的态度，另一方面也肯定祖国传统文化的优秀成分，主张在吸收外来优秀文化的同时，坚持传统文化的优秀成分。因此，台湾新文化运动在介绍各种新思潮的同时，也在振兴民族文化上下了极大的功夫。台湾新文化运动的主要团体台湾文化协会曾与台湾地区其他社团组织共同推动汉文振兴运动，举办各种汉文讲习所，推动白话文运动，努力推荐使用当时流行于祖国大陆的简易尺牍文、小学国文课本、平民千字课本等，并在台湾许多地方设有北京语讲习会、汉文研究会。可以这样说，台湾地区的新文化运动虽然也在反传统，但不是全面地反传统的，而是有选择性的，更多的是针对传统文化中落后僵化的东西。同时面对日本殖民者的文化同化政策，新文化运动旗帜鲜明地坚持和振兴民族文化，对抗和抵

① 李南衡：《日据下台湾新文学文献资料选集》，台北：明潭出版社 1979 年版，第 33—34 页。

② 蔡惠如：《祝台湾民报创刊》，原载《台湾民报》1 号，1923 年 4 月 15 日出版，引自李南衡主编：《日据下台湾新文学文献资料选集》，台北：明潭出版社 1979 年版，第 38—39 页。

制文化同化政策始终是新文化运动的主要任务。[①]

施文杞的寓言小说《台娘悲史》，是台湾新文学最早的小说作品之一。小说中将“台娘”（台湾）写成“华大”（中国）的心肝宝贝般美丽女儿，而日本则被冠以“日猛”之名。小说对于近代中国的历史境遇、中日各自的文化性格以及两国间的关系、海峡两岸人民对于强权的抵抗等重要问题，都有极为深刻的认识和表述。特别值得注意的细节有：“日猛”让“台娘”打扮得漂亮以供自己取乐，却不愿意让她学点东西以便将来立足社会，当“台娘”以近来女权伸张提出的口号向“日猛”要求自己的权利时，却遭受“日猛”更为野蛮暴戾的管制。这其实触及了殖民现代性的问题：日本在台湾从事一些现代化的建设只是为了自己的殖民利益，而不是真的要引导台湾走上现代化的道路。另外，这篇小说中争女权的细节，也是当时大陆妇女解放运动的投影。

在大陆求学的台湾青年张我军等人，将大陆新文学理论引进台湾文坛，主张台湾新文学建设“须多读中国以白话文写作的诗文”。他认为：“台湾的文学乃中国文学的一支流。本流发生了什么影响、变迁，则支流也自然而然地随之而影响、变迁。”在张我军“建设白话文学，以代替文言文学，改造台湾语言，以统一中国国语”的号召下，白话文运动风靡全岛。当时，各地有青年会、读书会等团体，与之相呼应，鼓励并实施研究白话文。与此同时，张我军在《台湾民报》发表了《中国国语文的作法》《文艺上的诸主义》等文章。从鲁迅 1926 年 8 月 11 日的日记，也可以看出张我军与鲁迅之间的联系：“……寄张我军信……夜遇安来，张我军来并赠《台湾民报》四本。”[②]《台湾民报》还转载鲁

---

① 黄平：《飘零与孤悬中的挣扎——日据时期台湾地区对祖国文化的坚持》，载《东南学术》2004 年第 4 期。

② 鲁迅：《鲁迅全集》第 14 卷，北京：人民文学出版社 1981 年版，第 611 页。

迅的《狂人日记》《故乡》《阿Q正传》以及郭沫若的《牧羊哀话》、冰心的《超人》等小说。

1930年，中国左翼作家联盟在上海成立，强调文学大众化，标志着文学革命进入了新时期。“左联”的成立和活动，使得台湾文学界受到极大的鼓舞。在这一年，台湾的左翼思潮空前高涨，作家反映社会现实，揭露社会黑暗和统治者对农、工的剥削，表现农、工阶级的悲惨生活，成为台湾文坛的风潮。许多作家纷纷成立文学社团，创办刊物。1931年秋，台北和台中部分作家共同组织了南音社，并于第二年初创办《南音》半月刊。在该刊的创刊词上，他们对台湾社会进行了认真的分析，认为台湾社会在“政治上、经济上以至社会上，不是暮气颓唐的，便是八面碰壁”的矛盾局面。所以，他们要借《南音》“尽一点微力于文艺启蒙运动”，使黑暗中的台湾“发现得一线光明”，“期待多数民众能够吸收思想、文艺的生产品，自然另一面就要去诱导供给生产品的作家、思想家”。《南音》杂志的主要撰稿人有郭秋生、赖和、叶荣钟、陈逢源等人。1932年3月，在日本东京留学的台湾学生苏维熊、魏上春、张文环等人发起组织了台湾艺术研究会，发行杂志《福尔摩沙》。针对当时台湾的政治形势和文化运动作了评估之后，提出自己的主张“今天我们福尔摩沙杂志的同仁却抱着不死心，依然想和故乡文艺斗士协力，靠着团体的力量，着手恢复这被人家久困不顾的文艺运动，而提高台湾同胞的精神生活”，“去整理研究从来便从心里涌出我们的思想及感情，决心来创造真正台湾人所需要的新文艺”。台湾艺术研究会成立的消息传回台湾，刺激了岛内的作家。在《南音》第9期遭禁之后，原先集合在该刊之下的作家们于1933年10月在台北又成立台湾文艺协会，并于1934年7月出版刊物《先发部队》（第二期改为《第一线》）。与此同时，一直以来只发行旬刊或周刊的《台湾新民报》，于1932年4月15日改为日报，开辟“文艺专页”，兼收中日文作品。1936 年 12 月，郁达夫访问台湾，期间出席了台湾新民报社主办的座谈会，发表演讲，介绍了大陆新文学的情况，“对台湾文坛有相当的刺激”①。

1934 年 5 月，台湾文学界召开全岛文艺大会，成立台湾文艺联盟，其根本宗旨是“联络台湾文艺家，互相图谋亲睦，以振兴台湾文艺”，“发刊杂志，刊行书册，开文艺讲演会、开文艺座谈会”。台湾文艺联盟的成立，标志着台湾新文学的组织从分散走向统一，左翼作家们推行自己的政治、文学路线取得了一次成功。这一成功，不仅是左翼作家基本上控制了联盟的领导权，使得联盟成为台湾知识分子的精神支柱，同时还体现在该组织在成立之后的重要活动中。② 1934 年 11 月 5 日，台湾文艺联盟创办机关刊物《台湾文艺》。这本杂志是台湾文学界创办的文艺杂志中持续时间最长、作家阵容最大、影响最广的一本杂志。另外，1935 年底至 1936 年初，杨逵、叶陶夫妇拿出毕生积蓄，联合赖和、杨守愚等人在台中共同创办《台湾新文学》。台湾新文学社团和文学刊物，积极主张文学的普及化和大众化，并奖励新人新作。“文学活动与政治运动、社会运动的结合，在台湾近代史上，似乎成了矢志于社会改革的台湾知识分子的‘宿命’。尤其是日本殖民统治时代，较具社会意识、民族精神的台湾作家，更是无可避免地投入了社会改革、民族解放、文化重建的运动漩涡里，如赖和、张深切、杨逵、王诗琅等”③。

在台湾，赖和被视为“台湾新文学之父”“台湾的鲁迅”，他的作品《斗闹热》是台湾新文学史上发表的第一篇白话文小说，

---

① 陈少廷：《台湾新文学运动简史》，台北：联经事业公司 1977 年版，第 134 页。

② 安兴本：《台湾文艺家联盟与左翼文学运动》，载《中国现代文学研究丛刊》1991 年第 4 期。

③ 许素兰：《普罗文学作家——杨逵（一）》，载《台湾周刊》2003 年第 4 期。

强烈地批判了违背民主、科学精神的封建迷信和民间习俗，其动机“显然在于启发民众及早觉醒”①。同时，赖和及其他台湾作家从大陆出版的刊物上，吸收了新文学的精髓。赖和等台湾作家在鲁迅的文学思想中，着重汲取“文学是战斗”的基本主张，以文艺来改变国民精神，催促民族新生的启蒙主义，希冀“以文学警醒民族的酣梦”。杨守愚在谈到赖和时说：“先生生平很崇拜鲁迅先生，不单是创作的态度如此，即在解放运动一面，先生的见解，也完全和他‘所以我们的第一要著，是在改变他们（国民）的精神，而善于改变精神的，当然是首推文艺’一致。”赖和的创作反映了台湾现代知识分子的普遍文化心态，即关怀民众、启蒙民众，对外来的入侵者进行抗争。他们坚守中国传统的爱国爱家文化立场，勇于承担传统知识分子的道义和责任，为大众代言，“忠忠实实地替被压迫民众去叫喊”②，用文字表现了台湾民众的苦难，揭示了台湾在日本殖民统治时期的悲惨状况，并以实际行动表现了对日本殖民者的抗争精神。例如，赖和的《一杆“秤仔”》，作品充满反奴役、反压迫的抗争精神；短篇小说《丰收》以台湾农民运动为背景入手，充分反映处于日本殖民统治下的台湾“蔗农问题”的存在。③

20 世纪 30 年代台湾作家中，杨逵的创作题材以其清新而令人瞩目。杨逵，1905 年出生于台南一个手工业工人家庭。1924 年留学东京，受到日本左翼思潮的影响，参加左翼政治团体社会科学研究部，介入东京工人运动和学生运动，逐渐成为一名左翼知识人。正由于他在日本留学期间“深受社会主义思潮的影响”，

---

① 朱双一、张羽：《海峡两岸新文学思潮的渊源和比较》，厦门：厦门大学出版社 2006 年版，第 131 页。

② 赖和：《希望我们的喇叭手吹奏激励民众的进行曲》，载《台湾新民报》第 345 号，1931 年 1 月 1 日。

③ ［日］下村作次郎：《从文学读台湾》，邱振瑞译，黄英哲审订，台北：前卫出版社 1997 年版，第 117 页。

其小说充满理想主义色彩，弥漫着一股坚毅的行动力量。《送报夫》是杨逵的成名作，1932 年用中文写成，在《台湾新民报》连载，但后半部分被查禁；1934 年用日文全文刊发于东京的《文学评论》，并获奖。[①] 这是一篇民族主义和朴素国际主义相结合的作品，主人公是一个在日本殖民时期立志寻求民族解放，走上革命道路的台湾青年的典型形象。《顽童伐鬼记》则通过画家作“讨伐鬼怪”图，启示孩子们用计消灭日本资本家养的一群恶狗，重新获得游玩场所的故事，表现了被压迫人民不屈不挠的斗争精神。《模范村》是一篇把反帝反封建斗争相结合，把台湾和大陆命运及前途联系在一起的小说。[②] 主人公阮新民是一名观察员，受过左翼思潮影响的他敏锐地发现，日本糖业资本和地主的勾结，是农民悲苦命运的原因。1941 年，太平洋战争爆发，台湾的文化语境日益严酷。杨逵的《萌芽》以书信的形式展开，丈夫因进行工农运动被捕入狱，妻子充满希望地生活着并鼓励丈夫“卧薪尝胆”、健康地归来。杨逵通过“萌芽”隐喻革命运动，喻指只要坚定信念，保存下革命的火种，那么革命运动就会像妻子栽种的洋牡丹一样，无论是暴风雨的来袭或者是“夜盗虫”的破坏，都无法阻挡其萌芽，并生长壮大。[③] 1943 年 8 月 3 日刊发于《台湾新民报》的《一只蚂蚁的工作》，“文章寄寓着这样一层意思：虽说是一只蚂蚁微不足道的工作，却能成为民主主义，或者说是民族解放的基础”[④]。“杨逵的全部作品构成了一首慷慨激昂

---

① 朱立立、刘登翰：《论杨逵日据时期的文学书写》，载《中国现代文学研究丛刊》2005 年第 3 期。

② 朱南：《试论三十年代台湾小说》，载《台湾研究集刊》1984 年第 2 期。

③ 张畅、陈颖：《言说空间的折叠：日据时期台湾小说中的隐喻——以赖和、杨逵、吴浊流为例》，载《泉州师范学院学报》2011 年第 3 期。

④ 戴国辉、若林正丈：《台湾老社会运动家的回忆与展望》，载《文季》第 2 卷第 5 期，1985 年。

的反帝反封建的国际主义、爱国主义和民族主义的交响曲，奏出了民族的深重苦难、人民的反抗呼声，唱出了他对未来的向往，对理想执着的追求，给在黑夜风雨中的人们以光明和方向的启迪”①。“杨逵是中华民族反抗精神的不朽塑雕，在同时代的台湾作家中，他的反抗精神最强，思想境界最高，民族情感最深。”②

朱点人的《岛都》，正面表现了自觉的工人运动。由于群众未能普遍觉醒，工人运动最终遭到统治者的镇压而失败，劳工仍然过着苦难生活。这种题材也在其他作家的小说中显现出来。如王锦江的《雨夜》中的印刷工人有德，在罢工失败后，一家人生活陷于困境，最后不得不让女儿到咖啡馆去点缀病态社会的“文明”。自滔的《失败》，描述了人心的不齐，改良主义的作梗，导致社会运动的失败。林越峰的《红萝卜》，则是揭露破坏社会运动内奸的作品。

台湾新文学运动是台湾知识分子在日本殖民统治下发起和推进的，同时又担负着时代的重任和寻求自身解放的历史使命。因此，台湾的乡土作家对乡土文学的倡导和创作具有政治意义和文学价值双重性，他们把乡土视为家国，把乡民视为父老乡亲，与之一起经历磨难，一同抗争。

从日本开始对台湾进行殖民统治的那天起，台湾人民就持之以恒地开展着反抗日本殖民统治的斗争，有的是军事性的反抗，有些是社团式的请愿和抗争。工人、农民、妇女、学生各类团体都纷纷以各种形式进行斗争，让日本殖民统治难逞其势。

---

① 刘登翰等：《台湾文学史》上卷，福州：海峡文艺出版社1991年版，第493页。

② 古继堂：《台湾小说发展史》，台北：文史哲出版社1989年版，第82页。

第五章

对台湾少数民族的高压殖民统治与1930年雾社事件

日本殖民统治时期，为了掠夺台湾山区的丰富资源，殖民当局采用多种手段，高压统治台湾少数民族民众。1930年发生的雾社事件，则是台湾少数民族同胞对日本殖民者长期积怨的一次爆发，也是日本殖民统治时期台湾少数民族牺牲最为惨烈、规模最大的一次抗日活动。

第一节　日本殖民者对台湾少数民族的统治策略

第一任总督桦山资纪时期，因抗日运动相当猛烈，桦山资纪对台湾少数民族采取“抚绥”政策，最主要是避免日军与台湾少数民族发生不必要的冲突，把军事主力用以对抗各地抗日武装之上。桦山资纪曾言：

匪徒因日军讨伐日趋窘蹙，平定指日可待，但随战区扩大及为确保守备，斥候兵或哨兵难免与生番发生冲突。生番虽然蒙昧愚鲁，但仍守古风，一旦对日本人心怀恶感，则难以抚绥……现在日本要开发台湾……本官认为必须善加抚绥。①

台湾总督府所担心的事情仍然是台湾少数民族与汉人反抗势力结合的可能性。当时民政长官水野遵也说：“如今至番地制脑、开垦、伐木、采矿及移民等之前，须要对生番恩威并用。……本官认为设类似抚垦局之机关，时常召集番民加以教化，并对头目等给与酒食、布匹及器具时，必定对日本人怀好感，开发山地可以顺利进行，而且拨出土地给与耕作时，亦可渐渐成为良民。”②

1896 年 4 月，总督府颁布《台湾总督府抚垦署官制》，将“番地”划为特殊行政区，之后陆续在各地设立抚垦署。

抚垦署的职责包括两个方面：一是管理山地开发事项，包括山地开垦、山林开发、樟脑制造等；二是对台湾少数民族民众的“抚绥”。

日本殖民当局希望通过抚垦署实现对山地的有效控制，进而有利于掠夺各种资源。但日本殖民统治初期对台湾少数民族的“抚绥”政策至少在两个方面受到抵制。其一，初期日本人面对反抗，是以绝对的军力“扫荡”、屠杀、烧毁支持抗日的村庄。这个政策使不少抗日分子往深山转移。总督府因害怕抗日分子与“番民”联合，所以即使面对“番民”造成治安的混乱，还是以“抚绥”政策为主，山区总是成为控制的空白点，以致要“进剿”

① ［日］台湾总督府警察本署：《日据时期“原住民”行政志稿》第一卷，陈金田译，南投：台湾省文献委员会 1997 年版，第 2 页。

② ［日］台湾总督府警察本署：《日据时期“原住民”行政志稿》第一卷，陈金田译，南投：台湾省文献委员会 1997 年版，第 3 页。

入山的抗日势力也显得束手束脚。其二，日本人侵占台湾的初衷之一就是要掠夺台湾的资源。当时日本来的樟脑制造业者进入山林后，受到“番民”的威胁，对于总督府的“抚绥”政策感到相当不满，因此对总督府提出取缔该政策的要求。这些日本企业对于总督府的不满，最主要还是对抚垦署的职权不足而来，他们要求总督府增加抚垦署具有裁罚“番民”的处分权。面对日本国内的压力，总督府不得不调整原先抚垦署的组织以及“抚绥”的态度。

1897年，总督府提出“有关凶番取缔要务”的政策，成立“番界”警察署，以取代抚垦署，算是对“抚绥”方针的调整。当时在6县3厅之下共设立有77个办务署、84个警察署，办务署长和警察署长都是由警部充任，这样警察职权就跨越了平地，开始了警察控制“番地”时期。然而，总督府内部也有人对这样的改动感到不满，认为这样的政策只会激起台湾少数民族民众更大的反抗。应该保持抚垦署的组织，让抚垦署强化管理的功能，以收“开垦与抚绥”的实效。另外，由于经费等问题，“凶番取缔”的范围也仅限于台湾北部“番害”较重的区域。

儿玉源太郎来台后，于1898年6月成立民政部，开始排除军人干预政治的情况。在民政部之下设有殖产课，该部门负责山区资源的开发。另外，在各要害之地设立办务署（除台东与澎湖两厅以外），其中分三课业务：第一课为一般行政、第二课为警察、第三课为“番人番地”。第三课主要就是负责台湾少数民族业务。由于第三课是继承抚垦署的业务，原先招抚的工作本来就花费相当多经费，且成效不彰，遂受到裁撤的非议，如今整个抚垦署的业务突然降级到署之下的课办理，一时之间也难以发挥作用。再者，办务署虽然有“番人番地”的业务功能，但是官署设置于平地，离“番人番地”尚远，所能发挥的功能有限，最多只是维持“取缔”的功能。

然而总督府的财政压力日渐增大。1897 年，日本政府公布《台湾总督府特别会计法》，计划在 1901 年之后台湾总督府财政必须独立，不再依靠日本国库补助。即使在 1901 年到来之前也必须逐步减少国库的补助。因此，在要开辟财源的情况下，“番地”就成为相当重要的利源。当时虽然台湾仍处于不稳定的状况，但每年从山区采制的樟脑产品的获利仍占财政收入较大比重，若能有效利用，并发展多种资源，收入必定相当可观。因此，民政部下的殖产课相当重视山区的开发，然而办务署第三课似乎没有办法满足殖产课的设想，因此 1898 年 9 月殖产课向民政长官建议成立新部门处理“番人番地”，于是有设立“番政局”的讨论。

设立“番政局”代表日本殖民当局改变对台湾少数民族的“抚绥”的态度，认为只有“恩威并施”才是达到殖民目的的方法。“威”的部分当然还是以强势力量控制，并且利用亲日的“番人”来牵制其他不愿顺从的台湾少数民族。“恩”的部分也有所改变，不再是过去物质的笼络，而是指给予台湾少数民族就业机会，日本人称为“授产”，兼及教育与医疗的“教化”措施。在政策的称呼上，“恩威并施”与“抚绥”差异并不大，但是以武力推动台湾少数民族就业与“教化”的工作，确实与过去不同。

当时殖产课的技师有田正盛提出相当详细的经营策略。他的建议有二：一是樟脑制造业务必须改成官办。当时的樟脑产出量相当大，每年除了供给世界市场以外，尚有一百万斤的余额。但樟脑产区位于北部山区，正好与“番害”区域相互重叠，因此只有官办樟脑业务才能一方面得到樟脑的好处，一方面又能顾及“理番”的业务。二是开辟连接“番地”的交通道路。道路的开辟，可以使平地居民沿路居住，自然而然形成聚落，这样也可以感染“番人”，使其受到“教化”。

1899年6月，总督府正式将樟脑收为专卖事业，成立台湾樟脑局。通过台湾樟脑局的运作使得政府逐渐控制樟脑生产，排除英、德在台的樟脑开采权力，并培植日本企业前来经营。在专卖的体制之下，虽然不似“番政局”以“理番”为目标，但因开采樟脑都在“番地”之上，故开采樟脑要顺利，实际上仍必须处理“番务”。台湾樟脑局成立的意义就是让部分原本由各地处理的“理番”事务上升到总督府统管。为了使采集樟脑的业务可以顺利进行，总督府就必须派遣足够的保护力量来防止“番害”的发生，因此，隘勇的运用又成为总督府考虑的政策。

本来总督府预计在樟脑收归专卖之后，就要随之取消隘勇的编制，但是1900年日本侵犯厦门失败，因此注意力更转向台湾的经营，在尚无法完全进入山区治理的时候，隘勇制度成为一时的权宜之计。1900年颁布《隘勇佣使规程》，规定了隘勇的资格、待遇和任务。到年底，官办隘勇数达1593名。

1901年，儿玉源太郎重新调整行政组织，大力强化警察的作用。警察不仅对付各村庄的抗日行动，还负责指挥辖区内的隘勇。但无论是隘勇还是警察，他们都不是正规的武力，在山林中也没有作战的绝对优势，特别是隘勇线尚在建设的过程中，隘勇与警察全都暴露在台湾少数民族各部落的攻击范围内，因此时常有设置隘勇线时遭到攻击的事件发生。

儿玉源太郎也曾经向官民征集“理番”良策，当时美国驻台的领事向总督府献策，认为日本人面对台湾少数民族其实与美国面对印第安人的情况类似，因此把美国对付印第安人的经验传授给日本人参考。

持地六三郎时任台湾总督府参事官，他一面吸收美国的经验，一面又靠着亲自调查的观察，于1902年底向总督府递交了一份《关于番政问题之意见书》，这份意见书充分展现帝国主义殖民以及社会达尔文主义的特色。持地六三郎认为，在日本殖民的前提之下，只要把台湾少数民族当成“劣等人种”即可，所以不需要以宗教或慈善的精神来改变他们，更不需要以法律、制度的手段来解决问题。只要他们阻挡殖民的目的，那就要毫不犹豫考虑铲除，只有这样才能从经济与财政上增加收益。

基于帝国主义与社会达尔文主义的思想，持地六三郎以“进化”和“服从”来区分台湾少数民族，因此有新的“熟番”“化番”“生番”的差别。“熟番”所指的是进化程度已经与“支那人”相同，可以作为日本帝国臣民的状态；“化番”只是有些许进化，对日本帝国的主权表示几分服从，例如缴纳赋税，还不能完全成为日本臣民；“生番”就是完全没有接受日本帝国主权，进化最劣，也是“番害”的主要来源。在持地六三郎的理论之下，台湾少数民族完全没有人格与生存的权利，他们只有绝对服从才能继续生存下去，也因为如此，当时阻碍日本人进入山林开发的泰雅人，就成为“最劣等的凶番”，成为殖民当局讨伐的对象。

儿玉源太郎时期，殖民政府对于台湾少数民族已经有一定的治理格局。对于分布在北部的台湾少数民族统称为“北番”，主要是泰雅人以及赛夏人；对于南部的台湾少数民族则称为“南番”，主要是布农人、阿美人、曹人、排湾人、卑南人、鲁凯人等。日本人对“北番”的政策是施威，以便获取山区的资源，并且以隘勇线加以包围；对“南番”的政策是以“抚绥”为主，主要是取消居中的汉人通事，以政府直接管理为目标。除了南北番，处在两者交界的中部地区也是重要的区域。

1903 年，总督府在原来隘勇的基础上强化警察的角色，并且明确地将“理番”列为警察的工作之一。然而在“番地”的警察经常也是良莠不齐，使得“理番”事务的成效大打折扣。

为了更有效防范“番害”，原来的隘勇线也改以现代化的设施装备，首先在“北番”活动的重要区域设置山炮加以控制，再则在“北番”出没处放置地雷，更以高压电网作为隔绝。隘勇人数到1905年增加至4500人，除常设的隘寮外，还有流动寮，再配加游击队、奇袭队，警察与隘勇联合的警备设施，已经达到攻守兼备的程度。[①] 这些都是为了有效防范“北番”而做的准备。设备与武力加强之后，总督府就开始不断将隘勇线往内山推移。各地也积极鼓励警察、隘勇和保甲击杀台湾少数民族，如宜兰厅厅长佐藤有熊下令对出草“番人”格杀勿论，若有杀得头目者，给赏100元，杀死“番丁”者，给赏50元。[②]

佐久间左马太时期提出了五年“理番计划”，其重点仍然是以“北番”为主，对“南番”仍然采用“抚绥”政策。1907年起，佐久间左马太对“北番”采取“甘诺”政策。“甘诺”政策就是诱使“番人”甘心承诺，让日本人将隘勇线往他们生活的“番地”推进。

在隘勇线往前推进以及“番地”设官管理的行动中，殖民当局也大力加强交通建设。交通线的推进，对殖民当局有许多好处：一、对压制“生番”相当有利；二、沿交通线可以配置相应的警察机关；三、可以让“番人”与其他地区百姓频繁接触，有利于“教化”的工作；四、一旦有事情发生，总督府可以立刻处理；五、有利于总督府对山区的调查工作。这让总督府对“番人番地”的掌控能力提升。《理蕃志稿》也说：“修筑山地道路，改善交通，攸关台湾少数民族之教化、启迪，并有助于掌控内山台湾少数民族，更与开发山地资源有密切关系。”[③]

在这个时期总督府也培养大量的能够通台湾少数民族语言的

---

① ［日］井出季和太：《日据下之台政》（第一卷），郭辉编译，台中：台湾省文献委员会1956年版，第311页。

② 陈小冲：《日本殖民统治台湾五十年史》，北京：社会科学文献出版社2005年版，第211页。

③ ［日］台湾总督府警务局：《理蕃志稿》第四卷，南投：台湾省文献委员会编印1999年版，第12页。

“番通”日警，同时总督府也奖励单身的年轻日警与台湾少数民族女性通婚，特别是跟头目或者有势力之人的女儿结婚。通过婚姻的关系，日警可以就近监视，并且达成“甘诺”的目的。

由于北部隘勇线推进的结果，许多台湾少数民族民众移居到线内，总督府面临如何引导、“教化”这些进入线内的台湾少数民族民众的问题。原设置在“南番”的“番务官吏驻在所”，也推行到“北番”地区，以作为协助武力压制的警备力量。

总督府为了更有效控制台湾少数民族民众拥有武器，在1911年底实施有条件出租枪弹给台湾少数民族各部的措施。如此一来，台湾少数民族各部无法以狩猎的理由保有枪支武器，而日本警察可以决定是否出借枪支给台湾少数民族各部，因此多了一种控制的方式。愿意顺从的台湾少数民族部落则纳入警察管理的体系当中，不愿意顺从则以兵威讨伐。同时，日本殖民者开始调查山林野地，并重新划定山区土地的所有权。

日本殖民者希望靠着自己的“优势文化”来改变台湾少数民族，或者说是消灭台湾少数民族。因此，强势进入山地之后最重要的就是实行同化政策。当时总督府委托丸井圭治郎负责规划台湾少数民族的同化计划，他完成了《抚番意见书》《番童教育意见书》，成为同化台湾少数民族的基本政策。

在丸井圭治郎的规划当中，除了“熟番”“化番”“生番”的分类以外，又增加了“归顺番”的分类。“生番”若是顺从日本帝国的统治，就可以归入“归顺番”当中，进而对之施以同化的手段。丸井圭治郎的同化政策主要是精神同化，让他们从打猎的“番人”变成顺从的农民。这个变化对于殖民有相当的帮助。过去猎场就是财富的来源，“番人”人人尚武，现在日本将“番地”化为政府所有，消灭“番人”对“番地”的依赖也就消灭了“番人”的生活基础，让他们从事不擅长的农耕，可以使其贫弱而易于控制，成为效忠殖民当局的“国民”。

同化的工作主要交给日本警察进行，派出所从过去的警备机关，兼有文化、教育、医疗、交易与裁判的功能。在教育方面，日警通过对“番童”的教育，以达到他们“长远”的目标。“番童”教育的内容包括简单的日语、生活礼节、卫生习惯等，更有解构台湾少数民族生活价值，并使其听命于日本人的各种暗示性教育。丸井圭治郎还主张要彻底实行“汉番隔离”，禁止一切“汉番”通婚、儿童一起念书，杜绝一切汉化的可能性。这些孩子长大后，完全受到日本化教育的洗脑，也就将成为日本政策的代言人和执行者。

第二节　雾社事件

一、日本殖民统治的苛酷

狩猎是台湾少数民族传统的生活方式。1895年10月，日本殖民当局颁布《官有林野及樟脑制造业取缔规则》等法令，将山地收归官有，使台湾少数民族民众失去了采集狩猎的场所。1904年5月，台湾总督府颁布《枪炮火药取缔规则》，严禁民间私藏枪炮火药，收缴各类枪械2.7万支。尽管总督府与猎民有约定，打猎时可以向警察借打猎专用的枪支弹药，但是，日警不信守承诺，猎民很难借到枪支弹药，进而影响到他们的食物供给。

20世纪20年代，日本人为了开发台湾的山地水电和林木资源，开始大批强制性地从各社征调百姓从事砍伐林木、修建公路和运输等劳役，然而所付的工资极低，并且还经常受到警察的克扣。时人有云：“令番人工作，每日工资二十五钱，但警察只付给番人十五钱，其他则饱入私囊。”[①] “其对番人，强令修路，或

① ［日］喜安幸夫：《日本统治台湾秘史》，台北：武陵出版有限公司1984年版，第198页。

为警察机关从事劳役，尤其狩猎时期，或耕耘时期，被强制劳役所受损失更大，日人对番人所给工资不足本人糊口，且强行扣除一部分义务储金，番人偶有违抗命令则肆行拷打处罚，要之使番人所受经济上之苦痛，有口难言。”因此，“在付出辛苦劳力之后，换来的却是斥责与鞭挞。山胞强忍泪水，忍耐痛苦……而且一天的工资只有 4 角或 5 角。仗势警察力量强迫要求这种劳动，可以说是当时‘番地’所面临的特殊境遇”。①

台湾少数民族民众还要负担繁重的义务劳役，如雾社地区各社从 1929 年到 1930 年 10 月不到一年，就已经服过九次“劳役”，而且多数劳役安排在生产繁忙的季节。这样一来，狩猎和农耕等经济活动就受到了严重影响。

1930 年秋天，日本人强迫每户百姓要出一丁，前往迈勃村深山的原始森林砍伐大树。雾社地区各社认为森林里的圣树是祖先的神灵所在，砍伐这些圣树就是对祖先不敬。马赫坡社头领莫那鲁道曾经代表族人与日本警察交涉，他说：“桧木是我们祖先之灵的所在，砍伐了这些圣树，神一定会发怒的。圣木被砍倒以后，谁来保护我们呢？砍伐圣木是逼着我们虐杀自己的神。没有圣木，也就没有了雾社的精神，剩下的还有什么呢？”

日本人为了加强对台湾少数民族的统治，强制推进生活习俗、方式日本化。比如，日本殖民政府严禁台湾少数民族民众信仰民间的各种传统宗教、神灵，专设日本的天照大神，强令在 10 月 27 日各行业都要祭祀；中小学校则规定每月 1 日、8 日、15 日都要按时参拜神社。②

日本人为建立起以推广日语教学为核心的奴化教育体系，设

① ［日］中川浩一、和歌森民男：《雾社事件——突发的大悲剧》，台北：武陵出版有限公司 1992 年版，第 85 页。

② 吴月刚：《台湾光复之前高山族教育政策述评》，载《成人教育》2008 年第 8 期。

置许多“番童教育所”和“番童公学校”。在雾社，日本人建设“番童公学校”，要求学童只能说日语，禁止讲其他语言，并且宣称是“最受文化恩泽”的第一“模范番地”，“凡由（日本）众议院派到台湾视察的人，都依照总督的排定，受引导游览雾社”。[①]因此，雾社是当时日本统治“番地”的中心之一。大凡有客人来视察的时候，日本殖民者就强迫台湾少数民族妇女盛装陪客人饮酒，歌舞迎宾。此外，日本人还打着“和番婚姻”的旗号，强迫台湾少数民族女子与其通婚，“日本当局为控制深山高山族，派遣日本警察代替清朝‘通事’，进入番社成立驻在所，直接接管部落所有事务。多数人遵照上级指示，娶各部落头目的女儿或妹妹为妻，借由岳父的权威，推动理番任务。他们离职时多抛妻弃子，引起族人怨恨”[②]。即使是莫那曾道的妹妹嫁给日本巡查，数年后也遭到遗弃。更有甚者，日本警官还往往“利用职权与番妇发生关系，始乱终弃者有之，妨害家庭者有之”。

除了这些因素之外，关于雾社事件的起因，还有很多方面，如：在裁撤台湾少数民族裔警察的时候，采取了不公正的待遇；台湾总督府在台湾少数民族地区强迫推行储金制度，硬性规定每人必须有若干元的邮政储金，对于无钱储蓄的人，则强迫他们廉价出售“番产物”，以此达到储金的目的；强迫台湾少数民族自山区迁到平地，并且禁止他们种植过去大量种植的甘薯和小米。这使他们的生活陷于极度困难之中。[③]“另据十月二十九日路透电称：关于肇事原因，据一般以为或因警士管理太严；否则或由于将在日月潭拟筑一巨堤，用水力发动电气，此计划实现后，有数

① 《日本第五十九届帝国议会记录》，载《台湾文献》第6卷第3期。

② 邓相扬：《风中绯樱：雾社事件》，台北：玉山社出版公司2004年版，第14页。

③ 胡起望：《从日本的国会辩论看雾社起义》，载《民族研究》1985年第6期。

方英里土地，将成泽国，人民势将他徙，以致激变”①。雾社事件的爆发揭示了日本殖民者对台湾少数民族政策的失败，其根本原因在于日本人作为殖民者对被统治的台湾少数民族生存权利的剥夺和民族尊严的肆意践踏，在于殖民当局依凭警察专制高压而不顾及台湾少数民族的感受。② 事件的发生并非因某一单纯原因引起，而是台湾少数民族民众长期蓄积在心里的对日本殖民统治怨气的一次总发泄。

二、雾社民众揭竿而起

1930 年 10 月 7 日日本巡警吉村与莫那鲁道长子达拉欧的冲突，成为雾社事件的直接导火索。那天，吉村路过马赫坡社，刚好碰到当地正在举办婚礼。为了表达对客人的尊重，莫那鲁道的长子达拉欧邀请吉村饮酒，但是被吉村拒绝。按照当地的风俗习惯，每当社里面举行祭祀活动的时候要杀猪并喝猪血，吉村看到达拉欧手上沾有猪血，嫌其肮脏，并用手杖敲打其手。吉村的这一举动，让达拉欧觉得被极大地羞辱了，他一下子将吉村打倒在地，而参加婚礼的族人也一拥而上，痛打吉村。事后，莫那鲁道带了好酒前去道歉，被吉村拒绝，并扬言将严惩相关人员。一时之间，雾社周边百姓人心惶惶。

当时，荷戈社一些青年来到了莫那鲁道家里，希望莫那鲁道能带领他们反抗日本人的统治。早在一个多月前，他们就已经把存在邮局里的储款提出，到埔里街和台中等地购买了大量的物

① 林惠祥：《台湾番族调查报告撮要（附民族学的效用略说）》，载《国立中央研究院院务月报》1930 年第 1 卷第 11 期。注：魏重阳在《台湾土人及其反日经过》一文中也提到了日月潭事件是雾社事件发生的一个主要原因，载《新亚西亚》1931 年第 2 卷第 2 期。

② 陈小冲：《日本殖民统治台湾五十年史》，北京：社会科学文献出版社 2005 年版，第 243 页。

资，行动队伍也已经初步组织好。尽管曾经到过日本参观考察的莫那鲁道认为反日的胜算微乎其微，但还是下定决心准备反抗，他对大家说：

> 既然我们站起来反抗，我们就必须战到最后为止。这场战争，我们毫无胜利的希望，但是如果现在不起来反抗，我们的将来和我们的后代将永远是奴隶！①

莫那鲁道的陈词慷慨激昂，极大地鼓舞了雾社人民反抗日本殖民统治的士气。最终，莫那鲁道等人将行动时间定于10月27日，因为这一天是1895年入侵台湾的日本近卫师团师团长北白川能久毙命的日子，日本殖民当局在每年的这一天都会在台湾各地举行“神社祭”，而雾社公学校也会举办一场联合运动会，届时台中地区的大小官员都会在此聚集，因此可以较大范围地打击日本人。

10月27日清晨，起义队伍以迅雷不及掩耳之势，连续铲除附近11个村社的日警驻在所，切断对外联络的电线和道路。一切就绪之后，起义者在8时左右袭击雾社公学校，包括正在观礼的能高郡郡守、警察在内的日本人被一击歼灭。雾社事件当中，日本有271人住在周边，其中被杀者达144人，占了当地日本人的60%以上。同一时间，住在雾社的汉人有428人，除了一个身穿日本服装的孩子和一个身着日本警服的乙级巡警被误杀之外，其他汉人都毫发无损。②

雾社事件发生之后，台湾总督石冢英藏立即从台北、新竹、台南等地派出大批的警察，同时还调遣军队进行镇压。军队“用

---

① 王拓：《党外的声音》，台北：支援台湾作家委员会1978年版，第312页。
② 1931年1月30日上午，汤地幸平在贵族院全会上的发言。

一千五百甚至二千人的大兵，包围只有三四百人的番人，截断他们的交通，堵塞他们的粮道，逐渐加以压迫，最后竟以飞机从空中用机关枪扫射他们……使番人无论在密林里或岩石间都没有藏身之地”[1]。“这次武力镇压迫使番人在没有生路的情况下，造成了三十人一群，四十人一起的集体自杀”[2]。日本军部还妄图趁这次镇压雾社事件之机，为进一步扩大侵略东南亚的战争做准备。[3]

10 月 29 日，雾社被攻克，起义部队分成两部退守，莫那鲁道率领其中的一部于 31 日在马赫坡社与日军对决。11 月 2 日，马赫坡社被日军占领，起义部队退入山中苦战。为了避免消耗粮食，让勇士无后顾之忧，妇女们带着幼童一齐上吊自杀。12 月初，对日作战已经超过 40 天，勇士们陷入饥寒交迫、弹尽援绝的困境。[4] 一直到 12 月 26 日，总督府以近两个月的时间才基本上平息了这次事件。参与的雾社六社少数民族中，战死、自杀、病死和烧死的共 644 人，男性 332 人，女性 312 人；六社总人口 1234 人，减少一半以上。[5]

日本人没能征服起义的勇士，却将报复发泄在幸存下来的雾社民众身上。次年，他们借刀杀人，唆使道泽社大举袭击雾社地区，杀害 214 人，称为“第二次雾社事件”。之后，日本人将幸存者迁离雾社到埔里北面的川中岛，到 1937 年，参与事件的六

---

① 1931 年 2 月 2 日上午，志水小一郎议员在贵族院全会上的质询。

② 1931 年 1 月 26 日下午，众议院全会滨田国松的质询。

③ 胡起望：《从日本的国会辩论看雾社起义》，载《民族研究》1985 年第 6 期。

④ 张崇根：《雾社起义：为捍卫民族尊严与生存而战》，载《中国民族报》2010 年 11 月 15 日。

⑤ 周婉窈：《试论战后台湾关于雾社事件的诠释》，载《台湾风物》2010 年第 60 卷第 3 期。

社残余人员只剩下230人。[①] 10月，日本当局又逮捕了23名部落男子，残酷杀害。这样，参与雾社事件的六社中15岁以上的男子几乎被杀光。

雾社事件8年之后，莫那鲁道的尸体被发现，日本人将其送到台北帝国大学当作人类学标本。直到1973年，台湾当局将其遗骸迎回雾社进行安葬，并且建了一座纪念碑——雾社山胞抗日起义纪念碑，以供世人缅怀和祭奠。

三、社会各界团体对雾社事件的声援

雾社事件发生之后，台湾文化协会机关报《台湾新民报》指出："我们敢断定雾社之变，是十数年来治番政策之破绽，又是日本民族统治异民族的失败之一实证了。若要追究其真因，近则由该地的警察酷吏虐待所激发的，远则因高压政策征服心理所酿成的，所以要严格的问责，实不仅止于该地直接关系的警察及上级监督高官，凡抱着高压政策征服观念的在台内地人（按：指日本人。下同），皆要分担其几分的责任了。此何以言呢？请看该地番人归服日本统治十数年，若是施以相当的仁政，他们即使不知感恩，也必不能出此最后的舍命报复。况且他们全不害台湾人而专敌视内地人，这是证明非似昔日的出草乱杀，实是一种有意识的对内地人报复了，关于此点，内地人如不能幡然自省其身，则必失了统治异民族的度量，如果这样，则虽得耀武扬威于一时，谁敢保证永久绝无第二第三的雾社出现呢？"[②]

台湾民众党致电日本内阁总理大臣等："我党认为雾社事件系向来肆意榨取及生活上之迫害与驻在警官不正、贪戾、残忍之

---

① 薛军力、徐鲁航：《台湾人民抗日斗争史》，北京：北京燕山出版社1997年版，第149页。

② 《雾社事件清算》，载《台湾新民报》1931年1月10日。

处置所激发者。应从速将总督、警务局长、台中州知事以下责任者撤职，并立即保证番人之生活，承认其自由，不阻碍其民族发展之政策，尤其宜乘此机会，对向来为保持官吏威严，放任非违乱暴，警察万能之积弊，加以彻底的改革。”① 民众党为了寻求事件的真相，收集消息加以揭发。那时，蒋渭水将收集到的消息天天公布在大安医院门前的黑板上，遭到日警的威胁。②

雾社事件的消息传开之后，台湾共产党即刻反应，一些党员原本打算发表关于这一事件的宣言，后来台湾共产党作出决定：不发表宣言，而是在会议上、在读书会上口头宣传宣言的内容；③并决定于10月28日上午，在全省展开反对日本帝国主义屠杀台湾少数民族人民的斗争。与此同时，旅沪的台湾共产主义者把这一事件看作是台湾岛上革命高潮的证据。当时，翁泽生和潘钦信会见了瞿秋白，这次会见持续了6个小时。此外，翁泽生还向远东局写了两份关于雾社事件的报告。1930年11月21日，台湾共产党中央委员会就雾社事件发表《致全世界无产阶级与所有被压迫民族》的公开信。

10月29日，也就是雾社事件爆发两天之后开始，一直到11月17日，大陆各大报刊大量报道了台湾雾社事件的情况。例如，《新东方》杂志发表评论，揭露日本殖民统治的虚伪性和残暴性，指出日本统治者对台湾少数民族，一向标榜“抚顺”“德化”，而这次竟几将雾社台湾少数民族居民斩尽杀绝，不知自命为“东亚

① 蔡培火等：《台湾民族运动史》，台北：自立晚报出版部1990年版，第431页。

② 蒋建春：《民族浩气长存——记先祖父蒋渭水先生》，载《台声》1997年第12期。

③ 俄档//全宗495/目录128/案卷10，第37—38页。转引自郭杰、白安娜：《台湾共产主义运动与共产国际（1924—1932）研究·档案》，李随安、陈进盛译，台北：中原造像股份有限公司2010年版，第103—104页。

文明国”的日本帝国主义，“将何以自解?!”[①] 日本国内在野派也承认这一事件是“理番政策上与事务上废颓不振”的事实。[②]

中共中央发出《告民众书》，指出：“中国的工农群众，应当赶紧一致团结起来，反抗各国帝国主义的暴行和压迫……支援台湾的番人，反抗日本帝国主义的压迫。”[③] 中共中央的机关报《红旗日报》也发表社论指出，“台湾的汉人劳动者一致的起来，和革命的番人联合奋斗”，号召全国工人阶级和劳动人民支援台湾人民起义。旅沪的台湾同胞与反帝大同盟等革命团体于十月革命纪念日举行集会，通过决议，要求把“援助台湾革命经常地与各种革命运动联系起来……建立台湾革命团体与中国革命团体密切关系”，并提议全国总工会负责筹建“远东反帝联盟”，联合东方各个被压迫民族共同斗争。[④]

雾社事件发生后，在上海、厦门的台湾革命青年纷纷表示支持。在厦门集美学校的台湾青年与当地的其他台湾学生还特别发行相关的刊物，希望激起当地人民的同情与支持，并希望激起台湾学生对中国革命运动的参与热情。[⑤]

11月8日，闽南学生联合会30多名会员在集美邮局附近集合，联合会干部曹炯朴、陈新春、潘钦信，会员董文霖、王太鑫、邱克修等人针对雾社事件说：“起因是日本帝国主义的压迫。他们不法出兵惨杀暴动番实在是无视人道的作为。我等同

---

① 《新东方》第1卷第11期。

② 《日本第五十九届帝国会议记录》。

③ 《中国共产党告民众书》，1930年11月。

④ 《红旗日报》1930年11月3—8日。

⑤ 《翁泽生关于台湾农民运动与工人运动的报告·第二部分》，1931年2月21日。俄罗斯国立社会政治史档案馆//全宗495/目录128/案卷10，第99—106页。转引自郭杰、白安娜：《台湾共产主义运动与共产国际（1924—1932）研究档案》，李随安、陈进盛译，台北：中原造像股份有限公司2010年版，第423页。

胞应更加团结援助暴动番，共同奋起打倒帝国主义。”与此同时，联合会还与上海台湾青年团互相呼应，以留集台湾学生有志团的名义发行《援助台湾蕃族革命号召宣言》秘密送到台湾岛内各地。[1]

对于这次起义，日本统治阶级不得不承认是侵台后“理番政策的大失败”。雾社事件之后，日本殖民侵略者屠杀台湾少数民族人民的罪行，特别是违反国际公约使用毒气弹的残忍行径，受到了各方的关注和谴责。当时，台湾民众党给国际联盟发去电报，揭露日军使用毒气残杀台湾少数民族的暴行，世界为之震动。日本政府于第二年（1931 年）不得不将驻台总督石冢英藏和台中州知事革职。

雾社起义是台湾少数民族自发的反抗日本殖民统治的抗日活动，是台湾少数民族抗日史上牺牲最为惨烈、规模最为宏大的一场正义斗争。雾社起义虽以失败而告终，但它沉重地打击了日本殖民统治者的嚣张气焰，向世人宣告，即使台湾已沦陷了 35 年，台湾人民反抗日本统治的斗争也并没有停止，它激励着广大台胞继续进行反抗日本殖民统治的斗争。它使台湾少数民族不畏强暴、敢于反抗日本侵略者的斗争精神，传遍了全世界，具有深远的历史意义。莫那鲁道和雾社勇士们的英名，也载入了中国人民反抗外国侵略的史册，永远受到全中国人民的景仰和怀念。

① 《援助台湾蕃族革命号召宣言》，见陈小冲主编：《厦台关系史料选编（1895—1945）》，北京：九州出版社 2013 年版，第 426—427 页。

第六章

台湾人民对中华文化的坚守

对中华文化的坚守是台湾人民长期延存的坚定信念，日本殖民者的同化政策遭遇到台湾人民的顽强抵拒，五十年间，保持民族性是台湾人民不懈的追求。

第一节　汉文书房教育

日本割占台湾期间，为了巩固其殖民统治，大力推行对台湾人民的同化教育。同化教育重在文化教育，而语言是文化最重要的载体形式之一，因而语言的同化教育即实施日语教育政策便成了日本殖民教育的重心所在。日本派驻台湾的第一任学务部长伊泽修二在其任内就提出了他的殖民教育目标："关于新领土之秩序的维持……以威力征服其外形之同时，特别是非得征服其精神、去其旧国之梦、发挥新国民之精神、亦即非将其日本化不可。”[1] 台湾人民为了抵制殖民当局的不均等教育制度及其同化教育政策，也以语言教育为武器进行抗争，其主要表现形态就是汉文书房、义学和汉文私塾等的设立。[2]

台湾的教育在清代分为官学和乡学两种。日本侵占台湾之后，所有官学被日式公立学校所取代，乡学肩负起坚持和弘扬祖国文化的历史重任。这主要表现在：第一，乡学始终坚持着汉语教学（尽管可能同时不得不教习日语）。第二，它同时持续不断地使用儒家文化的教科书，如四书、五经之类，在坚持汉语的同时传扬着儒学。第三，在台湾的书房与私塾大多为乡绅与士人所创立，所延聘的师资以传统教育出身者占绝对多数。第四，在日本殖民者的高压统治下，乡学的教学一般不过问政治、社会问题，更多的是以教传儒家经典为要，这使得受教者得到了更多的传统文化教育。第五，乡学广泛存在于台湾社会基层，对台湾少儿启蒙时期教育的影响不容忽视，这种教育的广度对祖国文化的坚持影响更加深远。因此，尽管书房和私塾在 1943 年被全面禁止，但是对于保持台湾人民的民族认同、坚持祖国传统文化、对抗殖民者的文化同化的企图，起了不可磨灭的历史作用。[3]

早在日本殖民统治初期，台湾人民就利用传统书房进行中华文化的传承教育，并进行一系列的抗日活动。殖民当局曾经对是否废除书房进行过讨论，后决定采取怀柔政策，对书房暂予保留。1898 年 3 月，全台湾书房有 1707 所、学生 29941 人，平均每间书房约有学生 17 人。教师中，具备秀才以上资格的多达 814

① ［日］信浓教育会：《伊泽修二选集》，长野：信浓教育会 1958 年版，第 162 页。

② 张红梅：《日据时期台湾的语言教育》，载《长江大学学报（社会科学版）》2011 年第4 期。

③ 黄平：《飘零与孤悬中的挣扎——日据时期台湾地区对祖国文化的坚持》，载《东南文化》2004 年第 4 期。

人，他们原即开设私塾招收学生以谋生，如今在异族统治下，传授台人子弟汉文，维系传统文化，并作为民族精神寄托所在。[①] 1898 年 7 月，台湾总督府颁布《台湾公学校令》，以地方经费设立六年制公学校。11 月 10 日，日本殖民者颁布《关于书房义塾规程》，正式将书房、私塾纳入管理。规定书房、私塾必须将日语纳入课程，教科书则以总督府核准的教材为必修教科书。1898 年全台公学校计 74 所，学生 7838 人，仅及该年就读书房学生 29941 人的 26.2%。1902 年，就读书房的学生增至 3.36 万余人。1917 年，日本殖民当局开始禁止设立新的汉文书房。1922 年，日本殖民当局制定具有强制性的《私立学校规则》，强迫书房设置课程必须接近于日式公立学校。与此同时，台湾人民不断抨击日本人的语言政策，倡导汉文复兴运动。[②] 这些维护汉文与母语的运动，显示了台湾同胞对祖国的深切认同。

1937 年 8 月，日本殖民当局开始在台湾推行“皇民化运动”，着重加强其“皇民化”语言政策，明令全面废除公学校汉文科，禁用汉语汉字。同时，进一步扩建公学校，推进日语教育，扼杀台湾私人办的书塾，强力查禁汉文书房。[③] 据统计，1922 年，台湾私塾共有 94 所，学生 3664 人；当年的公学校数量是 592 所，学生 200583 人。1936 年，私塾减少到 62 所，学生 2458 人；公学校则为 785 所，学生 396932 人。而到了 1937 年，台湾只有 28 所私塾，与前一年相比锐减 34 所；到了 1941 年，整个台湾仅有 7 所私塾。[④] 在这种情况下，台湾的有识之士想出一个保全的办

---

① 戚嘉林：《台湾史》，台北：海峡学术出版社 2007 年版，第 289 页。

② 陈美如：《台湾语言教育政策之回顾与展望》，高雄：复文出版社 1998 年版，第 41—42 页。

③ 邱敏捷：《论日据时期台湾语言政策》，载《台湾风物》1998 年第 3 期。

④ 台湾省行政长官公署统计室：《台湾省五十一年来统计提要》，台北：台湾古亭书屋 1946 年版。

法，即将书房向殖民当局登记为文昌庙或鸾堂、善社。根据当时日本的宪法，信仰自由是受到保障的，因此书房便以这样的形式得以保存。一方面，许多士绅文人投身其间，使得这些宗教组织带有浓厚的文人气息；另一方面，由于鸾堂和善社大多信奉儒家经典学说，民众即将鸾书或善书作为家庭的读物或幼童的教材。据统计，日本殖民统治前台湾鸾堂数量仅有 2 个，整个日本殖民统治时期发展到了 200 多个。儒学的宗教化或儒学依附于宗教组织而存在也许可视为日本殖民统治时期文化的一个特点，而民族的认同与文化的保存却也借此成为坚持的方式与力量。① 与此同时，这一时期仍有一些爱国的知识分子秘密开设少量的书房，以诗书授徒，如 1942 年台北仍保留有两所书房。

1943 年，日本殖民当局为彻底根除汉文化，以落实语言政策为名，全面禁止所有书房、私塾。然而，汉语文并没有因此干涉而被废止。台湾民众的日常记事、书信往来、商业账簿、契约凭据及其他文书等，都是用汉文记录的。又如从完成于 1942 年 5 月的台湾小学生作文来看，虽然当时日本殖民统治台湾已经近半个世纪，但是“透过书中的闽南方言、有着闽粤文化特色的宗教信仰、民间习俗，分明的可以看出中华文明五千年的历史仍在这个多难的土地上延续”②。

台湾的书房有的是由士人自行开设，有的是由邻保乡里集资开设，有的是由士绅殷户独立延师开设。不少士绅在自家府邸开设书房时，往往会请获得科举功名的人担任教师，如雾峰林家聘请鹿港举人庄士勋教读子弟。一些书房教师还是当时台湾文化界的著名人物，如连横、林献堂、庄嵩、赵一山等人都曾担任过书

① 黄平：《飘零与孤悬中的挣扎——日据时期台湾地区对祖国文化的坚持》，载《东南文化》2004 年第 4 期。

② 李诠林：《西川满台湾民俗题材文学：“文化殖民”神话的潜在证伪》，载《国际关系学院学报》2003 年第 6 期。

房教师。一些台湾知识分子还在自家的书房里教子弟读书，如清水贡生杨澄若教其子杨肇嘉、鹿港秀才洪弃生教其子洪炎秋等。日本殖民统治时期的台湾书房除延续此前的一些规制之外，将教学层次大致分为小学、中学和大学三个层次，全部完成需要十年的学习时间。书房每年1月15日至2月1日之间开学，12月下旬结业。主要教学内容以教学生读《三字经》《千字文》《百家姓》及四书为主，较高层次的书房以读五经、作诗为主。书房一般都有准许证，标明书房名称、位置、设立时间、修业年限、教授时数、教授科目。不少书房还有毕业生名录，以及收支预算、教员一览、授课时间表、教科书目录等。[①] 1911年，日本殖民当局制定《书房义塾教科书管理法》，规定各书房采用的教科书必须经过辖区厅长的准许方能使用。不少书房暗中抵制，很少采用殖民当局官方颁行的材料，有的甚至使用清末和民国初年大陆编撰的初等小学教科书。一直到1918年，大陆小学教科书在台湾才被禁绝，而全面使用台湾总督府规定的教材。

在日本侵占台湾的大多数时间里，尽管汉文教育遭遇种种的非难和迫害，书房这一形式仍然一直存在。到太平洋战争爆发前夕，方才转入各地文昌庙，后进利用晚上来学汉文，当时称为“夜学”。光复后的20年间，地方上的县议员和乡镇民代表，大都出身于夜学。书房保存了汉文传统，也抵制了殖民者的同化教育。爱国的知识分子以书房为阵地，坚持传播中华传统文化，在客观上为反对日本殖民统治当局的文化侵略政策做出了突出贡献，在台湾教育史上写下了辉煌的一页。台湾的书房可以说是保存中国固有文化的一支孤军，也是培育抗日意识的重要组织；对于反抗日本文化侵略的功绩，实属至巨至大。[②]

---

① 黄新宪：《日据时期台湾书房探微》，载《教育评论》2004年第5期。

② 黄新宪：《台湾的书院与乡学》，北京：九州出版社2002年版，第207页。

除了学习汉文之外，家训的存在也是台湾人民固守民族信仰与文化的一大表现。面对日本殖民者强大的文化同化压力，许多台湾有识之士采用家训的方式强化中华民族的民族文化认同。例如，台湾史学家戴国辉曾经回忆他的父辈祖辈“一而再、再而三地强调我们是黄帝的子孙”，并通过祭祖、拜天公等各种仪式来强化这种民族记忆与民族认同。[①] 台湾著名医生作家吴新荣的父母曾要吴新荣在家中的防空壕中立祀神位、供奉祖宗；并在1945年日本战败后第一天将其请出，焚香向祖宗在天之灵报告：日本已经投降，祖国得到最后胜利。这类家训以及带有家训性质的家庭祭祀供奉，可以说是日本殖民统治时期许多台湾同胞赖以强化民族记忆与民族认同的方式。他们借此以强调自己的民族身份，并依此而坚持着自身的民族认同。[②]

第二节　复兴汉学运动

日本殖民当局最初采取“渐进主义”，在公学校设汉文科，延聘一些受尊敬的书房教师及士绅担任教席，每周上课4～5小时，并编印《汉文读本》六卷，作为教材。“国语（日语）普及运动”展开后，已多有废除汉文的主张，1918年修订公学校规则时，将汉文科每周时数减为2小时。[③] 迨至1922年，《台湾教育

---

① 戴国辉：《台湾史研究：回顾与探索》，台北：远流出版事业股份有限公司1987年版，第114—115页。

② 黄平：《飘零与孤悬中的挣扎——日据时期台湾地区对祖国文化的坚持》，载《东南文化》2004年第4期。

③ 台湾教育会：《台湾教育沿革志》，台北：台湾教育会1939年版，第323—324页。

令》修订后，进一步将汉文教育改为选修科目。① 总督府的目标是为"国语（日语）普及运动"扫清道路。因此，尽管当时汉文仍是台湾社会不可缺少的语文工具，许多公学校却全然不顾社会的需要，未经家长同意，即擅自将汉文科废除，因此造成社会大众的疑虑和不满，反对之声不绝于耳。1924 年，台南州的调查显示，全州 185 所公学校（含分校 48 所）中，仍设有汉文科者计 113 所（含分校 27 所），而希望复设的学校正呈现增加之势。②其后数年，还不断有各地学生家长推派代表或发动连署，向公学校及郡、州当局陈情恢复汉文科。③ 另一方面，各地有识之士起而提倡汉文平民教育，设立汉文书房或夜学会，借以补公学校汉文教育的不足，并教育失学民众以应社会之需求。尤有进者，另有人倡设汉学研究会或诗文研究会，举行汉学演讲会，借以兴废继绝，维护汉学命脉于不坠。

由于日本殖民政府推行日语普及教育，导致一些青年学子的汉文修养越来越差。在进步人士的推动下，一些以学习汉文、传播中华文化为目标的汉文学习班逐渐兴盛起来。这类汉文学习班，不同于学校开设的汉文课，也不同于书房的汉学教育，它是

① 台湾教育会：《台湾教育沿革志》，台北：台湾教育会 1939 年版，第 361 页。

② 《汉文科特设学校》，《台湾日日新报》第 8767 号，1924 年 10 月 10 日，第 4 页。《特置汉文科之学校》，《台湾民报》第 2 卷第 22 号，1924 年 11 月 1 日，第 13 页。

③ 《汉文复设之陈情》，《台湾民报》第 3 卷第 6 号，1925 年 2 月 21 日，第 5 页。《桃园公学校之父兄会决定再设汉文科》，《台湾民报》第 3 卷第 74 号，1925 年 10 月 11 日，第 5 页。《南投公学校生徒父兄连署陈情复授汉文》，《台湾日日新报》第 8891 号，1925 年 2 月 11 日，第 4 页。《台中公学校生徒父兄要求复课汉文》，《台湾日日新报》第 8937 号，1925 年 3 月 29 日，第 4 页。《麻豆请愿公学加课汉文》，《台湾日日新报》第 9723 号，1927 年 5 月 24 日，第4 页。

由一群热爱中华文化、有志于汉文学习的志同道合者自愿组织起来的。除了文化协会组织的汉文研究会之外，甚至连妇女也成立了汉文研究会，普通的工人和商人对于学习汉文，也是兴趣盎然。台湾的书房教育与遍布民间的各种从事汉文教学的简易教育机构，互为呼应，互相补充，构成日本殖民统治时期台湾民众努力学习中华文化的生动图景。与此同时，这些民间汉文教育机构的兴盛，为书房的现实存在提供了充分的依据和天然的社会基础。①

1943 年，汉文书房被禁止之后，众多的汉诗社继续存在，承担起延续汉语言文字传承的重任。日据时期，“台湾的知识分子带着政治上的抗日意识和文化上延续国族的使命，不但在文学上积极创作，在组织上广结诗社，而且在教育上投注大量心力兴办书房、义塾以教授中国古典文学、保存中国文化”②。据统计，日本殖民统治时期台湾诗社达到 300 多个。台湾文人希望通过汉语诗文弘扬中国传统文化，对抗日本殖民者同化政策。诗社以汉文诗确认自我的民族定位，坚持汉民族的民族意识，与日本统治者划清界限，是台湾民众对同化政策反抗的又一象征。③

台湾文化协会也在开展台湾社会的启蒙运动及反殖民统治体制的民族运动中，对抹杀汉民族的固有文化且无视社会现实的强制性语言同化政策，起而展开严厉的抨击，同时，积极地倡导汉文复兴运动、白话文运动等，谋求汉文的维护、创新及普及，且掀起反“国语（日语）普及运动”的浪潮，成为反殖民统治体制的民族运动之一环。

---

① 黄新宪：《日据时期台湾书房探微》，载《教育评论》2004 年第 5 期。

② 杨若萍：《台湾与大陆文学关系简史》，上海：上海文艺出版社 2004 年版，第 97 页。

③ 郝斌：《日据时期台湾“同化教育”研究——以“国（日）语同化”政策为中心》，载《抗战史料研究》2012 年第 2 辑，第 123—129 页。

对于总督府强制的语言同化政策，蔡培火指斥为形式主义，认为无理的语言统一的结果，徒然妨碍人智的发达，并无助于思想的统一。台湾教育始终以日语教育为中心，造成台人子弟只擅长机械性的记忆，而欠缺理解和推理能力。[①] 黄呈聪指出强制推广日语和限制汉文，是不利于民众生活和阻害文化进步的要因。[②] 陈崑树则指出中、日两民族根本无同化的可能，尤其是汉语与日本语的语法结构不同，两种语言间欠缺相结合以创造第三语言的科学根据，推广日语以完全取代汉语更不可能，借推广日语以作为同化的手段也是根本不可能的。

《台湾民报》批评向来纯用日语教学的公学校教育，徒具形式，难收实效。要求除“国语（日语）”科外，其余科目宜尽可能用汉语教学，俾收事半功倍之效，尤宜恢复汉文为必修科，以符民意。[③] 至于农村公学校，更宜以汉语作为教学用语。[④] 该报还以同化主义已非世界潮流，呼吁总督府宜本诸自治主义根本改革教育方针，各级学校重视汉文科，公学校除“国语（日语）”科外，宜用汉语教学。[⑤] 1926 年，台湾文化协会设置汉文委员会，一方面研议普及汉文的方法，在各地设委员，开办讲演会、研究会等，以启迪民智，编辑浅显易懂的汉文教科书，供识字教学之用，并彻底改革书房；另一方面，要求总督府收回成命，仍

---

① 蔡培火：《新台湾的建设与罗马字》，《台湾民报》第 13 号，1923 年 12 月 11 日，第14—15 页。

② 黄呈聪：《应该着创设台湾特种的文化》，《台湾民报》第 3 卷第 1 号，1925 年 1 月 1 日，第 7 页。

③ 评论：《公学校教育改善论》，《台湾民报》第 2 卷第 22 号，1924 年 11 月 1 日，第 5—6 页。

④ 论评：《农村公学校教育的效果如何?》，《台湾民报》第 78 号，1925 年 11 月 8 日，第 3 页。

⑤ 评论：《教育方针的根本改革》，《台湾民报》第 130 号，1926 年 11 月 7 日，第 2—3 页。

设汉文为必修科，重新编纂适应世界大势的教材，并以有汉文素养者担任教师，重视人格和教学法，俾收实效。①

虽然基于现实的认识，日本人亦不得不承认汉文教育有存在的必要，认为："在目前书信仍以汉文为主的状况下，若只通行国语（日语），不惟将甚感不便，可说全然不可能。就此点而言，无怪乎在书房乃至学校有修习汉文之必要。"但站在同化主义的立场，日本舆论对复兴汉文运动多持反对态度，《台湾日日新报》社论称，或诡称公学校将汉文废除或改为选修科系减轻学童的负担，或明指部分台人鼓吹将已改为选修的汉文再变为必修科纯系开时代的倒车，若让其实现，将严重妨害"国语（日语）普及事业"，从而力促各社教团体奋起以振兴"国语（日语）普及运动"。②

1927 年之际，总督府鉴于各地请愿恢复汉文运动不断，遂不得不重编汉文教科书，并恢复运动较激烈地区公学校的汉文科。但对于书房则一面利用日语、算术为主的"改良书房"，作为推广日语设施之一；一面查禁纯教汉文的书房。例如，1927 年 9 月台南市当局下令关闭市内 20 余所汉文私塾③，另有黄梨在彰化花坛主持的汉文书房也遭警察命令解散。④ 当局关闭书房每以其导致公学校就学人数减少，以及因其专教汉学而破坏了台、日人的融合亲善等为由，为此，《台湾民报》著论驳斥，强调汉学为今

---

① 评论：《汉文教育》，《台湾民报》第 121 号，1926 年 9 月 5 日，第 3 页。

② 《台湾日日新报》第 9895 号，1927 年 11 月 12 日，第 2 页。

③ 《台南私塾被禁，舆论嚣然》，《台湾日日新报》第 9858 号，1927 年 10 月 6 日，第 4 页。《台湾日日新报》第 9864 号，1927 年 10 月 12 日，第 4 页，报道 22 名塾师连署请愿书，托总督府评议员黄欣代为陈情，结果台南市尹答准许各私塾易名学术研究会继续开设，其后，每年须申请核准一次。

④ 《书房被解散，拟向当局叹愿》，《台湾日日新报》第 9874 号，1927 年 10 月 22 日，第 4 页。

日东洋道德的根源，非但不宜压制，反而应加以振兴和普及。

然而，随着推广日语运动日渐强化，日本人指称汉文复兴运动阻碍了“内地延长主义”，且违背了“国民教育”的方针，各地方当局纷纷将禁绝汉文教育当作重要问题之一，借口汉文教学阻碍日语的进步，以及将利用汉文科时间多练习日语等，每不顾民意，强制废除公学校汉文科，而且各学校也纷纷禁止说汉语或用汉语教学。对于书房等民间汉文教育机构则加强管理和取缔，从严核准其申请，或规定申请者须通过日语、算术考试始准许设立，或迫令其加授日语、修身、公民等科目；地方教育当局与警察配合，对“未经许可及不良书房”严加取缔，以罚款、中止教学、解散或关闭等方式处分。到 1937 年初，总督府为彻底普及日语，加以全台 625 所公学校中仍保留汉文科者仅 37 所，于是断然修订公学校规则，删除汉文科，完全废除公学校的汉文教学。

第三节　留台士人的文化坚守

台湾沦陷之后，又有黄彦鸿、陈浚芝、汪春源三人相继考中进士。当时他们不愿为异族之民，先后内渡，分别归籍于福建侯官、安溪和龙溪，但在入场填写“亲供”（报名表）时，他们仍然按照台湾籍贯填写为“福建淡水”“福建新竹”和“福建安平”，以明其不忍台地被割、心念故土之心。

黄彦鸿，一名黄宗爵，字芸溆，号金墩，台湾淡水厅金墩人，祖籍福建侯官。自幼饱学经礼诗书，擅诗书画，工书法，尤其是隶书。清光绪十四年（1888 年）中戊子科举人。1895 年割台后，黄彦鸿携家人离台内渡，归籍于福建侯官。光绪二十四年中戊戌科进士，授翰林院庶吉士，再经殿试用为翰林院编修，签分户部主事，后被选任为军机章京上行走。黄彦鸿曾留学日本，回国后任通议大夫，与在京的闽籍官员陈宝琛、郑孝胥等过从甚密。

陈浚芝，字瑞陔，号纫石，台湾新竹县人。曾入新竹梅社、竹梅吟社及台北牡丹诗社为社友，又曾掌教新竹明志书院及台北明道书院。光绪二十年（1894 年），陈浚芝第五次赴礼部试，中贡士。甲午战争爆发，他未及应殿试而返台。光绪二十一年，他耻为异族之奴，愤然离台内渡，归籍于福建安溪。光绪二十四年在京补行殿试并被取为三甲第一百八十四名进士。

汪春源，台湾台南安平人。光绪十二年（1886 年），深得唐景崧识拔，被选入海东书院，与丘逢甲、郑鹏云、许南英等同窗共谈。光绪十四年，汪春源不到二十岁即中为举人。光绪二十一年，北京会试期间，《马关条约》签订的消息传来，在京举子群情激愤，台湾举人汪春源、罗秀惠、黄宗鼎联合在京台籍官员叶题雁、李清琦，率先上书都察院，表示“全台赤子誓不与倭人俱生”，史称“五人上书”。台湾举子金涕请命的爱国举措震动了包括康有为在内的各省举人，于是康有为、梁启超等发起了著名的“公车上书”。汪春源也被称为“公车上书第一人”。台湾被割占后，汪春源举家内渡。光绪二十九年，汪春源考中癸卯科三甲第一百二十名进士，是台湾最后一名进士。汪春源考中进士时，距台湾陷落已八年了，且清政府由于害怕激怒日本，不准台湾举子据实书写籍贯，然而汪春源在报名时，还是毅然自报籍贯“福建安平”。

除了内渡士子，一些留居岛内的士子也冒险渡海参加乡试。1897 年，台湾新竹县秀才郑鹏云欲渡海到福州参加乡试，中途被日本人驱回。

日本殖民当局认为如果让台湾民众一直使用中国式姓名，便无法切断其对祖先的思念和对过去的眷恋，因此在“皇民化运动”中姓名变更是重要内容。1940 年 2 月 11 日，日本政府宣布以这一天作为更改姓名的实施日，到了 4 月才有 12 户改了姓名，到 1941 年底，台湾改姓名的只占总户数的 1%，按人口计则为 1.2%。1944 年后有所增加，但估计不会超过人口数的 7%以上。[①] 当时，台湾著名人士中有很大部分坚决拒改姓名，如林献堂、林茂生、陈逸松等。另外，有一些更改姓名的，也是采用变通的办法。例如，海山郡吕氏举行恳亲会，决定将吕姓改为“宫本”；黄姓改为“广田”；江姓改为“江元”。也有一些以祖先堂号作为姓氏的，例如陈姓改为“颍川”，黄姓改为“江夏”。然而，这些改姓方式很快被日本人发现，于是强制规定官式姓氏，如徐氏改为“大山”，陈姓改为“新岛”等。1943 年 11 月底，台湾同胞更改姓氏的仅 126211 人，占当时人口的 2.1%。[②]

洪弃生、姜绍祖、吴汤兴等留居台湾的士人显示出对中华传统文化的坚定守望，他们闭门读书，潜心著述。洪弃生的儿子洪炎秋记其父亲“割台后，绝意仕进，不再内渡赴考，遂潜心于诗古文辞，为沦陷后台湾国学界之鲁灵光殿。先父身居弃地，危言危行，乞扬风雅，鼓舞民气，不为威屈，不为利诱，以遗民终其生。台湾沦陷凡五十年，民族精神迄未泯灭，祖国文化尚能延续者，先父预有力焉”。[③]

洪弃生在 50 岁时被日本警察强行剪去辫子，从此他便以不

---

① 周婉窈：《海行兮的年代——日本殖民统治末期台湾史论集》，台北：允晨文化事业股份有限公司 2003 年版，第 58 页。

② 戚嘉林：《台湾史》，台北：海峡学术出版社 2007 年版，第 316—317 页。

③ 洪炎秋：《先父洪弃生先生传略》，见《浅人浅言》，台北：三民书局 1990 年版，第85 页。

修不理，任其发展处之，号称“不欧不亚亦不倭”①，并且仍然坚持穿汉服。他提出与日本人“不接触、不往来、不妥协”的三不原则，闭门谢客。他坚决抵制日本文化，不学日语，不用日本年号，不用日本地名，仍用干支纪年，甚至抵制电灯，认为那也是日本人带来的。他不准两个孩子学日语、读日本书，自己在家里开设私塾，教授子弟们学习儒家经典，充分展示了台湾文人的强烈民族意识。

清代没有国籍法，民国成立后颁布中国第一部国籍法，让台湾同胞回复中国国籍有了法律依据。民国初年在大陆各地，有一些台胞先后恢复中国国籍。1913 年 11 月台湾雾峰林家林祖密在福建获得民国内务部颁发的“许字第一号”复籍“执照”。在北京提出复籍的台湾同胞，目前有确切史料档案记载的有连横、林子瑾、吴子瑜三人；在福建提出复籍的则更多。

连横，字武公，号雅堂，又号剑花，台湾台南人，祖籍福建龙溪。在日本殖民统治台湾之际，连横以保存、弘扬中华传统文化为己任，一生孜孜不倦，著作丰赡。

连横出身于书香门第，先人是明朝遗民，曾世代相传“稽古读书，不应科试”，死后“以明服殓”② 体现的是“生降死不降”的气节。连横不愿入日本籍，便前往上海、南京等地读书，打算居留大陆，但因母命被归入日籍。不过，他矢志要修撰一部《台湾通史》，再次到大陆，且于 1914 年 2 月 5 日获得“回复国籍”的许可。其子连震东亦于 1937 年获得许可。连氏父子认同祖国的观念，为日本殖民统治时期大多数台湾同胞所共同坚守，是难

① 洪弃生：《蓄发诗》，见《寄鹤斋选集》，“台湾文献丛刊”第 304 种，台北：台湾银行 1972 年版，第 348—349 页。

② 连横：《台湾通史》卷二十九《列传一·诸老》，北京：商务印书馆 1983 年版，第524 页。

以割舍的祖国情结的反映。

日本殖民者试图强行灭绝台湾同胞的汉文化认同，使其“皇民化”，这一目的并没有达到。台湾士子是坚守中华文化、传播中华文化、践履中华文化的中坚力量，正是因为有了他们的努力，面对日本殖民者强大的文化同化压力，台湾同胞仍能长期坚持自身的民族认同和中华文化的传承。

日本殖民者强占台湾，谋图用“皇民化”的暴政压服台湾人民放弃中华文化，可以说费尽了心机，结果却难以收效。这当视为台湾人民已将中华文化深深镌刻进了自己的血脉，他们像捍卫自己的生命一样，坚守着中华文化，这是任何外部强力所无法改变的。

第七章

日本殖民统治时期台湾的社会关系

第一节　日本殖民统治时期的社会经济关系

日本侵占台湾之后，便大举迁移日本人来台，以加强对台湾各个方面的控制，日本殖民当局“有计划地迁入上层社会的统治阶级（包括殖民官员、殖民经济执行者、技术专家等），昔日在台湾的日本人以昭和十八年（1943 年）最多，将近 40 万人”[①]。当时称为“集体移住”。

据统计，移往台湾岛的日本人大多数集中于制造业、交通运输业、贸易、行政部门和专业性服务等五种行业。一般而言，大企业中雇佣的技术人员和熟练工人多为日本人，他们成为“劳动

① 戴国辉：《台湾总体相》，台北：远流出版公司 1992 年版，第 91 页。

贵族”。台湾人一般都受雇为非熟练工，“几乎全部的台民薪水阶级屈居日本机关和日本人公司的下级职位”，工资收入很低。日本人在整个台湾人口比例中不到10%，但日本人的银行存款却是全部台湾人的1.5倍，以人均而言，每个日本人的存款是每个台湾人的存款的24倍。

日本侵占台湾后，在清代后期占有重要地位的西方外国资本受到日本的排挤，不得不陆续退出台湾；原有的银行—洋行—妈振馆—茶行的经营模式也逐渐衰颓，直至被完全淘汰；当年垄断两岸贸易的郊商，在殖民统治时期进一步衰落，大陆资本势力也日益式微。[①] 与此相反，日本资本大量涌到台湾，日本资本家集团成为台湾最主要的剥削者，日本资本逐渐居于统治地位。

在台日本资本包括官营资本与民营资本。官营资本就是台湾总督府所直接拥有并经营的资本（包括官营企业以及土地、山林与矿产资源等）；民营资本主要来自日本本土的财阀资本及其他民间资本。官营资本的规模远远大于民营资本，官营资本主要通过总督府威权手段及财政手段急剧积累起来。如专卖制度的实施，控制了台湾岛内最具经济价值的多种物产商品。民营资本包括日本本土资本和岛内日本人资本两个构成部分。日本本土资本多为垄断资本性质的大财团，而岛内日本人拥有的资本则较小，所掌握的多为较小规模的企业。

日本殖民统治时期岛内社会结构，除了极少数士绅跻身社会上层之外，大多数台湾人民处于从属与被排挤的地位。这极少数的士绅，主要是台湾社会上有钱有势的乡绅地主和商人，如鹿港辜家、板桥林家、基隆颜家、雾峰林家、高雄陈家等这些大家族。他们有的本来就是大地主、大乡绅，并参与商业活动，在社

① 卓克华：《清代台湾行郊研究》，福州：福建人民出版社2006年版，第13页。

会上有一定地位，成为日本人笼络的对象；有的则是积极追随日本人，与日本人合作，为殖民统治当局效力，而得到日本人的赏识和扶持，不仅在经济上成为巨富，而且在政治上也有相当地位。在经济地位上稍次于他们的还有原来的地主、富商、买办等，也有一些新崛起的家族。

台湾本地的中小资本，多是依靠地租积蓄而转化为商业资本和工业资本。据日本人的调查，1905年，台湾一般中产阶层资产在4000—10000元之间。为独霸台湾经济并压制台湾资本的发展，台湾总督府于1912年2月颁布《本岛人、清国人不得使用会社名义》，严禁台湾本地资本以株式会社形式设立经营组织。此项限制一直沿用至1923年。之后，虽然台湾本地资本也可以设立株式会社，但在总督府保护下，日本资本已垄断了台湾经济的各个领域，台湾本地资本根本无法与日本资本竞争，他们“只能依附在日本资本之下求得生存之道”[①]。实际上，1927年时台湾同胞希望成立完全以台湾本地人为股东的股份公司，仍遭受日本殖民当局及其金融势力的多方刁难与阻挠。1941年时，资金40万元以上的股份公司，91.1%由日本资本所占，台湾本地资本仅占8.3%。[②]

日本人不仅在经济上占统治地位，而且“与西方帝国主义者比较，日本对殖民地的管理更为直接，对殖民地社会的渗透更为深入，对当地人进入政府的限制也更严格得多”[③]。在政治上，也形成由少数日本上层阶级独占的政治专制主义。

日本武官总督时代，台湾人民完全没有参政权。其后，在

① 王泰升：《台湾日治时期的法律改革》，台北：联经出版事业公司1999年版，第345页。

② 戚嘉林：《台湾史》，台北：海峡学术出版社2007年版，第301页。

③ 高棣民：《殖民时期台湾的资本主义根源》，载韦艾德等：《台湾政治经济理论研究》，厦门：鹭江出版社1992年版，第141页。

“内地延长主义”的殖民统治政策下，台湾总督府于1921年公布了新的《总督府评议会官制》，当时总督府评议会最初定员为25人，其中7人为官吏，18人为民间人士，日、台人各9人。台湾总督府评议会由总督亲任会长，特聘林献堂等9名台湾人士为评议员，对总督的政务进行“监督评议”。日本总督府还进行了地方官制的改革，并于1935年实施市制、街庄制的改革，市设置议决机构市会，街庄保留咨询机构协议会。在市议会员、街庄协议会员之中，半数是由州知事遴选，半数则由民选出来，是以限制选举方式实施选举。[①] 而实际上，这些措施都只是总督府为了敷衍台湾人民，想要让他们自愿停止民权运动的一种政治手段而已。

在政治上、经济上、社会上，日本人和台湾人之间仍然存在悬殊的差别待遇。例如，在日本人编制的军队中，台湾人虽然也有参加，但却被当作“牛马都不如的军夫来征用”，当时的军队分军人、军犬、军马、军属、军夫几等，军夫地位最低。

第二节 日本殖民统治时期的家族关系

台湾自1895年清政府因甲午战争的惨败而割让给日本，到1945年光复，受日本殖民统治50年。这一时期，无论是早期台湾民众的对日斗争，还是日本殖民当局推行的各种统治政策，以及经济社会的发展都对台湾的家族关系产生了深刻影响。

一、家族的抉择

《马关条约》签订后，日军侵占台湾。根据该条约规定，在

① 黄昭堂：《台湾总督府》，台北：自由时代出版社1989年版，第156页。

1897年5月8日前未提出申请，且没有离开台湾的住民都将被视为日本国民。这造成了台民的去留问题，有的举家内渡，有的留在台湾，有的家族则一部分留在台湾，一部分回到大陆。而与日本的关系，有的家族选择合作，有的则选择对抗。

板桥林家号称台湾第一家族，在被日本殖民者侵占之际，总管家政的林维源带领绝大部分族人回到大陆，将家事、田产托给管事林克成，而散处在台北、宜兰两地的租馆则由管事、壮勇、家丁来照管。一方面出于民族大义，林维源终其一生未再返台，并通过各种渠道支助抗日义军；另一方面，面对台湾巨大的产业，他又不得不令部分子弟归台。[①]

作为当时台湾五大家族（板桥林家、雾峰林家、基隆颜家、鹿港辜家、高雄陈家）之一的雾峰林家，其代表人物林朝栋曾率众抗日，但因抗日义勇军仓促成军，装备简陋，眼见大势已去，不得不挥泪举家内渡，从此不再踏入台湾一步。当时台湾民间盛传一首民谣："日本宪兵若出门，红的帽仔手拿刀。第一尽忠林朝栋，第一怕死林本源。"[②] 通过与板桥林家的早早弃台形成对比，以讴歌林朝栋的忠心。

当然也有投靠日本人而发家的，鹿港辜家最为典型。辜家开创者辜显荣在日军攻陷基隆后，主动作为代表去迎接日军入城。之后，辜氏因随北白川能久率领的近卫师团南进，协助"剿杀"抗日台湾人民有功，被日方赐予叙勋六等、授"单光旭日章"。自此，辜氏由默默无闻而平步青云，成为最彻底的汉奸。

---

① 许雪姬：《日据时期的板桥林家——一个家族与政治的关系》，见《近世家族与政治比较历史论文集》（下），台北："中央研究院"近代史研究所1992年版，第668、660页。

② 司马啸青：《台湾五大家族》，台北：风云出版社1986年版，第98页。

二、日本殖民统治当局政策对台湾家族的影响

士绅在传统中国是官、民沟通的一道重要桥梁，对地方社会控制可起到积极作用，所以日本殖民当局吸收了许多大家族成员。当时台湾的五大家族皆有出任政府职务，为地方的头面人物。如板桥林家的林熊征曾任总督府评议员、勋四等，林熊光担任台北州协议会员，林熊祥担任福州台湾公会会长。[①] 基隆颜家的颜国年从 1927 年被推选为总督府评议会会员，并连任九年余。[②] 又如台北芦洲李氏家族的李树华，“是年夏月，台湾割让，改隶日本，公名达当局，被选任保良总局董事，后又任办务署参事，及厅参事、县参事并种委员”。其子李云梯亦担任过芦洲地方的区、庄长以及其他委员会的委员等职务。[③] 名望家族参与基层社会的领导与管理工作，这是基于日本的殖民统治策略，从任职者自身而言，也有出于为自己的家族、乡族争得比较平静的社会环境的目的。

与此同时，为了利用大家族在台湾的影响力，日本殖民者还大力扶植一些家族，借助他们的力量以控制台湾经济。殖民统治当局积极引导日资企业与台资企业的合作，进而便于各项经济活动的开展。基隆颜家就是凭借日本的扶植而崛起的。日本在侵占台湾后即着手矿业开发，当时承担金矿开采的藤田合名会社因抗日的影响，人心不稳，最后寻得颜云年来承包坑矿，到 1909 年颜氏经营的矿区已达九份金山总面积的 90%。煤炭的开采，也是

---

① 许雪姬：《日据时期的板桥林家——一个家族与政治的关系》，见《近世家族与政治比较历史论文集》（下），台北：“中央研究院”近代史研究所 1992 年版，第 681 页。

② 司马啸青：《台湾五大家族》，台北：风云出版社 1986 年版，第 60 页。

③ 陈支平：《民间文书与台湾社会经济史》，长沙：岳麓书社 2004 年，第 110—111 页。

由日本的藤田与颜家合作，二者各出资100万元组成台北煤矿株式会社，藤田拥有60％的股份，颜氏占股40％。[①]

日本殖民统治初期，日本人为了更好地统治台湾，因而在一定程度上笼络强宗大族，使得一些家族得以崛起并发展。但是，大家族的“割据”效应也为日本殖民统治当局所忌惮，削弱强宗大族是日本统治台湾必须采取的措施。日本殖民统治者在台湾制定严密的行政区划系统，将传统高度自治的同族村落、非同族村落纳入其中，这些村落随之丧失了大部分原有的政治、社会功能。“日据时期，械斗是被禁止的，而大家族在地方上维持治安与兴办公共工程的功能也为政府所取代。随着大宗族功能的逐渐丧失，许多宏伟壮观的宗祠也开始衰败”[②]。

日本殖民统治当局推行的户籍管理制度和田地物产的清理制度，造成家族组织存在与发展息息相关的“祭祀公业”的减少。“以往那种笼络含混地以某一个家族或若干个家族联络为一个名号而与政府发生财产物业联系的陋习，或者说大家族之下的财产共有混同制度，已经不能得到新的统治者的允许”[③]。这样就使以往那种家族户籍混淆和产业不清的现象难以继续维持下去，从而阻碍家族组织的发展。此外，司法裁判也日益介入家族的内部事务。据研究，日本殖民统治时期宜兰汉人家族的分家阄书远较以往的少，其原因之一是“以前阄分概属家族内的事务，很少惊动到官衙裁定，但日据时，厉行司法，严格管制。……部分家族问

① 陈慈玉：《日本殖民时代的基隆颜家与台湾矿业》，见《近世家族与政治比较历史论文集》（下），台北：“中央研究院”近代史研究所1992年版，第629、632页。

② 陈绍馨：《台湾的人口变迁与社会变迁》，台北：联经出版事业公司1979年版，第465页。

③ 陈支平：《民间文书与台湾社会经济史》，长沙：岳麓书社2004年版，第76页。

题，包括财产纠纷就移到司法院寻求解决，使得一般民间阄书相对减少”[①]。

三、家族及其形态在经济发展中的进退

日本殖民统治台湾初期，许多在台湾开发中发展起来的大家族选择返回大陆，如鹿港的许志湖家族。1895 年 4 月，《马关条约》签订，8 月，许志湖就与儿子许经烟先回到泉州晋江外高厝租房子居住，同时将谦和号迁回大陆经营。[②] 至 1896 年 7 月，鹿港局势反复不定，许志湖、许志坤以及许志坤的女婿蔡敦波等三家亦陆续内渡泉州。[③] 许家最初仅留许志湖妻子黄井和店伙杨钳代为经营春盛号生意、收租及放贷事业。之后，黄井虽然在儿子许经烟的力劝之下，一度至泉州避难，但很快即于 9 月 5 日（阴历七月二十八日）又回到鹿港。[④] 10 月中旬，鹿港较为平静之后，许家已经考虑迁回鹿港。11 月许志坤即先行返回。[⑤] 1897 年 5 月，许志湖终于回到鹿港，重新开张谦和号。[⑥] 另行在外高厝开张新和益号的许经烟，亦于同年 7 月将商号迁回鹿港牛墟头重新开业。[⑦]

回到鹿港的许志湖仍继续经营谦和号和春盛号。1898 年至 1899 年，许家的贸易范围不再仅以鹿港和泉州贸易为主轴，贸易范围扩及台北、福州、泉州以及厦门等地，1900 年更开始转以轮船运送货物。1901 年，许经烟继承经营谦和号，为米业和杂货

① 陈进传：《宜兰传统汉人家族之研究》，宜兰：宜兰县立文化中心 1995 年版，第 203 页。

② 《鹿港许家贸易文书》第 002 号。

③ 《鹿港许家贸易文书》第 052、022、023 号。

④ 《鹿港许家贸易文书》第 021、033 号。

⑤ 《鹿港许家贸易文书》第 009、014 号。

⑥ 《鹿港许家贸易文书》第 046 号。

⑦ 《鹿港许家贸易文书》第 069、070 号。

商，又因许家拥有不少土地，也登记务农。[①]

总之，19 世纪末是许家谦和号跃升为鹿港重要贸易商的关键时期。许志湖是清末至日本殖民统治初期鹿港泉郊商人，其家族早在乾隆年间已到鹿港定居。台湾被迫割让给日本时，许家已经本土化了，因此，在面临 19 世纪末未定的变局时，虽然一度举家迁回泉州老家重新觅屋居住，但是一旦台湾局势稳定，由于产业大部分在台湾，还是选择回到鹿港，而成为日本殖民统治时期鹿港的大贸易商。

台湾总督府为了安抚人心，曾想借助台北望族芦洲李氏家族在地方上的威信。但李氏有李友邦、李肇基等都参加反日运动，1924 年 4 月，李友邦回到大陆，从此走上了爱国抗日的革命道路。李友邦事件对李家在台北芦洲的社会地位产生了严重影响，该家族由殖民统治者欲借助的对象变成了被怀疑的异己对象。芦洲地方的基层社会管理权，也开始从李氏家族转移到其他家族。

之后的李氏家族的族人们，开始走上各自不同的生活道路，一部分族人忧国忧民，不畏强暴，投奔到祖国怀抱，把一生献给祖国与民族的救亡事业，一部分族人仍然秉承着先祖亦耕亦读的传家遗训，继续在芦洲乡村劳作耕耘，继而伴随着 20 世纪前期以来台湾地区社会经济向工商经济的逐步转变，开始从传统的农业经济中分化出来，进行从事工商业的尝试，投身大台北地区的各种行业中去，并且逐渐地与大家族的农耕传统和同炊共食的家风相脱离，安家落户于新的发展地点，从而李氏族人逐渐分散至台湾各地。

总体上看，日本殖民统治时期，台湾若干大家族在传承既往的家族传统的基础上，顺应工商业发展的大趋势，谋得了一定程度的自我发展，坚持了民族文化传统。

---

① 台南新报：《南部台湾绅士录》，台北：1907 年印行，第 330 页。

台湾被日本殖民统治的50年，其经济发展带有明显的殖民地特征，虽然是畸形的发展，但是在这期间毕竟加快了近代化的进程，相对于封建经济有了长足的跃进。以工业为例，1915—1937年，私营工厂数从1323家增加到8025家，增长了6.1倍；工厂职工数从28548人增为78571人，增长2.8倍；使用动力的工厂从1323个增为7881个（1936年），增长6倍。[①] 1912—1940年，台湾工业增长率平均每年达6%左右，尤其是1912—1929年间，达9%以上[②]。

随着现代工商业多元经济的发展，传统以农耕为主的经济结构势必遭受冲击，开始产生新的变化。人们不再固守在土地上，而是追随着工商业发展的步伐，走出家族，离开家乡，步入城市谋生于各个行业。产业的多样化和人口的不断流动，使得基层社会组织和家族组织受到明显的冲击。台北芦洲李氏家族在这个时候就出现了变化，“这个同炊共食达一个世纪之久、人口达一百余众的传统家族终于在民国初年分析成为数十个单独的小家庭”[③]。建立在农耕经济基础上的大家庭分工协作的优势，在现代工商业多元经济中日渐削弱，人们为了追逐私人利益，因而不断分化出小的家庭，从这一点上看，“家庭结构的小型化趋势，可以理解为传统家庭的现代化进程”[④]。

在现代经济发展的作用下，一方面台湾家族组织不断出现分化，另一方面，它又在经济建设中得到广泛应用，这表现在企业

① 台湾省行政长官公署统计室：《台湾省五十一年来统计提要》，台北：1946年版，第763、770、771页。

② 陈小冲：《日本殖民统治台湾五十年史》，北京：社会科学文献出版社2005年版，第62页。

③ 陈支平：《民间文书与台湾社会经济史》，长沙：岳麓书社2004年版，第77页。

④ 郑振满：《明清福建家族组织与社会变迁》，北京：中国人民大学出版社2009年版，第45页。

的家族化。如板桥林家 1919 年至 1925 年间共设立直系会社 10 家，鹿港辜家有 12 家商社为其直系，基隆颜家设立的直系投资会社共计 8 家。[①] 这种家族模式在企业中的应用，初期有助于凝聚财力，推进企业的扩张，但是随着世代更新，家族的离心倾向就会越来越强，由此引发的分家、矛盾皆可导致家族企业的衰败。

日本殖民统治台湾时期，日本人大量来台，或担任各级官员，或携资来台开发，成为台湾社会的特权阶层和经济利益的主要把控者。他们凌驾于台湾人之上，极尽剥夺攫取之能事，激化了台湾社会的族群对立和阶级对立。日本殖民者试图笼络部分家族归顺其统治，从而成为其基层统治的依恃力量，但许多具有民族气节的家族或弃台回归大陆，或将事业的主导方面扩展至大陆，继续发扬东南沿海家族化社会关系的优势，推动企业经营和发展。

① 涂照彦：《日本帝国主义下的台湾》，李明峻译，台北：人间出版社 1993 年版，第 416—417 页。

第八章

日本殖民统治时期台湾与大陆的关系

日本殖民统治时期，台湾总督府实行多种“对岸经营活动”来割断大陆与台湾的联系。但这些政策并没有取得多少实效，因为血浓于水的亲情是无法割断的。[①]

第一节 民众往来

一、大陆民众渡台

康熙二十三年（1684 年），清政府在东南沿海地区设置闽、

① 陈小冲：《日据初期台湾抗日运动与总督府的“对岸经营”》，载《台湾研究集刊》1990 年第 4 期；姚礼明：《1949 年以前海峡两岸关系研究》，载《北京大学学报》1999 年第 3 期；叶迎：《日据时期〈台湾民报〉的两岸根情》，载《东南传播》2008 年第 4 期；王积龙、蒋晓丽：《刀光菊影里的中国根情——日本殖民统治下的台湾中文报刊〈台湾民报〉》，载《社会科学战线》2006 年第 6 期；陈小冲：《日据时期台湾与大陆的文化联系》，载《台湾研究》1997 年第 2 期。

粤、江、浙四海关，专门管理海洋贸易事务。与此同时，厦门与台湾的鹿耳门港实现对渡，厦门由此成为闽台贸易及移民的重要港口。随着海峡两岸航运贸易的发展，清政府继而开放五口对渡，闽台郊商迎来了历史发展的黄金周期，一直延续到清末。

1893 年往来于台湾、厦门间的大陆人数多达 3.6 万人，其原因在于该年福建南部地区稻谷歉收，加上漳州、泉州沿岸遭暴风雨袭击，导致农民损失惨重，在家乡无以糊口，只得暂时前往台湾讨生活。另一方面，同年适逢泉州府南安县凤山寺举办供佛法会，因此在台湾各地的泉州人为返乡参拜，故渡航人数大增。又于 1895 年从台湾各地渡海返乡人潮多达 2.6 万人以上，此因当时日军侵占台湾岛，不少福建籍民众为躲避战火，暂时回乡避难之故。①

日本自侵占台湾后，尽管总督府有意断绝台湾人民与大陆之间的往来，实施各种严苛政策，百般阻挠，但却在台湾岛内经济的考量下，还是不得不放宽大陆劳工来台要求。1897 年，面对制茶季节来临大陆制茶工却无一人来台的情况，大稻埕茶商纷纷要求日本人改变严苛政策，制茶业者认为制茶工人算是一种有特殊技能的人，有别于普通的茶工，故提出取消禁止他们来台的陈情书。

1898 年 10 月 13 日，台湾总督府颁布《清国人茶工券规则》，对来往于闽台两岸的茶工给予特殊待遇。根据规则，申请茶工券的人，需要与雇主联署，请求茶商工会长证明，并且附上登陆许可证以及两张照片向管辖的地方政府提出申请；茶工券的时效为一年，期满前可提出申请换发新券。② 台湾总督府特准许茶商公司，每年自福州、厦门、漳州、泉州等地，引进大约 7000 名制茶工，集中于大稻埕一带，协助茶商制茶，停留的时间是每年 4

① 《通商汇纂》，1904 年第 64 号，第 23 页。

② ［日］台湾总督府警务局：《台湾总督府警察沿革志》（二），台北：南天书局 1995 年版，第 682 页。

月至 10 月。[1] 1899 年，台湾总督府颁布《清国劳动者管理规则》，规定大陆劳工必须由特准的机构代理引进，并签署雇佣契约；另外还以在台劳动者为中心，发布“劳动者管理规划”。后来，随着形势的发展，《清国劳动者管理规则》和《清国人茶工券规则》废止，1904 年 9 月颁布新的《清国劳动者管理规则》。1905 年 10 月，代理引进机构改名为“台华殖民合资公司”。[2]

1905 年 5 月 26 日，上海《中外日报》也刊登了一篇《招工赴台做茶》的报道：

> 台湾虽产茶，而做茶之人，皆漳、泉等处乡人居多，每岁二、三月往台，八、九月回厦，藉茶谋终岁衣食者，二三千人，现在茶市已开，极需茶工，只以外间传言，有俄舰将攻台湾之说，于是人心惶惶，不敢渡台。[3]

根据 1916 年的统计，从大陆前往台湾的劳动者，每年大约有 7000 人，其中以福建省内的福州、厦门、漳州、泉州人居多，广东省以潮阳为主，浙江省以瑞安、平阳为主。1916—1918 年，从厦门港渡航台湾的大陆人职业包括农作工、制茶工、杂役、人力车夫、木工、编物工、渔业及采藻工、洋和服裁缝工、织物工、料理人、理发人、金银细工、饼干制作人等十几种。其中，农耕和制茶工占了比较大的比例。制茶工几乎都是泉州人；人力车夫原为漳泉人，后被兴化人取代；鞋匠以漳泉人居多；福州人占据

---

① 卞凤奎：《日据时期台湾籍民在大陆及东南亚活动之研究（1895—1945）》，合肥：黄山书社 2006 年版，第 47 页。

② ［日］中村孝志：《南国公司》，载《南方文化》1980 年第 8 辑，第 160 页。

③ 转引自卞凤奎：《日据时期台湾籍民在大陆及东南亚活动之研究（1895—1945）》，合肥：黄山书社 2006 年版，第 54 页。

了大部分厨师、理发师和豆腐贩子的职位；木材工人以福州和温州人为主；渔夫则为汕头和泉州人。除厦门之外，福州、汕头也是大陆民众渡台的出口港，而淡水、基隆、台南和高雄是台湾方面的登陆口岸。1930 年之后，福州和高雄分别成为最主要的出口港和登陆口岸。[①]

日本殖民统治台湾时期，尚有一些福建民众因为匪害或生计艰难，渡海赴台谋生。随着形势的发展，也出现一些新变化，如小部分人看中台湾教育比大陆发达，尤其是医学教育的先进，将其子女带往台湾接受医学教育。还有一些人是为了继承祖上或亲属在台湾购置的产业。在这些人当中，有少数人因为继承遗产等关系加入日籍，而大多数福建民众仍保留中国国籍。由于受日本殖民当局的欺辱和压迫，福建在台民众的社会地位以及生活状况一般而言都处于社会底层，虽然也有少数经济情况尚可者，但多数境况较为困苦，他们中的一些人因不堪日本殖民者的欺压而返回祖国大陆。[②]

自 1923 年起，为维护自身利益，在台大陆劳工积极行动，成立各行业公会组织，投身于民族民主运动的潮流当中。日本殖民统治时期在台大陆劳工团体，基本上有两条纵向的组织脉络，一为中华会馆及下属各地分馆，一为各地大陆劳工成立的公会组织。大陆劳工团体在工人运动中发挥的作用相对于台湾本地工人来说只起次要作用，但其意义仍不容忽视。[③]

① 陈小冲：《日据时期台湾移民问题》，见《闽粤移民与台湾社会历史发展研究》，厦门：厦门大学出版社 2011 年版，第 81 页。

② 黄俊凌：《日据时期福建赴台移民——以福建省移民档案资料为中心》，见《闽粤移民与台湾社会历史发展研究》，厦门：厦门大学出版社 2011 年版，第 100—112 页。

③ 陈小冲：《日本殖民统治台湾五十年史》，北京：社会科学文献出版社 2005 年版，第 394 页。

二、台湾籍民在大陆

台湾自清代以来日渐开发，物产丰富。日本认为台湾是日本帝国的南方边界，在国防上具有重要的战略地位，而台湾的汉人与华南及南洋的大陆汉人同文同种，随着日本势力的不断南侵，台湾汉人成为不可或缺的“中间人”。[①] 另一方面，日本人占据台湾之后，对台籍人士始终抱持着轻视和不信任的心态。这些心态进一步激发台湾民众对祖国大陆的思念。

（一）台湾学生求学大陆

日本殖民统治初期，台湾青年赴祖国大陆求学者较少，主要集中于福州和厦门。有案可查的最早赴大陆求学的台湾学生是林熊征、林熊祥、林凌霜、黄再得、卢国治、杨仲鲸等人。当时，台湾学生无法获得台民赴大陆旅券，很多通过取道日本再转赴大陆的方式来求学。早期台湾学生多选择福州和厦门，主要在于这两个城市距离台湾较近，是许多台湾同胞的祖籍地，语言相通，风俗相近，有不少人脉关系可以利用，而且求学的费用相对也比较低。

五四运动后，在新文化运动的影响下，中国教育界也出现了许多新气象，西方新式教育制度开始逐步进入，先进的教育理念也得到传播。20 世纪 20 年代开始，台湾青年赴大陆求学者逐渐增多，他们就读于沿海城市各级学校。

据统计，1921 年底，厦门的台籍学生有 90 多人，到 1923 年 7 月时达到 195 人，[②] 主要分布于集美学校、英华书院、同文书院等中等及专门学校。1924 年底，何景寮、李思桢、翁泽生、王

---

① 林继文：《日本据台末期（1930—1945）战争动员体系之研究》，台北：稻乡出版社 1996 年版，第 38 页。

② 《台湾社会运动史·文化运动》，见《台湾总督府警察沿革志》第二编，王诗琅译，台北：稻乡出版社 1988 年版，第 171 页。

庆勋、陈庆雄、庄泗川、林炯亮、黄玉齐等8位台湾青年进入厦门大学读书。[①] 其中，最早毕业于厦门大学的台湾学生是黄玉齐，他于1927年夏毕业于经济系。部分台湾学生在1924年的厦大学潮中，因对校方不满，随一些教授前往上海另外组建大夏大学，如何景寮、李思桢等人。在福建就读的台湾学生，除了一部分是福建当地台湾籍民的子弟之外，大多数是直接从台湾回大陆求学的。另外，还有一些台湾的民间社团通过国民政府驻台北总领事馆等机构，派送子弟到福建来求学，例如1931年7月，台湾中华总会馆在国民政府驻台北总领事馆的介绍下，派其职员肖志仁到厦门商讨派送子弟就读事宜，受到厦门地方政府和教育机构的热忱接待。当月29日的《江声报》对此作了报道。[②]

1926年9月厦门及周边地区台湾学生在学人数[③]

校名	人数	校名	人数
集美学校	67	三育中西学校	1
中华中学	39	同文学院	15
英华学院	26	第十三中学	2
美华中学	7	博爱医院附属医科学校	7
新华中学	3	鼓浪屿商业专门学校	3
厦门大学	3	禾山商职	1
厦门美术学校	2	泉州培元中学	4
厦南女中	1	漳州崇正学校	7

① 厦门大学校史编委会：《厦大校史资料》第6辑，厦门：厦门大学出版社1991年版，第75页。

② 黄新宪：《闽台教育的交融与发展》，福州：福建人民出版社2003年版，第143页。

③ 福建省档案馆等：《闽台关系档案资料》，厦门：鹭江出版社1992年版，第14页；转引自黄新宪：《日据时期台湾学生求学大陆考》，载《教育评论》2004年第2期。

续表

校名	人数	校名	人数
育才学社	1	漳州西河学校	1
闽南佛学院	13	漳州寻源中学	1

与此同时，北京也成为台湾青年较为集中的地区。据不完全统计，1920—1930年左右，至少有50名的台湾青年曾经就读于北京各大高等院校，其中北京大学的人数最多，共有18名台湾学生。此外，燕京大学、朝阳大学、北平大学和民国大学各有4名台生；师范大学、中国大学、法政大学、工业大学、交通大学、协和医学院及高等警官学校等也都有台生就读。这些台湾学生大多报考文科，比如国文、英文、政治、经济、哲学、法律和教育等学系，只有极个别学生报考医学、生物和工业系。①

抗战前在北京求学的部分台湾学生名录②

姓名	籍贯	起止时间	学校
林飞熊	雾峰	1913—1916	北京大学经济系肄业
许地山	台南	1917—1922	燕京大学文学系毕业
林子铭	台北	1920—1922	北京大学预科肄业
黄联登	台北	1922—1924	北京大学经济系肄业
刘锦堂	台中	1921—1922	北京大学国文系肄业
陈文亮	南投	1921—1927	民国大学政经科毕业
郑明禄	苗栗	1921—1928	北京大学经济系毕业

① 北京市政协文史资料委员会：《北京文史资料》第58辑，北京：北京出版社1998年版，第209页。

② 何标：《京台两地学子缘》，《北京文史资料》第58辑，北京：北京出版社1998年版，第217页。转引自黄新宪：《日据时期台湾学生求学大陆考》，载《教育评论》2004年第2期。

续表

姓名	籍贯	起止时间	学校
林炳坤	台北	1921—1928	北京大学政经系毕业
范本梁	嘉义	1922—1926	北京大学哲学系肄业
苏芗雨	新竹	1922—1928	北京大学哲学系毕业
游祥耀	宜兰	1922—1928	北京大学哲学系毕业
洪炎秋	彰化	1923—1929	北京大学教育系毕业
宋斐如	台南	1923—1929	北京大学经济系毕业
赖维种	彰化	1923—	北京大学经济系肄业
苏绍文	新竹	1923—1925	北京大学预科肄业
王民宁	台北	1923—1925	北京大学预科肄业
李清周	嘉义	1923—1925	北京大学预科肄业
李晓芳	嘉义		北京大学预科肄业
蔡淑梅	清水		北京大学预科肄业
谢廉清	彰化	1922—1926	朝阳大学经济科毕业
李金钟	彰化	1922—1924	朝阳大学经济科肄业
关锦辉	台南	1924—1930	朝阳大学法律系毕业
周蚶目	台北	1924—1930	朝阳大学法律系毕业
张钟玲		1923—1924	世界语专科学校肄业
张寿铃	台南		燕京大学肄业
郑应瑞	苗栗	1924—1927	燕京大学政治系毕业
颜春晖	台南	1925—1932	协和医学院毕业
林德翰	基隆	—1931	燕京大学生物系毕业
吴敦礼	台中	1925—1930	北平大学政治系毕业
林虚中	台中		北平大学肄业
宋全英	台南	1928—1930	北平大学经济系毕业
卢涵泽			北平大学经济系毕业
陈清栋	南投	1921—	民国大学政治系毕业
林宏谋	台中	1924—	民国大学法预科肄业
赖钦荣	台中	1924—	民国大学文预科肄业

续表

姓名	籍贯	起止时间	学校
赖雀	台中	1924—	民国大学法预科肄业
陈栈治	彰化	1923—1925	法政大学经济系肄业
陈云英	苗栗	1923—1924	
吕永凯	台北	1923—	高等警察学校毕业
杨克培	彰化	1923—1924	北高师附中肄业
钟培元	屏东	—1927	工业大学毕业
钟国权	屏东	—1927	交通大学铁路管理系毕业
吴魁奇	台南	1925—	
张我军	台北	1925—1929	师范大学国文系毕业
谢文达	台中	1924—1925	朝阳大学（?）肄业
赖贤颖	彰化	1928—1934	北京大学英文系毕业

20世纪20年代以后的上海也吸引了许多台湾学生来沪就读。这些学生主要分布在上海大学、中国公学、暨南大学、大夏大学、复旦大学等学校。其中，翁泽生、洪朝宗、庄泗川、许乃昌、潘钦信、谢雪红、林木顺等就读于上海大学；蔡爱仁、黄光军等就读于中国公学；陈岚峰、黄国书、杨浩然等就读于暨南大学；何景寮、王庆勋、王庆基、林培英、洪辑洽、翁炳荣等就读于大夏大学；吴锡源、郭丙辛、郭江水、张欧坤等就读于复旦大学；林正霖、杨清泉、陈仲颐、张建邦、蓝敏等就读于圣约翰大学；刘呐鸥、高英时等就读于震旦大学。

南京也是台湾学生大陆求学的重要区域。早期到南京就读的台湾学生以接受中等教育者居多。北伐以后，随着国民政府定都南京，南京成为台湾学生重要的求学目的地。在中央大学就读的台湾学生中，黄鉴村毕业于电机系，廖格中毕业于政治系，郭天乙毕业于政治系。另外，还有廖文奎毕业于金陵大学文学院，其弟廖文毅毕业于工学院；李纯青毕业于中央政治学校市政系等。

在广东，1924 年国民党改组之后，在“联俄、联共、扶助农工”的政策感召下，很多台湾青年来到广州求学。根据 1926 年到广州中山大学学习的张深切回忆，“当时聚集于广州的台湾青年只有 40 人而已，他们大部分就读于黄埔军官学校或中山大学”①。就中山大学而言，早在 1927 年 2 月，就有洪绍潭、郭德金、张深切、张月澄在广州台湾学生会的推荐下，就读于政治系；谢东闵毕业于政治系；何涂生毕业于经济系。在黄埔军校就读的有李友邦、黄济英、廖武郎、林梦辉、张克敏等人。此外，岭南大学也招收了一些台湾学生。

除此之外，还有一些台湾学生前往东北求学，其中不少人选择了学医。他们就读于长春、哈尔滨、沈阳等地的医科大学，如满洲医科大学、旅顺工科大学、哈尔滨医科大学、建国大学、新京法政大学、新京工业大学等。以满洲医科大学本科和专门部来说，前后有一百多名台湾学生就学，至少有半数在毕业后留在东北当地行医。也有一些台湾学生利用就读于建国大学的机会积极抗日，如吕芳魁。②

台湾学生求学大陆，所学的专业有不少是在台湾被禁止就读的，如政治系、经济系和法律系等。这些对于台湾教育而言，具有十分积极的意义。另一方面，大陆学校为台湾学生的求学也提供了许多便利条件，如 20 世纪 20 年代末，吴淞商船学校对报考该校的台湾学生，根据他们汉语水平较低、日语水平较高的状况，破例允许其用日语参加入学考试。除了学习上严格要求外，不少学校的教师还在生活上对台湾学生尽力给予帮助。

台湾学生求学大陆大多数都比较勤奋和努力。20 世纪 20 年

---

① 张深切：《里程碑》（上），见《张深切全集》卷一，台北：文经出版社有限公司 1998 年版，第 34 页。

② 许雪姬：《在中国东北的台湾人》，见《日据时期台湾殖民地史学术研讨会论文集》，北京：九州出版社 2010 年版，第 326—327 页。

代末就读于浙江大学的许显耀回忆道：

> 进入浙大住宿之后，因该校对学生的功课要求甚严，再加上每晚到了十点，宿舍都会熄灯，学生在课业的压力下，莫不个个点着蜡烛看书，而我原先在台湾念的物理、化学课本，不像浙人所念的教科书这么厚，且是整本的原文书，所以我连翻字典的时间都不够，又怎能不挑灯夜读呢！
>
> 在浙大念书之际，因自己的汉文基础不够扎实，所以经由当时浙大的政治部主任李友邦先生的介绍，跟一位任职中央日报的记者学习汉文及说北京话。①

日本殖民统治时期台湾学生求学大陆，固然有多方面的原因。而五四运动的兴起，世界新思潮的出现，使不少台湾学生萌发急切摆脱日本殖民统治和渴望学习祖国文化的需求，这是台湾学生求学大陆的最重要的动因。随着时间的推移，不少台湾学生试图从各种途径了解大陆情况，进而对祖国充满深深的眷恋。来大陆求学的台湾学生以出身中下阶层家庭的子弟为多，他们更容易接受新思想。

台湾学生在大陆接受新文化、新思想之后，民族意识日益觉醒，不少人都参与了反抗日本帝国主义侵略的斗争。② 一些台湾学生在大陆还编印具有左翼色彩的刊物和书籍，如 1924 年在北京刊行的《新台湾》、1927 年在北京刊行的《少年台湾》等。宋斐如于 1930 年创办《新东方》杂志，并出版《台湾民众的悲哀》一书，披露日本帝国主义统治下台湾民众遭受的苦难。1931 年

① 台湾“中央研究院”近代史研究所：《口述历史第六期——日据时期台湾人赴大陆经验》，台北：“中央研究院”近代史研究所 1995 年版，第 9 页。

② 黄新宪：《日据时期台湾学生求学大陆考》，载《教育评论》2004 年第 2 期。

夏，李佛续时在上海暨南大学物理系学习，他回忆说："九一八事变发生后，全国大专院校学生无一不加入抗日游行、请愿募款等支援前线国军的活动。对一位刚离开日本统辖的台湾学生而言，能在街上公开大喊'打倒日本帝国主义'，是一件多么令人兴奋的事情！当时的我十分积极地参与任何大大小小的抗日活动，所以在课堂上都很少见到我的身影。"①

（二）其他台湾籍民在大陆

日本殖民统治时期，台湾同胞赴大陆者有70%是到福建，而且几乎半数以上从事工商业。大陆东南沿海地区台湾籍民的人数呈逐渐增多的态势。厦门地区的台湾籍民，其职业以工商业为主的占了75%。以富商为例，主要有板桥林本源家族、万华洪腾云家族等。他们在日本殖民统治台湾之时，因不愿接受异族统治而举家迁回福建原籍。也有台湾籍民从事矿业开采、运输交通事业、医业等领域的工作。由于厦门地区语言和台湾相近，假冒籍民的问题多有出现。福州的台湾籍民由于语言的关系，人数不如厦门多，他们大多经商，并拥有土地、房屋、汽船；还有一些教师，也在福州置产，生活较为优渥。此外，日本殖民者还有意政策性地安排一些流浪汉、罪犯到大陆，从事非法行业，如开设赌场、鸦片烟馆、妓馆，放高利贷等。台湾总督府对有正当理由赴大陆的人严加审查，而对于无赖汉等却网开一面。《台湾民报》曾经指出，在大陆的台人大多数是无赖汉，"'十居其九，殊难取缔，全是做犯法非为'，这岂不是证明旅券的无效力吗？"进而提醒民众注意：日本当局"好像是要来束缚良民的渡航，一面纵使无赖汉到中国非为胡作的样子"。② 厦门当地成立有台湾公会，它不同于通常意义上的城市自治团体，它从成立、发展、组织乃至

① 台湾"中央研究院"近代史研究所：《口述历史第六期——日据时期台湾人赴大陆经验》，台北："中央研究院"近代史研究所1995年版，第49页。

② 《希望撤废渡航中国的旅券制度》，载《台湾民报》第2卷第21号。

活动上，均受到日本领事馆和台湾总督府的严密操纵和控制，成为配合日本推动所谓“南进政策”的工具。[①]

广东地区的台湾籍民，除个别从事与银行有关的事业外，其他多从事煤炭、旗袍、酱油、义齿、医业等行业。汕头地区台湾籍民的职业没有厦门复杂，当地台湾同胞几乎都是独来独往，与政府和他人较少接触。香港的台湾籍民，“大多数是贸易商、学校教授、船医等，在社会上拥有相当的地位，不仅拥有高学历，也有相当资产”[②]。

上海台湾籍民的人数较多，同厦门一样，上海也成立有台湾公会。上海台湾公会成立于1936年，当时会员有91人，林鹤寿担任会长。根据1938年的统计数字，医师是上海台湾同胞人数较多的职业。

台湾同胞到东北任职最早的是1908年，1932年伪满洲国成立后达到高潮，职业以医生为最多，其次是各级政府的公务人员。根据日本人搜集的资料统计，曾在伪满洲国行医的台湾同胞共217位。例如，最早到东北的医生是谢唐山，开业最成功的是台东人孟天成的博爱医院、新化人梁宰开设的天生医院，最年轻的院长是彰化人李晏，获“盛京赏”的谢秋涛和王洛。值得一提的还有袁碧霞、柯明点和谢久子等三名女医生。

台湾籍民在北京的人数较少，主要是以向往祖国文化的知识分子为主。除了前文提及的学生之外，还有文学家钟理和、音乐家江文等。江文出生于台北淡水，1929年毕业于日本长野县上田中学，期间受到岛崎藤村的指导，对文学、音乐等艺术领域表现出浓厚的兴趣。在日本期间，江文创作了许多音乐作品，并获得

---

① 林星：《日据时期台湾籍民社团初探——以厦门台湾公会为例》，载《福建论坛（人文社会科学版）》2008年第9期。

② ［日］日本外务省外交史料馆藏：《台湾人关系杂件》，《在外台湾人事情关系》（档号：A5.3.0.3—2）。

国际奖项。1938 年，江文回到中国，担任北京师范大学教授。[①]

日本殖民统治时期，部分台湾籍民成为日本人扩张的工具，为其对福建进行经济文化渗透服务。特别是福建的部分不法台湾籍民在日本殖民政府的威胁利诱下充当其侵华前驱，走私贩毒，开设烟馆，胡作非为。但是“客观地说，台湾籍民的大多数是好的，是善良的”。还有不少人参加了抗日活动，“也是非常值得称颂的”。[②] 台湾义勇队在投身抗战的同时，也针对台籍浪人在大陆胡作非为所产生的恶劣影响，积极进行“消毒”工作，在“一定范围内和一定程度上改善了台湾籍民的形象，并使人们对台胞刮目相看”[③]。

第二节　1911 年梁启超台湾之行

为消除台湾人民的反抗意识，日本殖民政府大力推行愚民政策，台湾人民“不但无书可读，且新闻杂志之言论文章，皆以总督府之言论为言论，文章为文章，实等于无言论亦无文章”。于是，台湾青年“求之海外，如沪之《万国公报》，戊戌政变后，由横滨获读《清议报》《新民丛报》”。[④] 为巩固殖民统治，日本政府极力阻止台湾人民与祖国大陆的联系。尽管如此，还是有孙中山、梁启超和章太炎等人到台湾，其中以梁启超 1911 年台湾

① 张隐苹：《江文也在大陆》，见《日据时期台湾知识分子在大陆》，台北：台北市文献委员会 2004 年版，第 64 页。

② 林真：《抗战时期福建的台湾籍民问题》，载《台湾研究集刊》1994 年第 2 期。

③ 陈小冲：《抗战时期的台湾籍民问题》，载《台湾研究集刊》2001 年第 1 期。

④ 林献堂先生纪念集编纂委员会：《林献堂先生纪念集》（卷三），台北：文海出版社 1974 年版，第 24 页。

之行影响最大。

梁启超与近代台湾发生关系源于三次关键性的事件：其一是中日甲午战争之后，日本侵略者意欲割占台澎，举国哗然，康有为、梁启超等联合18个省的举人在北京发起了“公车上书”活动，坚持台湾不可割让；其二是光绪三十三年（1907年）六月，林献堂与梁启超在日本奈良相会；其三是宣统三年（1911年）春，梁启超应林献堂等人邀请访台。

梁启超台湾之行，与出身于雾峰林氏家族的林献堂等人有着密切的关系。1907年4月，林献堂前往日本，曾经到横滨拜访梁启超不遇，后来两人在奈良碰面。双方一见如故，彻夜长谈。此次会面结束之时，林献堂邀请梁启超访台，并提醒梁启超“必请日本中央政府显要为先生绍介，盖日人深忌我们与祖国人士之接触”[①]。后来，林献堂族侄林幼春也写信给梁启超，描述台湾人民的悲惨境遇：“学校程度甚低，开化无期，生计之途日窘，谋食不易，此岛利薮，向以米糖茶樟为四大宗，今其三已夺于政府外商之手，唯农一道尚足资生，而国赋之外，别有常供，什一之征，不啻四倍；”[②] 恳请“先生救国之诚，薄海同钦，再造玄黄，如或悯此一方，游辙南指，引绳批吨，则螳斧之微，虽碾骨为尘，尚能为厉也”，再次邀请梁启超访台。[③] 1909年，林献堂带二子前往日本东京，归程面见梁启超，再次诉说台湾人民遭受日本殖民统治的深重灾难，邀请梁启超赴台一访。

梁启超在拿到伊藤博文的介绍函之后，于1911年3月前往台湾。出发之时，梁启超给上海的《国风报》编辑部发出了第一封

---

① 甘得中：《献堂先生与同化会》，见《林献堂先生纪念集》第三卷，台北：1960年印刷，第520—521页。

② 许俊雅：《梁启超与林献堂往来书札》，台北：万卷楼图书股份有限公司2007年版，第2页。

③ 黄得时：《梁任公游台考》，载《台湾文献》第16卷第3期，第7页。

信，说明“兹行之动机，实缘频年居此，读其新闻杂志，盛称其治台成绩，未尝不愀然有所动于中。谓同是日月，同是山川，而在人之所得，乃如是也。而数年以来，又往往获交彼中一二遗老，则所闻又有以大异乎前，非亲见又乌乎辨之？此兹行所以益不容已也”。

梁启超列出自己访台期间想要调查和了解的几项具体内容，分别为：台湾“行政组织，盖沿袭吾之行省制度，而运用之极其妙也”；“台湾农政之修，冠绝全球，且其农事习惯，多因我国。他山之石，宜莫良于斯”；币制“改革之次第如何”；日本人移民台湾的做法；台湾“警察行政”，及“我国旧行之保甲法，闻台湾采之而卓著成效，欲观其办法如何”；“台湾之鸦片专卖事业，自诩为禁烟之一妙法，当有可供我研究者”。此外，还有台湾“日人自夸为办理极善”的“土地调查”和“户口调查”等方面也是梁启超访台急欲了解并想提供大陆借鉴的重要内容。在梁启超看来，刘铭传抚台之前，台湾“岁入不过六十余万，自刘壮肃以后，乃渐加至二百余万，日人得之仅十余年，而频年岁入三千八百余万”，“岛民负担能力，何以能骤进至是？”这些都是梁启超困惑并想解答的问题。[①] 因此，梁启超到台湾实地考察“如政治的大致做法，产业振兴工业进步发展的程度，台湾人的生活情况与清国政府时代的比较，还有警察行政的做法，尤其是关于作为警察行政的补助机关，另一方面又作为人民自治团体的保甲制度之实况”。[②] 梁启超想借考察日本殖民统治下台湾的现状来探究殖民地人民的出路，用以警策国人。他认为台湾考察之行可以成为祖国的借鉴，这是因为“台湾居民，皆我族类，性质习俗，同我内地，欲求其制度之斟酌此性习而立者，与夫其政术之所以因

---

① 梁启超：《游台湾书牍·第一信》，《饮冰室合集》专集之二十二，北京：中华书局1989年影印本，第197—198页。

② 章开沅、罗福惠、严昌洪：《辛亥革命史资料新编》(6)，武汉：湖北人民出版社2007年版，第240页。

此性习为利导之者”[①]。

1911 年 3 月 28 日，林献堂、连横等人在基隆等待迎接梁启超。当时，“鸡笼舟次，遗老欢迎者十数；乘汽车入台北，迎于驿者又数十”[②]。面对着“本是同根，今成异国”的宝岛台湾，梁启超满怀伤感，有诗云：“番番鱼鸟似相亲，满眼云山绿向人。前路欲寻泷吏问，惜非故土忽伤神。”又曰：“刘壮肃所营故城毁矣……故抚署今为总督府。”满眼望去，风光不再，余下的皆是痛失国土的感慨和遗憾。

梁启超“舟入鸡笼（基隆），警吏来盘诘，几为所窘。幸首途前先至东京乞取介绍书，否则将临河而返矣。台湾乃禁止我国人上陆，其苛不让美、澳。吾居此十年而无所知，真梦梦也”[③]。在欢迎宴会上，“日官民无一参加，而侦探特务则四伏矣”，“席散后侦骑四出，追问参加宴会者”，故梁启超“因隔窗有耳，辞意委婉，非细味之，不能知其底蕴”。[④]

踏上台湾土地之后的所见所闻，让梁启超产生了很大的感触，他以诗歌的形式记录了日本殖民当局在台湾强占土地房屋财产等种种行为。例如《拆屋行》写道：

> 麻衣病嫠血濡足，负携八雏路旁哭。穷腊惨栗天雨霜，身无完裙居无屋。自言近市有数椽，太翁所构垂百年。中停双榇未满七，府帖疾下如奔弦。节度爱民修市政，要使比户

---

① 梁启超：《游台湾书牍·第四信》，见《饮冰室合集》专集之二十二，北京：中华书局 1989 年影印本，第 201 页。

② 梁启超：《游台湾书牍·第二信》，见《饮冰室合集》专集之二十二，北京：中华书局 1989 年影印本，第 199 页。

③ 梁启超：《游台湾书牍·第二信》，见《饮冰室合集》专集之二十二，北京：中华书局 1989 年影印本，第 199 页。

④ 甘得中：《献堂先生与同化会》，见《林献堂先生纪念集》第三卷，台北：1960 年印刷，第 522—523 页。

成般阑。袖出图样指且画，克期改作无迁延。悬丝十命但恃粥，力单弗任惟哀怜。吏言称贷岂无路，敢以巧语干大权。不然官家为汝办，率比傍舍还租钱。出门十步九回顾，月黑风凄何处路？只愁又作流民看，明朝捉将官里去。（彼中凡无业游民，皆拘作苦工。）市中华屋连如云，哀丝豪竹何纷纷。游人争说市政好，不见街头屋主人。①

因此，梁启超在给《国风报》编辑部第三信和第四信中说道："虽为日尚浅，然已起种种异感，谚所谓百闻不如一见，不虚也"。"此间百无所有，惟有一总督府耳。总督天帝也，立宪国之君主，视之蔑如也。其官吏别有一种习气"。"吾兹行乃大失望！台湾之行政设施，其美备之点诚极多，然此皆一般法治国所有事耳，不必求诸台湾也"。"吾居此浃旬，而不禁废然思返也。台湾之足称为善政者，则万国之公政，无论措之何地而皆准者也。若夫台湾特有之施政为日本内地及他文明国所未行者，斯则非直吾国所能学，抑又非吾之所忍言也"。②

在返回日本的船上所写的第六信中，梁启超称"归舟所满载者哀愤也"。哀愤的内容是：

此行所最生感者，则生计上之压迫是也。一受此压迫，殆永劫无摆脱之期。吾于全台，游历过半，见其一切日用品，殆无不来自日本。即如所穿之屐及草履，所食之面及点心，皆然。举其小者，大者可推矣。中国货物，殆杜绝不能进口，保护关税之功用，其可畏有如此者。台湾本绝无工艺

① 梁启超：《拆屋行》，见《梁启超游台作品校释》，台北："国立编译馆"2007年版，第23页。

② 梁启超：《游台湾书牍·第三、四信》，见《饮冰室合集》专集之二十二，北京：中华书局1989年影印本，第200—202页。

> 品，而中国货则税率殆埒其原价。其舍日本货外更无可用亦宜。而日本货之价，亦远贵于日本本境。以物价比例于劳庸，则台湾物价之昂，盖世界所罕见也。以故台湾人职业虽似加于昔，每日所得工钱虽似增于昔，然贮蓄力乃不见其增而惟见其减。就此趋势推之，其将来岂堪设想……[①]

除此之外，梁启超以台湾来观大陆，言及“还顾我祖国”，“直不寒而栗”，“中国若亡，则吾侪将来之苦况，又岂止如台湾人哉”。

梁启超访台，受到了台湾人民的热烈欢迎，“大家把任公看做是祖国的象征。与任公接触，等于与祖国接触一样，感觉无上的荣幸”[②]。“他们正像失路的孩提，历尽艰难险阻，偶然碰到亲人，情不自禁地抱着亲人尽情痛哭一样”[③]。

梁启超访问台湾，与台湾雾峰林家以及栎社诗人有广泛接触和交流，对台湾的政治、文化、文学都产生了深刻的影响，主要体现在：政治上鼓励台湾文士的民族主义情绪和具体对抗策略，文化上强调祖国文化的传统和联系，文学上推广诗界革命的理论与具体的写作技巧。[④] 后来，留日台湾学生创办的杂志如《台湾青年》《台湾》《台湾民报》以及《台湾新民报》中的大部分文章都是用梁启超式的新文体写的。

在梁启超的思想影响下，林献堂日后发起撤销“六三法”运

---

① 梁启超：《游台湾书牍·第六信》，见《饮冰室合集》专集之二十二，北京：中华书局1989年影印本，第203—204页。

② 黄得时：《梁任公游台考》，载《台湾文献》第16卷第3期，第44页。

③ 叶荣钟等：《台湾近代民族运动史》，台北：自立晚报社1971年版，第12页。

④ 许俊雅：《试论梁启超辛亥年游台之影响》，载《社会科学》2007年第3期。

动、开展台湾议会设置请愿运动，设立台湾文化协会并创办《台湾民报》，大力推进民族解放运动，从而成为台湾民族解放运动的领袖人物。梁启超鼓励台湾文人应当关心台湾的未来，以自己的实际行动为台湾人民争取应有的权益。这一看法对栎社影响较大，促使栎社发生质的变化，其核心成员在 20 世纪 20 年代分别在台湾文化协会、台湾议会设置请愿运动中担任重要角色。

梁启超的台湾之行，激发了台湾人民的民族意识，为台湾后来的民族革命启蒙运动播下了革命的种子。梁启超自己曾经说过，台湾之行在他的生涯中是具有相当意义的。

第三节　台湾青年大陆抗日

从 20 世纪 20 年代开始，在大陆的台湾学生开始组织爱国社团，开展反日爱国活动，主要有：组织反对庆祝日本占领台湾的所谓“始政纪念”活动；大力支持台湾雾社地区的台湾少数民族起义；以“治警事件”为契机，反对日本殖民统治当局迫害台湾知识分子；揭露亲日士绅美化日本殖民统治的行径；创办刊物，开展反日宣传活动。[①] 甚至，还有一些青年参加八路军、新四军，直接打击日本侵略者。台湾人民在台湾和大陆同时进行的抗日活动，客观上形成了海峡两岸台湾同胞抗日斗争相互呼应的局面。不过，台胞在大陆的抗日由于其特殊身份、面对复杂的时空环境，呈现出与岛内不同的若干特点；且其对于台湾前途命运的思考，也烙上了鲜明的时代印记。[②]

---

① 黄新宪：《日据时期台湾学生在大陆的爱国活动探略》，载《徐州师范大学学报（哲学社会科学版）》2004 年第 5 期。

② 陈小冲：《试论台胞在大陆的抗日活动及其对台湾前途命运的思考——兼评所谓日据时期台湾人的“台独”运动》，载《台湾研究集刊》2011 年第 3 期。

（一）华北

北京台湾青年会　1922年，在北京留学的三十多个台湾青年为响应台湾岛内民族运动的号召，组织北京台湾青年会。会员包括板桥林炳坤，集集陈江栋，苑里郑明禄，台北黄兆耀、林子明，台中林锦堂、林飞熊，嘉义范本梁，雾峰林瑞腾，清水蔡惠如、台中吴子瑜、板桥林松寿、廖景云，头份林焕文等，蔡元培、梁启超、胡适、林长民、李石曾、王励齐为推荐名誉会员。[①] 对此，日本外务省所藏资料也有相关的记载：

> 自去年八月左右，台湾人学生进入国立北京大学就读，目前有四名，他们最近组织所谓台湾青年会，分送印刷物，以劝诱当地居住台湾人之间，其目的宣称是为在于支那文化奖励研究，且近来台湾及东京的在学学生等，思潮受到感化，系多少带有政治意味的团体组织。在当地目前台湾人青年学生等约有十人，在崇文门内调耳胡同十四号王悦元（三十岁）称是台湾人刘锦堂大陆人的养子，称入籍不良性，学生被其利用，近来在暑假休息期间，归返台湾之学生等，在台湾募集资金后回东京，且学生中有访问支那名人林长民、梁启超、顾维钧、王正廷等，并获得赞助。[②]

由此可见，生活在北京的台湾籍青年学生的一举一动都在日本领事馆的严格监控之下。他们受到当时进步思想的影响，为了共同的目标，走到一起组建团体，并且还得到了林长民、梁启

---

① 魏永竹：《抗战与台湾光复史料辑要》，南投：台湾省文献委员会1995年版，第144页。

② ［日］日本外务省外交史料馆藏：《不逞团体关系杂件·台湾人之部》，转引自下凤奎：《日据时期台湾籍民在大陆及东南亚活动之研究》，合肥：黄山书社2006年版，第79页。

超、顾维钧、王正廷等的支持和赞助。

在大陆的台湾青年，利用懂日语的优势，协助抗战。例如，钟浩东、李南锋等台湾青年协助审问日本俘虏，同时积极开展对敌宣传和搜集日本情报工作；冯志坚在延安的中央印刷厂作日文校对，还在日本工农子弟学校参与改造日本战俘的工作；张志忠1939年抗大毕业后，到八路军第一二九师冀南军区敌工部日军工作科从事对敌宣传工作；沈扶在第十八集团军总政治部对日工作部门，负责研究和翻译日军、日本方面的有关资料，管理和教育日军战俘，并兼任野坂参三（后任日共中央委员会主席）的翻译。

蔡孝乾，又名蔡乾、蔡前，曾用化名杨明山等。1908年生于台湾彰化县花坛乡，1924年在其父亲和台湾文化协会的资助下，到上海大学社会科学系就读。除了在台湾自治协会和“中台同志会”的积极活动之外，蔡孝乾还在左翼教授任弼时和瞿秋白的影响下，成为台湾共产党的创建者之一和中央委员。1926年7月，蔡孝乾回到台湾，宣传中国革命，帮助组织了台湾文化协会左翼。蔡孝乾是唯一一位参加过二万五千里长征的台湾共产党人。1938年12月，蔡孝乾担任八路军民运部部长兼敌工部部长，后来调回延安。1941年10月，延安召开东方各民族反法西斯代表大会，蔡孝乾以蔡前为名作为台湾代表参加，当选为主席团成员；同月23日以蔡前为名在《解放日报》第3版发表了一篇近千字的文章《台湾的今昔》，对台湾的情况做了简要的介绍；29日与越南荷属东印度代表等一起做了报告。6月17日，拥有二十余名社员的“台湾独立先锋社”创立，蔡孝乾是负责人。①

台湾学生林思平1943年在日本毕业之后，和杨丁铭等人一起经由朝鲜来到祖国大陆，在太原铁路医院当医生，经常把一些奇缺的药品和医疗器械，秘密转交至抗日根据地。后来，林思平

① 房建昌：《蔡孝乾与台湾共产党》，载《文史精华》1998年第10期。

来到晋察冀边区，在白求恩创建的国际和平医院工作。

1944年，台湾作家张我军之子何标在同学的介绍下，开始参加抗日活动，之后来到晋察冀边区，投入抗日战争当中。此外，还有在大别山区打游击的邱刚明等人也为抗日做出了贡献。

（二）华东

上海作为中国沿海地区的重要城市，日本政府在此设置了严密的监控网络。针对台湾青年在上海的活动，台湾总督府警务局曾经特别发函告知日本外务省情报局，内容如下：

> 根据从本府上海派遣员所得之情报，据悉七月三十一日在上海大东旅馆……三十余人聚集于此，试图藉由太平洋会议之机会进行各独立运动之秘密会议，更且有东京之台湾留学生等，利用暑期休假返台之际，在上海、东京等地，与志同道合气脉相通者，对藉太平洋会议之机会试图进行独立运动之方法……①

不仅如此，日本驻上海领事馆还严密监控台湾籍民的行为动态，将所掌握的详细信息汇报给外务省知晓。例如，为了响应在台湾的林献堂进行的台湾议会设置运动，蔡惠如、胡华英、徐庆章、林瑞腾等4人曾经来到上海与支持者接触，他们的一举一动都落入了日本人的监视当中，举林瑞腾一人为例：

> 林瑞腾　向东京共荣储蓄银行专务董事初田雄吉得到了解，得到北京大东银行总理之承诺，十一月中旬从厦门来到上海，就议会运动向林献堂商议，随同林建寅，于二十一日

---

①［日］日本外务省外交史料馆藏：《不逞团体关系杂件·台湾人之部》，转引自卞凤奎：《日据时期台湾籍民在大陆及东南亚活动之研究》，合肥：黄山书社2006年版，第94页。

乘盛京丸，在当地发船向台湾出发，从台湾到达东京，其后因事业上的关系预定再赴北京。[1]

根据台湾总督府的统计，当时上海有上海台湾青年会、平社、台湾自治协会和台湾同志会4个组织团体；在南京有“中台同志会”等。

上海台湾青年会 1923年10月12日，蔡惠如等十余名学生在上海南方大学聚集举行发起会议，推举谢廉清、施文杞、许乃昌、许水、游金水、李孝顺、林鹏飞等为干部，1924年初会员达到50多人。上海台湾青年会的主要活动有：1924年1月12日，举行上海台湾人大会，声援岛内台湾议会期成同盟；参加5月9日国耻纪念日示威游行；6月17日在上海务本英文专门学校寄发对“有力者大会”的檄文。

平社 1924年3月，来自台湾岛的彭英华、蔡炳耀，朝鲜人卓武初、吕运亨、尹滋英在上海成立平社，自4月1日发行《平社》杂志，主要宣传社会主义以及关于朝鲜半岛、台湾岛的开放等问题。

台湾自治协会 1924年5月中旬，台湾青年会干部及与平社有关系的人成立台湾自治协会。5月31日，发表宣言呼吁：“愿我亲爱之中国同胞，帮助我等之自治运动。”[2] 6月初，二十余名会员在务本英文专门学校秘密集会，蔡孝乾、林维金、洪绢治、张深切及谢雪红等台湾青年参加。台湾自治协会数次发布各种反日传单，加深人们对台湾问题的了解和关心。

---

① ［日］日本外务省外交史料馆藏：《不逞团体关系杂件·台湾人之部》，转引自卞凤奎：《日据时期台湾籍民在大陆及东南亚活动之研究》，合肥：黄山书社2006年版，第95页。

② 台湾省文献委员会：《台湾省通志稿》之《革命志·抗日篇》，台北：海峡学术出版社2002年版，第226页。

台湾同志会　1924 年 6 月 29 日，台湾同志会在上海南方大学召开发起仪式。

“中台同志会”　1926 年 3 月，在南京的台湾学生吴丽水、李振芳与中山大学教师陈君起等人，邀请 40 名同志，成立“中台同志会”，目的在于加强中国大陆与台湾之间民众的联系。该会成立之后，将成立的宣言书及各种资料寄发上海、厦门、东京、台湾等地，鼓励各地学生踊跃加入。5 月，同志会吸收上海大学附属中学蓝焕呈、上海大学学生翁泽生、蔡孝乾、何景寮等人为会员，并与厦门的郭丙辛、黄和气等人取得联系，东京商业学校学生蓝阿婴也成为会员。6 月 1 日，同志会发表《成立宣言》：“中国完全屈服于日本之日，亦即台湾民众被剥削于日本帝国主义之时。……两地民众，实有共生共死之关系，而日本帝国主义者，又同时为两地民众之公敌，故两地民众，自然有同样之要求，更进一步，两地民众应相联合，立于同一战线上；向共同之敌，作一大进攻。”① 7 月，杨如松、黄天海、吴丽水、蓝焕呈、陈招松、李振芳等人拟在台湾岛内设置分部，因消息走漏而未果。

1925 年 5 月，“五卅惨案”爆发，全国展开一场反帝爱国运动。在上海读书的台湾学生纷纷走上街头，游行示威，与大陆同胞一道掀起上海反对日本帝国主义的高潮。

1928 年 4 月，在上海法租界，谢雪红、林木顺、翁泽生、林日高、潘钦信、陈来旺、张茂良集会，成立台湾共产党。②

谢南光，原名谢春木，1902 年出生于台湾彰化县。青少年时代，谢南光深受反对日本帝国主义的熏陶，成年后在台湾从事民

① 《“中台同志会”成立宣言》，见《台籍志士在祖国的复台努力》，台北：近代中国出版社 1990 年版，第 9 页。

② 《台共纲领》，见《未归的台共斗魂——苏新自传与文集》，台北：时报文化出版企业有限公司 1993 年版，第 263 页。

族解放运动的工作。1931年，谢南光来到上海。他和侨领许冀公一起，联络上海的侨领，组织上海华侨联合会，向东南亚的侨胞宣传抗日，募捐支援十九路军抗日。之后，谢南光设立华联通讯社，搜集消息，大力宣传日本侵华的阴谋。1932年6月间，谢南光开始和中共党员姜柳青和王学文有了接触。1934年，经王学文的介绍，谢南光加入中国共产党。七七事变后，谢南光认识到台湾的前途离不开全国抗战的胜利。1939—1940年间，谢南光组织台湾解放运动联盟，与其他团体密切合作。[①] 谢南光、李友邦、张邦杰、宋斐如等领导的台湾革命同盟会成立后，不但出版各种刊物、定期在电台广播发表演讲，还举办有关台湾问题的集会。为做好经常性的宣传教育工作，同盟会于1943年4月15日创办《新台湾》杂志，并编撰《台湾问题丛书》，后来为了配合光复台湾的准备工作，又于1945年4月创办《台湾民声报》，以扩大宣传。[②]

康大川日本毕业之后，来到祖国大陆，先是在第十九路军第六十师当一名政工队员，从事对敌宣传工作；后来到武汉参加会战，1940年到重庆，在文化工作委员会工作；之后又被派到贵州，管理战俘。[③]

（三）华南

厦门尚志社　在嘉义人李思桢的倡议下，1923年6月20日，厦门尚志社宣告成立。本着“以互助精神，切磋学术，谋求文化的促进”的目的，厦门尚志社在1923年8月15日创刊《尚志厦门号》，用以责难日本殖民统治台湾的方式，来努力唤起台湾同胞民族意识的觉醒。1924年1月30日，尚志社组织召开厦门学

---

① 林欣捷：《抗日爱台的政治活动家谢南光》，载《两岸关系》2009年第2期。

② 秦孝仪：《台籍志士在祖国的复台努力》，台北：中国国民党中央委员会党史委员会1990年版，第145—146页。

③ 游欣蓓：《台湾同胞话抗日》，载《台声》1995年第9期。

生大会，并发表大会声明，向台湾岛内、大陆各地和东京留日的台湾学生分发。该声明书中说道："……总督揽有立法、行政之大权，径自进行独裁政治……掠夺人民应享的权利，束缚公众之言论自由，视台湾岛民如奴隶，滥用权威与官势。如大埔林、噍吧哖之大虐杀，彰化募兵事件之大施酷刑等，残虐暴行不知底止，根本无视于人道。近时，又因台湾议会请愿团事件，拘禁许多无辜岛民。"[①] 这次大会还"反对历代台湾总督之压迫政策；反对台湾总督府对议会请愿者之非法拘留"[②]。

厦门中国台湾同志会　1925 年 4 月 18 日，《中国台湾同志会在厦第一次宣言》开始在厦门市内各处张贴。这一组织似以中华中学学生郭丙辛等人为中心，由台湾学生和大陆学生共同成立。宣言中言及，"我们台湾人本亦属汉民族，我们的祖先来自福建漳州、泉州、广东潮州等地"，1895 年之后，日本入侵，台湾"沦入野蛮的倭人手中"，因此，他们呼吁同胞们要"加强联络、合作、进行排斥日货及罢工，以贯彻主义"，来达到共同的目标。[③]

闽南台湾学生联合会　1924 年 4 月 25 日，厦门大学李思桢（嘉义）、中华中学郭丙辛（台南）、厦门大学王庆动（彰化）、集美中学翁泽生（台北）和洪朝宗（台北）、同文书院许植亭（基隆）、中华中学教师江万星（台南）、英华书院萧文安等人在厦门召开学生联合会的成立大会。26 日，学生联合会在体育场搭建戏台，演出抗日剧目《无冤受屈》和《八卦山》，揭露在日本殖民统治下台湾民众遭受压迫与虐待的社会现实，四五百名与会学生和附近市民观看了演出。期间的纪念演讲会中，各校代表讲述了

---

① 《台湾社会运动史·文化运动》，见《台湾总督府警察沿革志》第二编，王诗琅译，台北：稻乡出版社 1995 年版，第 172—173 页。

② 陈小冲：《厦台关系史料选编（1895—1945）》，北京：九州出版社 2013 年版，第 405—407 页。

③ 陈小冲：《厦台关系史料选编（1895—1945）》，北京：九州出版社 2013 年版，第 407—409 页。

台湾历史、日本统治下台湾民众的悲惨遭遇或鼓动台湾革命等内容。闽南台湾学生联合会的主要行动有：（1）1924年7月，接到辜显荣、林熊征等为反对台湾议会请愿运动而召开“有力者大会”的消息后，印制反对檄文，分发至岛内“有力者”、文化协会会员和台湾议会设置请愿人等。（2）1924年11月16日，在厦门思明教育会馆召开学生联合会秋季大会，郭丙辛做了演讲，后来被刊登于《思明日报》：“我们家乡台湾，原来是中国的土地，我们原来也是大汉民族。……台湾被统治以来，一切民权悉数被夺，我们有如俎上的鱼肉，任人宰割。就七八年前的噍吧哖事件而言，……惨杀了我好几百名善良的男女老幼”。[①]“质言之，就是要我们同胞觉醒，联合一致，推进民族自治运动，乘机趁势脱离日本政府殖民政策的羁绊，为夺回台湾产业，铲除倭奴的野心而尽力”[②]。1925年5月，上海发生“五卅惨案”，消息传回厦门之后，闽南台湾学生联合会召开大会，发表《留厦台湾学生之泣词》宣言书，声援上海的反帝斗争。

台湾解放运动牺牲者救援会 1929年10月5日，在漳州的蔡孝乾、张炳煌和李山火等人召集数十名台湾学生，决定借营救台籍中共党员蒋文来的机会组成救援团体。几天后，台湾解放运动牺牲者救援会宣告成立。1930年2月3日至4日，在上海台湾青年团派来的郑连捷的指导下，救援会组织以游艺大会为形式的救援活动，印发大会特刊，内容有“日本最近对台湾的暴压政策”“岛内各团体的斗争形势”等，呼吁社会各界捐资支援台湾同胞的反日斗争。大会向厦门、集美及附近的石码、海澄、漳浦等县的台湾学生和学校、社会团体发邀请函，邀请他们参加游艺

① 《台湾社会运动史·文化运动》，见《台湾总督府警察沿革志》第二编，王诗琅译，台北：稻乡出版社1995年版，第179—180页。

② 郭丙辛：《日本管辖后台湾所遭致的惨状》，见《厦台关系史料选编（1895—1945）》，北京：九州出版社2013年版，第412页。

大会并进行募捐，“共募得百余元捐款”[①]。这次游艺大会在漳州市区影艺大戏院举行，由陈志辉在大会上作了《台湾革命运动的形势及救援牺牲者的意义》专题报告，之后进行音乐演奏和歌舞表演，演出了反映台湾人民抗击日本侵略者的剧目《殖民魂》《血溅竹林》等。连续两天的演出中，除台湾学生之外，还有各界群众六七百人前来观看，得到当地社会各界的热烈支持，一共获得500多元的门票收入作为救援基金。[②] 几天后，台湾日本总督府镇压台湾岛内农民运动的“二一二事件”消息传来，该会与台湾由革命团体组成的救援会互相呼应，将募得的钱寄给入狱的同志及其家属，为抗日革命斗争而努力。

闽南学生联合会　1930年2月，以学生会干部詹以昌、曹炯朴、王溪森等人为中心组成闽南学生联合会，进行社会科学的研究和策划台湾的民族独立运动。5月，由王溪森、詹以昌、曹炯朴等人倡导，发出传单给闽南各地中等以上的学校。6月9日，闽南学生联合会在厦门中学的礼堂秘密举行成立仪式。成立宣言及纪念特刊各印刷2000余份，分送至厦门、漳州、上海、台湾岛内各左翼团体等。大会还通过联合会章程，规定学生休假回台时，与台湾社会运动诸团体联络，参加其组织的运动，同时多联系来闽台籍学生，向其介绍联合会情形，邀请他们回校后参加其中活动；了解台湾近况，撰写文章在国内报刊发表，让国内民众了解台湾；与国内各地台湾学生加强联系，互相提携，与各地的青年团、学生会以及台湾岛内解放运动团体密切联络，支持中国

---

① 警察沿革志出版委员会：《共产主义运动》，见《台湾社会运动史（1913—1936）》第三册，王乃信等译，台北：创造出版社1989年版，第355页。

② 警察沿革志出版委员会：《共产主义运动》，见《台湾社会运动史（1913—1936）》第三册，王乃信等译，台北：创造出版社1989年版，第356页。

青年团和参加国内革命运动，等等。[1] 联合会还与上海台湾青年团互相呼应，以留集台湾学生有志团的名义发行《援助台湾蕃族革命号召宣言》、《台湾青年》特刊，秘密送到台湾岛内各地。

厦门反帝同盟台湾分盟 1931年6月左右，侯朝宗在厦门白鹿洞召集闽南学生联合会的积极分子王灯财、康续、陈耀林、陈启仁、戴遥庆、陈兴宇等数人，决定组织属于厦门反帝同盟的台湾分盟，推举王灯财为负责人。侯朝宗、王灯财、康续、陈兴宇、郑明德等人还在厦门竹子河、许氏家族自治乡团聚会，协议台湾“六一七始政纪念日”的反对斗争。[2] 1932年3月，王灯财、陈耀林、陈启仁等以共产青年的身份参加活动分子联席会议。协议以中国共产党新方针“抗日救国”作为反帝国主义统一战线运动的方针，厦门反帝同盟台湾分盟改组为厦门青年救国会。

广东台湾学生联合会（台湾革命青年团） 1926年12月，在中山大学戴传贤校长的策划下，洪绍潭、张月澄、郭德金、张深切、吴文身、卢炳钦、林文腾、简锦铭、林仲节等人在中山大学集会，举行广东台湾学生联合会成立大会。1927年3月27日，由于成员分裂为学生和非学生，该会改名为台湾革命青年团。在《为孙中山先生逝世二周年纪念日敬告中国同胞》的传单中，台湾革命青年团提出“台湾的民族就是中国的民族，台湾的土地就是中国的土地”的口号。4月1日，《台湾先锋》创刊。由于当时国共合作，台湾革命青年团显示出共产主义色彩。

谢东闵，原名谢进喜，台湾彰化人。1931年，谢东闵毕业于

---

① 警察沿革志出版委员会：《共产主义运动》，见《台湾社会运动史（1913—1936）》第三册，王乃信等译，台北：创造出版社1989年版，第362页。

② 《于台湾国耻纪念日告南支台湾民众》，见《厦台关系史料选编（1895—1945）》，北京：九州出版社2013年版，第431页。

中山大学政治系，在广州、香港、桂林等地以教书、写稿为生。1942年，被邀参加中国国民党台湾党部的筹备工作。1943—1945年，谢东闵在福建从事抗日工作，其中大半时间在永安。除白天在台湾党部工作之外，谢东闵夜间还到美国大使馆新闻处永安分处上班，主要监听日本在台湾的日语广播，从广播内容中了解日本和台湾军事、经济、社会各方面的情况。①

翁俊明，台湾台南人，1912年加入中国同盟会，是第一位台籍同盟会会员。之后，翁俊明曾谋划以毒菌置于自来水中毒杀袁世凯，未果。1941年2月，重庆成立台湾革命同盟会，宣称"台湾自古以来即为中华国土的一部分"，翁俊明也是其中一员。

林正亨，出身于台湾雾峰林家。1939年毕业于南京陆军军官学校。1940年，林正亨参加广西昆仑关战役。1944年，国民政府组建第二支赴缅甸作战的远征军，林正亨主动请战。在缅战争期间，林正亨英勇顽强，浴血奋战，同日军展开了艰苦的斗争。

厦门沦陷之后，1937年8月29日，就读于暨南大学的台籍学生王任本在厦门各界的抗战后援会上发表演讲。次日，《江声报》以《台湾代表请愿抗日》为题，刊载了王任本的发言全文，号召台胞"站在民族阵线上，共同打倒暴日，收复远近丧失土地，救出数千万虎口残喘的同胞，以恢复中华民族固有的光荣"②。

1937年9月8日，晋江石狮的台籍医师周燕福、苏婉容、曾健龄、陈振义、邓秉仁、庄添如、李国星、林圣三、李诚明等9人，联合呈请驻泉州第八十师第二三九旅部、晋江县党部、晋江县政府暨第三区署，要求组织晋江县第三区台湾同胞抗日复土同盟会。9月21日，召开第一次筹备会。10月1日，该会印制宣

---

①　廖利明：《略述台籍志士谢东闵在福建永安的活动》，载《南方论刊》2010年增刊第1期。

②　洪卜仁：《勇保家园——厦门台胞的抗日复土运动》，见《台湾同胞抗日50年纪实》，北京：中国妇女出版社1998年版。

言分发各地和留台亲友，希望他们能团结一致，参加民族抗战。①

由于日本兵源不足，很多台湾同胞被强征到祖国大陆的战场上。他们当中的很多人用起义的方式，支援大陆的抗战。例如，被迫来到海南岛的罗金荣，1944年携带武器投奔琼崖游击队后，先后发动台籍士兵300多人起义；郑兴华1944年从台南商业学校毕业后，被强征到海南岛当翻译，但他主动为琼崖纵队第三支队提供日军情报和医药品，后与台中人李朝山、邱火荣等20人继续做日军中台籍士兵的瓦解工作。

日本殖民统治时期，尽管台湾总督府千方百计割断台湾与大陆的关系，但是血浓于水的民族亲情是无法分割的，渡台的大陆民众受到殖民者的残酷压榨，起而抗争，台湾学子心向中华文化，纷纷来大陆求学，参加大陆各地的革命斗争。1911年梁启超的台湾之行更用文字揭露了日本殖民统治的罪行，带动台湾人民为民族解放运动而不懈努力。台湾青年在大陆各地加入抗日战争之中，为中华民族的全民族抗战作出了极大的贡献。

① 詹冠群：《试述日据时期台湾同胞在福建的抗日活动——兼驳吕秀莲的“大幸”谬论》，载《台湾研究》2000年第2期。

第九章

日本殖民统治时期台湾的对外关系

第一节　与日本的关系

一、台湾学生留学日本

伴随着台湾的资本主义化，台湾民族资产阶级和新一代青年知识分子逐渐成长起来，由于日本殖民政府在台湾实行愚民教育，中等师范教育界限森严，高等教育的机会被日本人霸占，台湾学生在岛内的升学机会太少。与此同时，日本当局在台湾实行同化政策，强制台湾学生学习日语，并奖励台湾学生赴日本留学。加上当时台湾青年来往日本无须护照、签证，手续简单，到达日本后，入校也十分容易。因此，留学日本有很强的吸引力。他们当中的一些人负笈东瀛求学。据资料记载，台湾青年成批赴日留学，始于 1906 年。[1]截至 1922 年，台湾在日本的留学生达 2400 余名，他们大多接受师范、政治、经济或法律等学科教育，也有一些人学的是中国传统文化。这些台湾学生在学习先进文化科学知识的同时，也接受了先进的新思想、新思潮，民族意识不断增强，这对台湾社会的变革与发展具有积极意义。他们中的很多人对台湾人民遭受苦难的原因有了更深刻的认识，从而积极投身于反抗日本帝国主义的殖民统治的斗争之中，在唤醒民众、反对台湾总督府的暴政、推进台湾岛内的文化启蒙运动等方面，都取得了积极的成效。[2]

1907 年，为了加强对留学生的管理，台湾总督府任命日本人石田新太郎担任台湾留学生的指导，负责监督东京地区的台湾留学生，对他们的聚会和修学状况进行调查。1908 年，又设立留学生监督，由日本人田中敬一担任。东京以外地区，委托各府县地方长官代为管理。1912 年，日本文部省协同台湾总督府对留学生进行监督，学生留学前的个人资料和留学期间的状况都要定期进行呈报。1930 年以后，随着侵华战争的扩大，留日学生的活动受到更为严格的控制。

在日本留学的台湾学生先后组织不少社团，以争取民族自决为口号，努力开展反对日本殖民统治的斗争，主要有声应会、启发会、新民会、文运革新会、南盟会、东宁学会等。

声应会是较早成立的具有政治色彩的台湾留学生社团。1919 年秋，来自台湾的留学生林呈禄、蔡培火等人，与来自中国大陆青年会的马伯援、吴有容等人，相约成立声应会。其宗旨是：在留学生中将民族自决的思想落实到实践中去。但该会会员人数

① 汪丞：《日据时期台湾学生的留日教育活动》，载《教育科学》2012 年第 6 期。

② 黄新宪：《日据时期台湾学生留学日本考》，载《教育科学》2004 年第 5 期。

少，流动性大，很快就宣告解体。

1919年底，东京的一些台湾留学生与常来东京的台湾士绅林献堂、蔡惠如联络，组成启发会。该会会员经常讨论交换有关台湾政治社会改革的意见。由于种种原因，启发会很快停止了活动。

1920年春，林献堂、蔡惠如等人在留学生中发起成立新民会，会员全部是东京地区的台湾留学生，林献堂担任会长。“该会议决三个行动目标：第一为增进台湾同胞之幸福，开始政治改革运动。第二为扩大宣传主张，联络台湾同胞之声气，发刊机关杂志。第三图谋与中国同志多多接触之途径，第一个目标之具体表现，为台湾议会之设置运动，第二目标即成为《台湾青年》杂志之发刊”[①]。1927年后，新民会由杨肇嘉组织，每个月都举行例会讨论台湾问题，有时候也会邀请知名人士前来演讲。1930年秋，新民会宣告解体。

东京台湾青年会是台湾留日学生中最大的社团。刚开始的时候，相当于同乡会。1920年起，该会开始关注台湾的社会问题，组织一些反对日本在台湾殖民统治的活动。每年二三月日本国会开会期间，台湾总督府的总务长官以政府委员的身份列席会议，借此机会，也会在东京设宴招待台湾学生，进行笼络。而青年会的学生往往利用这个机会，对日本的殖民统治进行抨击。另外，由台湾进步士绅和知识分子组成的台湾议会设置请愿团，每年都会派代表去东京向日本帝国议会递交请愿书，表达台湾人要求当家做主的意愿。台湾青年会还组织留学生文化演讲团回台湾，到各地进行宣传，受到台湾民众的热烈欢迎。从1920年起，台湾青年会开始发行会刊《台湾青年》。为此，蔡培火、林呈禄等人拜访正在东京的台湾总督田健次郎，并获得同意。不久，《台湾

---

① 蔡培火等：《台湾近代民族运动史》，台北：自立晚报社1983年版，第82页。

青年》因刊发揭露台湾总督府暴政的文章而被封杀。1921年12月，台湾青年会在东京召开留学生大会抗议总督府的这一行为，要求给台湾人民以言论自由。针对台湾总督的立法权，青年会开展了长时期的支持撤废“六三法”的运动。

受新思潮的影响，台湾学生还开展了一系列的文化运动，如台湾新文化学会、台湾问题研究会、台湾文化同好会、台湾艺术研究会等团体都以开展合法性的文化活动为掩护，凸显了台湾学生的进步性。1926年1月，在东京的台湾学生成立台湾新文化学会，开展对马克思学说的研究。1927年3月，他们设立社会科学研究部，并与“帝大新人会”、无产青年同盟、学生社会科学联合会等日本进步团体加强了联系。1928年5月以后，日本明令禁止开展社会科学研究，但台湾学术研究会的活动范围并未缩小。除了从事与台湾相关的政治文化活动，台湾学生也关注中华民族的解放事业。每年5月9日，两岸留学生都视之为“国耻日”，举行纪念活动。留学期间，有的学生参与祖国大陆的革命活动；毕业之后，有的学生选择到祖国大陆工作，如林呈禄从日本明治大学毕业后，于1917年到长沙的湖南省立政治研究所工作。

值得关注的还有台湾女子留学日本的问题。1922年以前，台湾女子留学日本人数较少，多数人是受到当地教会的资助才能成行。根据资料统计，1922—1941年，台湾留日女生共计4644人，占同期台湾留日男生的11.24%。尽管人数不多，但有较大的影响，在台湾教育发展史上具有重要意义；她们的出现有助于提高女子自身的地位，对开创新风气及台湾社会发展有一定的积极意义。①

最先赴日本留学的台湾女子是吴笑和黄莺，她们是通过台南教会的关系到日本明治女学校留学的。日本殖民统治时期，有不

① 黄新宪：《日据时期台湾女子留学日本考》，载《教育评论》2010年第4期。

少的台湾传统文人重视女子教育，除了让家中女子接受新式教育之外，还鼓励她们赴日留学。1907 年，台中雾峰林家 7 岁的林双随在父亲林仲横的陪伴下赴日开始学习，1919 年 3 月毕业于青山女学院高等女学部。连横次女连春台、林献堂女儿林关关、庄嵩侄女施翩翩等也是幼年远赴日本求学。

早期台湾女子留学日本，大多是结伴前往。到了中期、后期，除了少部分与其丈夫一道同行之外，留日女生多半是由父母、兄弟陪同前往，入学、住宿等诸多事宜也由家长代为安排。台湾女子大多住在校内，少数人寄住在日本人家中或亲友家中。住在校内的数人合住一屋，聘请当地的日本人代为料理日常生活事务。她们中的年龄较小者初到日本时，在生活起居及就学等方面都存在明显的适应问题。正如清和女塾塾长山东泰所说的那样：

> 倘台湾小学卒业后来京者，虽得入高等女学校肄业，无奈第一有言语之障碍，其次则因不谙其他内地（日本）之种种事情，二三年之岁月，遂因之而空费矣。间有相当年龄之女子来京，概因以不通地理历史，及其特殊学科之理科或国语（日语）作文等，致使终不克入学者，亦不乏其例。①

由此可见，台湾留日女子首先碰到的是语言上的障碍，不少人初来因日语表达能力欠佳而遭到日本教师的斥责。此外，她们还须面对来自日本社会的种种偏见，如将台湾人看成“生番”，“认为台湾是个没有受教化的地区”，对台湾教育充满怀疑。②

早期台湾女留学生大多集中在东京、大阪和京都三地。1921

---

① 游鉴明：《日据时期台湾的女子教育》，见《台湾师范大学历史研究所专刊》(20)，台北：台湾师范大学历史研究所 1988 年版，第 201 页。

② 《林庄季春女士访谈记录》，见《走过两个时代的台湾职业妇女访谈记录》，台北：“中央研究院”近代史研究所 1994 年版，第 101—120 页。

年，留学东京的台湾女子有 18 人。其中，东京女子医事专门学校 1 人、上野高等女学校 1 人、淑德高等女学校 2 人、青山女子学院 6 人、女子学校 1 人、三田高等女学校 1 人、立教高等女学校 1 人、实践女学校 1 人、精华女学校 2 人、共立女子职业学校 2 人。[①] 1931 年后，也有一些台湾女子到爱知、神奈川、广岛、奈良、宫崎、兵库等地留学。

一些台湾女子出于个人的宗教信仰，选择进入日本的教会学校就读。还有一些台湾女子基于个人兴趣和能力，选择以学习专业技能为主，主要以攻读医学、家政、音乐、美术等科系者居多。医科是当时留日的热门科系。据说，从日本学成返回台湾后任女医师的有 200 人左右。家政科是仅次于医药的另一个热门专业。根据台湾总督府的统计，1927—1937 年，有 61 位台湾女子攻读家政科系。日本的女子大学设有家政、日文、英语和理科等科系，1933—1945 年间，在该校学习家政的台湾女子有 16 人。1927—1937 年间，在日本修习音乐的台湾留学生有 27 人，其中多数是女子，分布于各个著名的音乐学校；在日本学习美术的台湾学生有 85 人，其中不少是女子，如到东京女子美术学校的陈进、蔡品、周红绸等人。

巾帼不让须眉，台湾留日女子也参加了一些政治运动，如前文提及的东京台湾青年会设有女子部。根据 1923 年 6 月该会有关春季例会的记录："此日妇女（尤其女学生居多）有 20 名左右，为近年来一大成就。"[②]郭佩云是当时留日女子中参加活动较为活跃的，她于 1923 年 2 月被台湾青年会总会推选为女子干事。1927 年 1 月，甘实钗、林江缤两位台湾女留学生当选为该会女子

① 转引自黄新宪：《日据时期台湾女子留学日本考》，载《教育评论》2010 年第 4 期。

② 游鉴明：《日据时期台湾的女子教育》，见《台湾师范大学历史研究所专刊》(20)，台北：台湾师范大学历史研究所 1988 年版，第 202 页。

干事。20 世纪 20 年代以后，由于留日台湾女子的加入，《台湾民报》时常介绍一些欧美妇女人权运动历史，称赞欧美妇女人权运动精神，展示欧美妇女人权运动的辉煌成果，以启导台湾妇女的觉醒，鼓励台湾妇女从事政治运动。

台湾青年除了直接留学日本之外，还有一部分人是经过日本的中转到达祖国大陆求学。当时的台湾总督府规定，台湾人回大陆要有渡华旅券，而申请旅券必须要经过日本警察调查，极其麻烦。1922 年以后，台湾青年很多经由日本而回大陆，因为在日本本土渡华无须旅券，只要有船员帮忙即可，所以台湾学生通过日本中转求学于大陆各级学校的人数逐年增加。

二、日本对台移民

开发台湾资源是日本对台移民的主要目的之一。早在 1895 年，福泽谕吉就在《台湾永远之方针》中呼吁：

> （台湾）现在既然归入我国版图，便不容许照旧交付蛮民手中，应自内地（日本）大举移民开发富源……自蛮民手中褫夺开辟以来的野蛮事业，加以文明方式的新创意，无疑可获取惊人的发展。①

在福泽谕吉看来，台湾物产丰富，气候温暖，是日本过剩人口的海外移住地。时任外相陆奥宗光认为，侵占台湾的目的之一就是开拓台湾的富源，移植日本工业，并垄断通商利权。② 在实际的执行层面，台湾总督府也将向台湾移民作为在台施政的重要

① 陈逸雄：《福泽谕吉的台湾论说》，载《台湾风物》第 41 卷第 1 期，1991 年 3 月。

② 转引自钟淑敏：《日据初期台湾殖民体制的建立与总督府人事异动初探（一八九五——一九〇六）》（上），载《史联杂志》第 14 期，第 84 页。

内容之一。民政局长水野遵在其提交总督桦山资纪的行政计划书中提出：从日本向台湾移民，有利于开发台湾的资源，大量日本人的进入势将改变台湾的人口结构，有利于强化日本在台湾的统治基础，且借由日本人的统治优势逐步达成同化台湾人的目标。①在《台湾行政一斑》的报告中，水野遵说：

> 台湾土地广大，物产丰富，不过已开发之土地只不过全岛之小部分，未开发的资源仍多，不容怀疑。尤其东部山地为然……计划移住内地人（日本人）以开办未兴辟之资源，为经营台湾之急务。②

在早期的日本移民中，工商业资本家占了相当的比例，而农业移民并不多见。民政局长水野遵在殖民统治台湾初期就主张对台湾进行资本性移民，他曾提出，“不可使一攫千金者之流蔓延”，移民“不应以劳动者为主，宜让我有力者，能投下充分资本且须完全经营事业不可”。然而，日本的垄断资本在台湾的发展不如预期的那样顺利，对台湾实施农业移民，就是为了弥补资本性移民的不足，而日本政府鼓励移民的政策也主要针对农业移民。

日本侵占台湾的时候，台湾大约有 300 万人口，而且“本岛西部之土壤已大为开发，今后已无余地移住我内地人（日本人）”③。因此，台湾总督府通过土地调查、林野调查、“理番”等措施，侵占了台湾的大片土地，为实现日本农民移民台湾创造了条件。

---

① 陈锦堂：《日本据台初期重要档案》，台中：台湾省文献委员会 1978 年版，第 143 页。

② 台湾省文献委员会：《台湾总督府档案中译本》（第三辑），南投：台湾省文献委员会编印 1994 年版，第 688 页。

③ 台湾省文献委员会：《台湾总督府档案中译本》（第三辑），南投：台湾省文献委员会编印 1994 年版，第 217 页。

通过日本农民的示范同化台湾人民是日本对台移民的另一个目的。水野遵在《台湾行政一斑》的报告中就曾指出：

> 移住内地人（日本人）之计，非独为开发山地资源之必需，而且为使中国人种或台湾少数民族均能浸浴日本文化，应尽量移住多数我内地（日本）良民，让彼我相互接近，逐渐改变其风俗习惯。①

日本对台湾实施农业移民还有国防上的考虑，希望将台湾建成日本“南进”的跳板，是故日本政府要求农业移民一般是退役军人。

根据经营方式的不同，日本对台农业移民分为官营和私营两种。官营是由台湾总督府主办，一般规模较大。私营，有的是由糖业公司从日本招募农民来台，从事甘蔗种植；有的是由日本农民自行组团来台，以经营农业谋生。在具体地点的选择上，人口相对稀少、早期历史上被称为后山的东台湾若干河谷冲积平地成为移民的首选安置地点。

早期日本对台移民以无业者、资本家和公务人员为主，农业移民较少。这样的私营移民零散而无秩序，迁徙者或离散或很快返回日本国内，很快就失败了。1909 年，台湾总督府开始办理官营移民，还特别设立移民委员会，专门负责制订章程，严格遴选，并由台湾总督府殖产局设置移民课来执行。官方接手移民事项后，在花莲厅先后设置三个日本人移民村——吉野村、丰田村和林田村，修建移民指导所、医疗所、神社、小学校、警察派出所、道路、水圳水道、轻便铁路、防兽栅栏等设施。移民的来源地主要为日本福冈、德岛、熊本、香川、山口及佐贺等县。② 由

① 台湾省文献委员会：《台湾总督府档案中译本》（第三辑），南投：台湾省文献委员会编印 1994 年版，第 688 页。

② 花莲港厅：《花莲港厅势》，花莲：花莲港厅 1929 年版，第 17 页。

于水利设施还不完善、自然灾害频繁，加上偏重经济作物、粮食不能自给等问题，这一期官营农业移民到1917年宣告中止。

1917年，台湾总督府又将日本人的移民事业交付私营，并给予奖励。在此情况下，台东制糖株式会社投下巨资，为移民建造住宅、医疗所、小学校、神社、青年会馆、公共浴室等设施。该移民事业获得了官方的援助。[①] 设置的移民村有鹿野、旭、鹿寮和池上。农业移民的迁入，一方面有利于制糖会社更方便地自官府获取大片土地，另一方面也有利于会社本身对甘蔗原料的需求。如旭村主要种植甘蔗，辅之以陆稻、甘薯和蔬菜。由于自然环境恶劣、瘟疫时常流行、台湾少数民族的袭扰、水利设施不完善、粮食不足及交通不便等原因，到1924年，本次移民以失败而告终。

20世纪30年代，官营移民再度兴起。此次官营移民的重点转移至台湾西部，台中、台南、高雄等地均设置了官营移民村，此外还有若干私营移民村和自由移民村。东台湾地区仍有官营移民村的新设，典型的代表是1937年位于台东街的敷岛村。移民主要来自日本滋贺、长野等县，农作物以稻作、蔬菜、甘薯、花生为主。此次官营农业移民与东部移民相比生活相对宽裕，移民实行多元化经营，除了种植甘蔗，还种植水稻、蔬菜、甘薯、花生、烟草等作物。这不仅解决了粮食问题，而且带来了更好的经济效益。日本战败投降后，在台日本人移民随之被悉数遣返回国，对台农业移民彻底失败。

后期日本对台移民举措上较具意义的是1936年所谓“国策会社”——台湾拓殖株式会社的建立。该会社除执行日本国策，向华南和东南亚扩张日本势力之外，移民事业也是其重要任务之一。《台湾拓殖株式会社之事业概要》规划：

---

① 郑全玄：《台东平原的移民垦拓与聚落》，“东台湾丛刊”之三，台东：东台湾研究会2002年版，第58页。

为使健全之内地人（日本人）定居于岛（台湾岛）内农村，本会社根据台湾总督府之计划，于今后十年期间，得国库之补助，将在官有未垦集团地十八个地点上建设二十个移民村（面积为一万七千余甲；户数约三千五百户，人口约一万七千人），以有助于内地（日本）—台湾之融洽和睦。

本会社针对移民将提供移住费及其他必要的资金。[①]

由于台湾拓殖株式公社为官民合资，其所经营的移民严格地说不能直接视为“官营移民”，但“国策会社”性质决定了其移民事业仍属于“准官营移民”的范畴。[②]

尽管日本对台移民以失败而告终，却对台湾社会造成严重的危害：（1）为了实现对台农业移民，殖民政府侵占台湾的大片土地；（2）日本农民移民台湾，加重对台湾农民的剥削；（3）加剧台湾经济的畸形发展；（4）日本移民在台湾高高在上，以统治者自居，对台湾民众心理造成伤害。[③]

日本殖民统治时期日本对台移民是特殊时代的特殊移民，在日本的殖民统治下，海峡两岸关系及台湾与日本的关系发生了180度的转变，前者转换为中国与日本殖民地之间的关系，相反地，后者被定位为日本内地与台湾岛之间的关系，属于“国内”关系。这使得日本殖民统治时期台湾移民问题变得复杂化，日本向台湾的移民成为国内移民，大陆对台移民及台湾向大陆移民却成了国际移民，这是特殊时代造成的事实扭曲，所幸随着日本殖

① 《日据时期台湾拓殖株式会社文书中译本》（第一辑），南投：台湾省文献委员会1997年版，第44页。

② 林玉茹：《军需产业与边区政策：台拓在东台湾移民事业的转向》，载《台湾史研究》第15卷第1期，2008年3月。

③ 吴本荣：《试析日本据台时期对台农业移民及其危害》，载《中国社会经济史研究》2005年第3期。

民统治的终结而复归正常轨道。①

三、日本与台湾的经贸关系

日本殖民统治时期的台湾对外贸易分为移出入和输出入，前者专指台湾与日本内地的贸易，后者指的是台湾与其他国家及祖国大陆的贸易关系。这一状况的出现与台湾的殖民地的地位密切相关。因为在日本的殖民统治之下，台湾与日本的贸易属于所谓的“国内贸易”，此外的贸易关系则属于“国际贸易”的范畴。日本殖民统治台湾，改变了台湾的国际贸易地位，台湾从隶属中国一省的对外贸易变成为日本殖民地的对外贸易，并且通过与殖民宗主国贸易关系的日益强化，台湾被卷入日本经济的漩涡之中，台湾经济成为日本帝国经济分工的一部分。②

将台湾纳入日本的经济圈并使之成为独占的贸易场所，是台湾总督府贸易政策的总目标。为达到这一目标，日本殖民政府除了驱逐西方列强在台湾的商业势力之外，还积极利用关税的壁垒保护作用。这样一来，一方面以高关税堵截外国和大陆商品；另一方面却打通日本与台湾之间的贸易通道，使台湾成为依赖日本市场的附庸。为实现日本对台湾对外贸易的垄断，总督府开辟多条“命令航路”，并给予补助金。1896 年，由大阪商船株式会社开通神户经冲绳至基隆航线，伊万里运输会社经营基隆、澎湖、安平至打狗航线。1897 年，命令日本邮船株式会社开辟基隆经门司至神户每月两回的定期航线。这些措施以国家的力量协助日本商业势力排斥了外国的竞争，紧密了日台间的经贸和人员联系。

1895 年之前，日本与台湾的贸易微不足道，贸易商品仅限于

① 陈小冲：《日据时期台湾移民问题初探》，载《台湾研究》2010 年第 2 期。

② 陈小冲：《日本殖民统治台湾五十年史》，北京：社会科学文献出版社 2005 年版，第 110 页。

纺织品、火柴等。日本殖民统治初期，台湾在最初的几年间仍以中国大陆作为主要的贸易对象，1899 年从日本进口额超过从大陆进口额，1903 年对日出口额超过对大陆出口额。[①]

日本殖民统治时期的台湾经济是以贸易为导向的外向型经济形态，而且这一贸易导向又高度集中于宗主国日本。1905 年，台湾对日贸易依存度为 39.14%，1910 年为 60%以上，1935 年更是高达 75.02%。由此我们也可以看出，台湾经济是依附于日本的，台湾经济的殖民地性质显而易见。

第二节　与东南亚的关系

日本利用台湾对于东南亚地区的特殊战略地位，在台湾推行一系列“台湾南进基地化”政策。[②] 第二任总督桂太郎就强调了以台湾向外拓展的重要性：

> 台湾之地势不仅不可独立于南清，更对南方群岛占有伸张羽翼之适应地位……将来以台湾为据点，向南洋延伸政事、商事，应非难事。[③]

台湾总督府调查机关作为日本“南进”东南亚的情报机构，对东南亚进行了长期、全面的调查研究工作，包括对东南亚华侨

---

① 陈小冲：《日本殖民统治台湾五十年史》，北京：社会科学文献出版社 2005 年版，第 119 页。

② 陈艳云：《日本的“台湾南进基地化政策”及其影响》，见《第二次世界大战与亚太国际合作》，重庆：重庆出版社 2003 年版，第 368—379 页。

③ ［日］德富猪一郎：《公爵桂太郎传》乾卷，东京：故桂公爵纪念事业会 1917 年版，第 707—712 页。

的调查研究。1919 年设置的台湾总督官房调查课，是总督府最早的东南亚调查机构。1935 年 7 月，总督府新设官房外事课，取代官房调查课，1938 年 11 月升格为官房外务部。官房外务部虽然仅仅存在一年半的时间，但其调查报告《南洋华侨事情》是第一部由总督府主持、有总督府官员直接参与的、对东南亚华侨进行全面、深入调查，并带有国家政策性建议的关于南洋华侨的调查报告书。① 1940 年 3 月，外务部脱离总督官房，发展为独立的外事部。1937 年设立的台湾总督府临时情报部，也是东南亚华侨调查的重要机构之一，仅 1939 年，该情报部就有四部东南亚华侨调查报告。1941 年 3 月，日本政府调整台湾总督府临时情报部，强化其对内对外宣传功能，将原来的两个宣传部扩充为五个，并由第二宣传部专门负责对华侨的宣传工作。② 同时，为培养“南方开发指导者”而设立的台北高等商业学校也为东南亚华侨的调查研究做了一些工作，其学生通过到东南亚进行实地考察，积累了丰富的经验和方法，许多调查员出自该校。此外，还有一些不直接隶属于总督府，但在人员或财政上与总督府有着密切关系的机构，如台湾银行、台湾拓殖株式会社、南洋协会台湾支部、台湾南方协会等，也是当时东南亚华侨调查的机构。尽管由于当时的形势，对东南亚华侨社会的调查报告存在着或多或少的认识误区和偏差，然而总督府调查报告提出的政策建议，还是对日本政府制定对东南亚华侨政策产生了深刻影响。③

台湾总督府在东南亚地区进行各种调查，认为这一带风俗、

① 陈艳云：《日据时期台湾总督府调查报告〈南洋华侨事情〉评析》，载《中山大学学报》2004 年第 2 期。

② ［日］台湾总督府临时情报部：《台湾日日新报》1941 年 3 月 1 日，14717 号（三）；《台湾时报》1941 年 3 月号，第 23 卷，通卷 255 号。

③ 陈艳云：《日据时期台湾总督府对南洋华侨的调查》，载《东南亚研究》2006 年第 1 期。

民情、语言、习惯等与台湾相似，故移民条件较台湾岛内之日本人有利。[①] 为此，台湾总督府为了解决人口过剩问题，开始奖励台湾籍民赴东南亚移民或经商。

东南亚的台湾移民祖籍地基本上来源于华南地区，与台湾和大陆都有着深密的渊源关系。根据日本政府的调查，台湾移民渡航赴东南亚主要有以下三种类型：

> 第一种，日本占领台湾后，以台湾为故乡而渡海赴东南亚者。此类与华侨完全相同。……完全以台湾为定居地，但因拥有日本籍，且毫无东南亚华侨之本质，不仅国语（日语）不通，对日本也不了解。在居住地……就隐匿日本籍，和华侨为伍。
>
> 第二种是以日本人身份来到东南亚者。大正四年（1915）时，台湾总督府对东南亚做出农业拓殖移民计划。在高雄台南州召募 1000 名的农民……派往……北文莱，以山打根为中心，进行开垦的工作。先前数年间，成效不错，成长顺畅。但后来碰到世界大战后的经济危机，而多弃农转行。这种弃农的原因是籍民的特性使然。他们多半弃农从商，与华侨为伍，和当地的台湾少数民族进行商业往来。
>
> 第三种是属于特殊移民者。此系指籍民从台湾渡航至华南后，再由厦门、汕头至东南亚者。这些移民者包含各种职业，如在昭和五、六年（1930、1931）时盛行一时之败坏风俗的歌仔戏（非以往的歌仔戏），遭到严厉的取缔，导致剧团无法运作，于是被迫渡航至华南厦门等地区，而再度开始经营。嗣后，转而以华侨的身份渡往马来及其它华侨劳动密集之地

① ［日］吉田忠雄：《日本人口をめぐる平和的政策论议》，见南亮三郎、石南国编：《世界平和と人口政策》，东京：千仓书房 1986 年版，第 8 页。

区。这些人在东南亚各地以俗歌亵语呈现给观众，广受低阶层劳动者的欢迎，至今仍继续活动中。这些表演者虽大部分懂得国语（日语），通常隐瞒他们日本籍的身份，他们在马来，包括家族在内，约有200人，过的是漂泊流离的生活。[①]

由此可见，以台湾为故乡而渡海赴东南亚者是第一种类型；其次，是在台湾总督府有计划地组织下到达东南亚；第三种属于特殊移民者，包含各种职业，特别是当时在台湾遭到严厉取缔的歌仔戏从业者，他们被迫辗转至东南亚，广受低阶层劳动者的欢迎。日本殖民统治时期，不少台湾籍民以台湾为故乡，渡航大陆后，再以华侨的身份渡航东南亚，这是不需要经过各种法律手续而渡航东南亚的快捷方式。在东南亚地区，台湾籍民主要参与金融业、农业、棉类、水产、矿业、医疗业、军事活动等各种事业。

当时马来半岛急需劳动力，台湾籍民来此者比较多。马来半岛的台湾籍民主要从事职员、医师、橡胶种植经营、药剂师、制笼业等，演艺人员也不少。《台湾经济日报》指出：

演艺人员所以占多数，这如前面所述在台湾遭到取缔歌仔戏班，他们直接或间接经华南渡航而来，实际数字远超过所调查之数目。他们穿过马来橡胶林，越过各锡矿山，为华侨的劳动者表演低俗的歌仔戏，过着简易的流浪生活。[②]

---

① ［日］大田修吉：《台湾籍民の南洋に于ける活动状况》，第215—216页。

② ［日］大田修吉：《台湾籍民の南洋に于ける活动状况》，转引自卞凤奎：《日据时期台湾籍民在大陆及东南亚活动之研究》，合肥：黄山书社2006年版，第688页。

以爪哇为中心的荷属东印度也是台湾移民人数较多的地方。在台湾总督府安排下，台湾公会在巴达维亚、泗水、三宝垄等地相继成立，但由于会员太少而无法举办任何活动。他们当中的有些人在领事馆的指导下，加入日本人会。其他籍民为保障自己的生命财产，避免受到排日运动的波及，大多以华侨自居而隐瞒身份。荷属东印度地区台湾籍民主要从事小杂货商、木炭商、铁工业、蔬菜栽培、酱油酿造、糕点制作、渔业、药品经营、医师等。1942 年 1 月 16 日，台湾总督府正式发布《陆军志愿者训练所生徒募集要纲》，开始征召陆军志愿兵，许多台湾青年因此被派往海外参与战争。这一地区拥有丰富的石油资源，是台湾青年被派往海外参与军务人数最多的地区。

早期台湾籍民前往泰国，大多经由厦门、汕头辗转而至，为数不多。20 世纪 30 年代以后，台湾总督府开始积极鼓励台湾籍民向泰国地区移民，拓展各项事业，其中以经商为主要目的，特别是以中小商品经营为主。1935 年，旅泰的台湾籍民张春木、王镜秋等发起成立台湾公会，用以同乡之间相互联谊。台湾公会成立后，招募了许多台湾籍民来泰国，还聘请许多台籍青年来泰国协助发展幼儿园教育。

在菲律宾，台湾籍民人数较少。1941 年，台湾总督府以特设劳务奉公团的名义，派遣 1003 人前往菲律宾北部。① 另外，日本为侵占菲律宾，还征召了大批台湾青年。男性分为“军夫”“军人”两种，女性则分为“看护妇”和“慰安妇”等。后来随着战争的激烈，菲律宾战场上的台湾青年伤亡惨重，例如曾经被派到马尼拉宪兵总司令部担任传令兵工作的林振东回忆：“记得当时和我一起去马尼拉服役的共有二十七位台籍兵，但战后能活着返

① 刘凤翰：《日军在台湾：1895 年至 1945 年的军事措施与主要活动》，台北：“国史馆”1997 年版，第 286 页。

回台湾者，仅有二人……”①

日本殖民统治时期，台湾学生更便利地赴日留学，他们在日本接受各种近代思潮影响，亦积极组织起各类团体，表达对日本殖民台湾的反抗。台湾女子大量留学日本，接受新式教育，也同样参与政治活动，出现了台湾女权运动的领袖人物。日本积极推进对台湾的移民，更加明确地试图把台湾建成日本的粮仓，这一进程中表现出官营和私营农业移民同步推进的特色。为实现日本对台湾对外贸易的垄断，台湾总督府不断以政府力量协助日本资本排斥其他竞争，努力使台湾经济依附于日本经济。

日本还借助台湾作为跳板，竭力拓展在东南亚的影响力，但因为东南亚已是华侨长期深耕的地区，日本的渗入始终难以彰显。

① 林振东访问，卞凤奎记录：载《台北文献》1997年第121期，第8页。

第十章

日本殖民统治时期台湾的民间社会与风尚习俗

第一节 台湾的人口变动与迁移

日本侵占台湾后，日本殖民者限定岛上的清政府机构、官员、军队等在一定期限内必须撤离台湾，至于台湾民众则规定两年内有权选择离开还是居留台湾。由于此时的台湾民众早就将台湾视为自己的家乡故土，身家性命都在台湾这片土地上，故而仅有部分人返回大陆，绝大多数台湾民众都留在台湾。

据台湾总督府人口调查资料统计，从 1905 年到 1935 年，台湾客家人口增长很快，从 1905 年的 39.7 万人增至 1935 年的 73.5 万人。与其相比，同时期中“福建人”（闽南人）的比例，则由 82％减少到 75％。在地域分布上，新竹始终是客家人的聚居地，占当地总人口的半数以上。①

日本殖民统治时期台湾民众赴大陆沿海地区人数统计（1910—1942年）②

年份	总数	厦门	福州	汕头	广东	香港	上海
1910	2041	1906	100	20	—	15	—
1911	1888	1591	169	44	—	84	—
1912	1937	1581	226	37	—	71	22
1913	1863	770	941	121	—	27	4
1914	1718	717	829	123	—	24	25
1915	1752	1412	302	23	—	8	7
1916	1913	1407	443	32	—	22	9
1917	2755	2244	337	107	1	43	23
1918	2836	1987	516	188	—	122	23
1919	2643	1598	658	211	2	174	—
1920	2021	1233	371	118	15	239	45
1921	3063	2129	642	78	—	111	103
1922	3766	2482	840	87	2	129	226
1923	3482	2513	574	64	35	84	212
1924	3622	2330	702	67	79	215	229
1925	3886	2681	580	142	72	123	288
1926	4453	3164	760	167	7	139	216
1927	4561	4210	192	74	85	—	—
1928	4679	4058	236	126	259	—	—
1929	6384	3847	1187	227	833	290	—

① 转引自廖赤阳：《台湾总督府户口、国势调查与台湾客家》，载《客家文博》2014年第1期。

② 卞凤奎：《日据时期台湾籍民在海外活动之研究（1895—1945）》，台北：乐学书局2006年版，第117—119页。

续表

年份	总数	厦门	福州	汕头	广东	香港	上海
1930	6994	4992	838	366	603	195	—
1931	8480	6630	834	431	483	102	—
1932	7704	5840	841	427	488	108	—
1933	10477	7491	1597	451	578	105	255
1934	11864	8757	1675	135	700	151	446
1935	21225	15700	3276	338	1255	185	471
1936	8198	5411	1400	111	892	—	384
1937	12351	8456	1318	225	1644	—	708
1938	7756	5192	51	202	1715	—	596
1939	19870	10211	5206	80	3362	—	1011
1940	7620	1379	3466	5	2040	—	730
1941	60366	1985	3114	2	—	—	935
1942	4271	1360	2369	—	542	—	—

通过对台湾民众赴大陆沿海地区人数的统计，基本能够反映出当时台湾民众外迁至大陆的大致情况。从上面的表格可知，由于地缘相近和历史以来闽台关系的密切等原因，厦门是台湾人口外迁的主要集中地，福州次之；同时，台湾籍民前往大陆在 20 世纪 30 年代达到高潮。

与此同时，台湾人口还有一部分扩散到日本及东南亚各国，他们也是当时台湾人口外迁的重要组成部分。

第二节　台湾宗教与民间信仰

在日本殖民统治 50 年中，日本殖民者对台湾宗教的管制是由放任到逐渐收紧。日本殖民统治初期，日本殖民者已经开始在台湾修建神社，1897年在台南建立第一个神社——开山神社，以祭祀“开山圣王”郑成功，1900年10月“台湾神社”落成，以奉祀侵台将领北白川能久，并指定每年10月27日为祭典纪念日。初期，由于日本殖民者正倾尽全力平定台湾岛内的武装抗日活动，也为安抚岛内民众情绪，故对宗教事务暂无暇顾及，使得台湾的民间信仰暂时得以发展。但当武装反抗遭到镇压，社会趋于稳定后，殖民政府对台湾的宗教管制开始紧缩。

1915年丸井圭治郎写成《台湾宗教调查报告书》，是殖民政府第一本系统的宗教调查报告，为之后的宗教管制打下基础。同年，西来庵事件爆发，总督府更是加速了对台湾宗教和信仰的压制。之后，随着日本侵华的步步实施，对台湾的控制也日益加强，为削弱台湾人民的中华民族认同，总督府极力推行“皇民化运动”，企图从精神上彻底根除台湾民众的中华文化认同，故而神社在台湾迅速铺开，强迫台人参拜，与此同时，传统的宗教及民间信仰更是备受摧残。但台湾人民的宗教信仰植根于长期的中华文化传统，日本殖民者依靠强制手段硬塞给人民的神道思想无法深入到他们内心当中，因此传统的宗教与民间信仰依然在民众生活与心中扎根，成为台湾人民中华民族认同意识的基础。

日本殖民统治时期的台湾佛教，是由台湾固有的中国传统佛教和在家佛教斋教以及日本殖民者传入的日本佛教三大部分组成。这一时期的台湾佛教，经历了由消极遁世到积极入世的一个特定的历史过程。[①]

日本殖民统治初期，日本佛教各宗派纷纷派出大量布教师进入台湾。例如1896年10月，从日本来台湾的真言宗布教师小山祐全、净土宗布教师武田兴仁、真宗本派布教师紫云玄范、曹洞宗布教师陆钺岩和日莲宗布教师佐野是秀等人，向台湾总督乃木

① 吴敏霞：《日据时期台湾佛教略论》，载《人文杂志》2008年第8期。

希典提出请求，欲将台北县辖下原由清政府拥有的文庙、武庙、天后庙、城隍庙、谷王庙、鲁公庙及昭忠祠等7个官庙，赐给日本佛教各宗派，作为他们赴台弘法传教的场所。台北县知事却有不同的看法，认为台湾本土中流以上阶层都信奉儒教，这7个官庙大多属儒教之流，为稳定民心和加强对台湾的统治，不可如此。[①]

日本殖民统治初期，总督府对台湾旧有寺庙，只要求其“向其所辖地方官厅申报”即可，实行安抚为主的宗教政策。这为台湾传统佛教和斋教的发展提供了空间。斋教属于在家佛教性质的民间宗教，因其通俗性而受大众欢迎，在这时得到了很大的发展。根据《台湾宗教调查报告书》的统计：当时，纯正的佛寺全台只有77座，而斋堂却多到172间，可见斋教在当时的流传较纯正佛教的流传普及得多。[②]

这一期间，日本殖民者非官方和官方组织了一系列以佛教为中心的宗教调查，涉及日本佛教在台的布教、台湾寺庙僧侣、台湾原有习俗信仰、台湾佛教历史发展等。调查认为，台湾佛教，大都习于自称源出禅宗，有曹洞派、临济派、清水派、黄檗派，但没有严格意义上的区别，全台佛教寺院分为官庙、民庙、会馆三类。在调查的基础上，日本殖民统治当局形成其初期的宗教政策，即对来台的日本佛教加以有限的控制和限制，对台湾旧有宗教实行有限的“放任主义”。

由于1915年西来庵事件中有许多宗教人士涉入，使得总督府开始对台湾民间宗教势力进行大规模调查并介入宗教事务管理，加强控制和监督，带有民间宗教信仰性质的斋教成为当局重

---

① 温国良：《台湾总督府公文类纂宗教史料汇编》，南投：台湾省文献委员会1999年版，第107—109页。

② 转引自杨思南：《台湾佛教的出世性格与派系之争》，见《当代佛教思想展望》，台北：东大图书公司1991年版，第3页。

点防范和打击的对象，力量有所削弱。由大陆传入的台湾传统佛教因适时调适，在夹缝中得到空前发展，奠定其在台湾佛教中的主体地位。台北月眉山灵泉禅寺、台北观音山凌云禅寺、苗栗大湖法云禅寺、台南开元禅寺和大岗山超峰寺等五大法脉，经过发展，几乎垄断台湾本土的佛教资源。日本佛教布教师虽大量来台，布教场所遍布台湾全岛，占据着殖民者特有的优势地位，但并未改变台湾佛教信仰的基本面貌。

1937年以后，由于日本殖民者实行“皇民化运动”，强制台湾人民的信仰日本化，在台湾各地推行“寺庙整理”“寺庙神升天”，企图完全扼杀台湾的民间信仰。例如在新竹，日本人将当地的寺庙、斋堂、神明会、祖公会全数取缔，没收庙产祭田，“泥涂之塑像用斧摧破、木雕之神像则一部分送到台北帝大土俗教室保管，以为研究资料”[①]。与此同时，殖民政府还专设日本天照大神，强制命令在每年10月27日各行各业都要祭祀；对中小学则规定每月1日、8日、15日都要按时参拜神社，以清除流行于台湾民众之间的宗教活动。[②] 随着“皇民化运动”的加强，殖民统治者更是强制要将所有的民间寺庙、斋堂一律改为神社，而僧众的服装及一切法式、仪轨至此更加日本化。[③] 对此，台湾的老百姓冒着被严厉处罚的危险，将部分神像藏匿他处、对各种神明仍然按时祭祀，敬天、祭祖、拜神明的信念和热忱不曾稍减。[④]

日本殖民统治时期，基督教在台湾的传播转入低潮。其主要

① 台湾省文献委员会：《台湾省通志稿》卷二《人民志·宗教篇》，台北：成文出版社1983年版。

② 韩春萌：《从民俗文化看台湾新文学的民族抗争精神》，载《江西教育学院学报（社会科学版）》2009年第5期。

③ 中村元：《中国佛教发展史》，台北：天华出版社1993年版，第1058页。

④ 汪毅夫：《城郭已非华表在，斯文不坠一脉延——日据时期台湾人民维护中华文化的斗争事迹》，载《台声》1996年第2期。

原因有二：一是与日本殖民统治前“最根本的不同是传教士以不平等条约在大陆获得的一切传教特权在台湾已荡然无存，这就大大限制了传教士的传教活动，不像在大陆的传教士可以有恃无恐地深入到他们想去就能去的地方”。二是由于传教士特权的失去，基督教也就没有了它的“吸引力”，以往入教、吃教和寻求教会庇护的现象大量减少，有些人干脆离开教会，教徒大量流失。[①]台湾基督教会在日本殖民统治初期就认同了日本人的统治，并且在日本殖民统治 50 年中一直置身于中国人民的抗日活动之外。[②]

日本侵占台湾之后，天主教会的传教对象重点逐渐转向台湾汉人群体，天主教在台湾传教事业取得了很好的成绩，信徒数逐年上升。造成这种情况的原因主要有：一是日本殖民统治导致教会与台湾少数民族互动关系破裂；二是教会殖民政策的消隐改善了教会与汉人的关系；三是台湾民众的宽容心态、民众文化素质的提高、台湾风气渐开。[③]

除佛教、基督教、天主教等宗教信仰之外，日本殖民统治时期的台湾百姓还在关帝、保生大帝、定光古佛、妈祖等诸多民间信仰上保存和延续着原先的传统，体现出信仰活动场地多、信众广的特点。

关帝信仰在台湾社会有着广泛的群众基础。日本殖民统治时期台湾还新建一些关帝庙。据统计，1930 年全台共有关帝庙 150 座。大多数关帝庙以道教为主，但也有少部分属于佛教，以佛教方式进行祭拜，由佛教徒进行管理，如古坑乡的南天宫、阿莲乡的荐善堂、美浓镇的善化堂和善诱堂、六龟乡的劝善堂等。

---

① 林金水：《台湾基督教史述论》，载《福建师范大学学报》2002 年第 3 期。

② 翁伟志：《日据时期台湾基督教会的政治立场》，载《闽江学院学报》2003 年第 3 期。

③ 王晓云、雷阿勇：《日据时期台湾天主教信徒与台湾社会》，载《北华大学学报（社会科学版）》2009 年第 5 期。

1937 年以后，日本人全面推行“皇民化运动”，以整顿庙宇为名，大肆毁坏庙宇和神像，到 1942 年 10 月止，台湾全岛关帝庙被毁者共 57 座。[①] 这一时期关帝信仰的主要形式是鸾堂为主的儒宗神教，通过将儒教神化以达到教育民众、保存文化传统的目的。[②]

另外，一些关帝庙多神共祭，除主祭关圣帝君外，还同时主祭其他神灵。例如彰化县埔心乡的显化堂也主祭玄天上帝，田中镇的赞天宫也主祭至圣先师，鱼池乡的麒麟宫也主祭孚佑帝君、司命真君，大碑乡的玄武堂也主祭中坛太子等。

关帝信仰是当时台湾民众保持民族气节、热爱祖国大陆、不做亡国奴的精神寄托。苗栗县头屋乡曲洞创建于 1920 年的曲洞宫，主祀关帝等三恩主，其对联曰：“曲洞建神宫，显赫长昭唐社稷；沙河扬圣德，雷威永护汉山河。”[③] 反映出日本殖民统治时期台湾人民浓厚的祖国意识。

日本殖民统治时期，儒学被废，对儒家圣贤的祭祀被迫停止。台湾民众为保存中国文化传统，在社会生活的道德观念、传统习惯、民风民俗中，无不体现出浓厚的儒学意识，并加快儒学的儒教化，以民俗宗教的形式保存儒学思想，突出表现为鸾堂的兴盛和祠堂的教化。[④]

鸾堂多以阐扬儒教义理为主，并比附于儒家经典。日本殖民统治以来，鸾堂数量大增，据统计，日本殖民统治前鸾堂有 2

---

① 宫本延人：《日本统治时代台湾的寺庙整理问题》，奈良：天理教道友社 1988 年版，第 123 页。

② 陈名实：《试析台湾关帝崇拜内涵的演化》，载《东南学术》2009 年第 3 期。

③ 潘朝阳：《明清台湾儒学论》，台北：学生书局 2001 年版，第 337 页。

④ 陈名实：《日据时期台湾儒学的本土化与民俗化》，载《福建论坛（人文社会科学版）》2010 年第 8 期。

个，日本殖民统治时期发展到 200 多个。鸾堂日渐成为台湾儒生抵制日本殖民文化的一种形式。台湾鸾堂分为南北两宗，南宗源自澎湖一新社，北宗源自宜兰新民堂，部分鸾堂由书院转变而来。南宗是文人箕坛与宣讲制度的结合，北宗则是文人箕坛与民间教团混合而成。1936 年，台湾北部著名鸾手杨明机联合三芝智成堂、台北赞修宫、竹山克明宫等鸾堂，编成《儒门科范》，明确提出“儒宗神教”，把鸾堂定位为儒教组织。就这样，儒家思想通过鸾堂这种民间信仰形式在日本殖民统治时期的台湾得以延续和传播。当时，在民间宗教举行的庙会上，经常演出戏剧弹唱，都以宣传忠孝节义等儒家思想为主题。

日本殖民统治时期，台湾百姓注重修建祠堂以保存中华文化，同时对后代子孙进行教育。祠堂是当时台湾传承儒学思想的重要基地。例如，屏东佳冬的杨氏家族，奉宋代大儒杨时为祖先，于 1919 年开始修建宗祠，1923 年完工。祠堂规模宏大，大门的对联曰：“理学渊源芳流炎宋，相臣勋业卓著大明。”① 又如，创建于 1933 年的南投张氏阳寿宗祠，聘请儒学先生在宗祠内教子弟学习汉文。再如，位于台北内湖的全台叶氏祖庙，创建于 1914 年，其华表楹联也多表达儒学思想。1937 年以后，日本人发动“皇民化运动”，对鸾堂、祠堂等大肆限制或禁止，因此，鸾堂和祠堂受到严重破坏，数量大为减少。

创建于 1895 年的宜兰县岳武穆王庙，又名碧霞宫，是全岛唯一奉祀宋代抗金英雄岳飞的专祠。该庙《建庙启文》和《修复记》两通碑文，明确记载了甲午战争后清廷将台湾割给日本，当地民众不甘奴役，爱国抗日义愤高涨，促成建庙的过程。岳武穆王庙正殿供奉岳飞像，有武将、王者和帝君三种形象；该庙实行庙堂、鸾堂、善堂三位一体的制度，完整地保存了鸾堂制度和

① 陈昭瑛：《台湾与传统文化》，台北：台湾书店 1999 年版，第 44 页。

"三献释奠大礼"。[1]

1936 年 7 月，台湾总督府召开"民风作兴协议会"，主题为"振作国民精神与彻底同化"，会议作出了"改革固有寺庙宗教并改善传统戏剧讲古""打破并改善婚姻祭祀葬仪及其他日常生活之弊端"等决议。当年年底，殖民当局强制台湾民众在家中奉祀神宫大麻。1937 年，神宫大麻的奉祀数量急速上升，增至 56.9 万尊，1941 年达到 73.9 万尊，占该年底全台 107.5 万住户的 68.7%。与此同时，日本殖民当局也开始强制改写或烧毁台湾人民的祖先牌位，以及撤除或烧毁其神佛塑像的系列运动。不久，还推动更加严厉的"正厅改善"运动。针对寺庙的整废运动，目的是使台湾人民从宗教信仰上彻底"皇民化"，1942 年全台寺庙总数降到 2327 所，比 1936 年减少 31.6%。期间总共有 361 所寺庙被捣毁，819 所寺庙被移作日本佛教之用或改为"国语（日语）讲习所"等它用。在这样的历史背景下，台湾人民奋起反抗。1939 年初，中坜街仁海宫信徒反对寺庙整废，迫使中坜当局召开中坜街寺庙废止恳谈会，为日本人的寺庙政策辩护。后来，台湾总督长谷川清也认识到"寺庙整理"对台湾的民心造成极大的影响，如果强制执行必将造成台湾人民的强烈反抗，所以在原则上决定停止"寺庙整理"。[2]

第三节　台湾风尚习俗的变迁

日本殖民统治初期，日本舆论即认为："标榜以严禁鸦片、

① 李绍明：《一曲爱国主义的颂歌——记台湾古迹岳武穆王庙》，载《四川文物》2003 年第 5 期。

② 戚嘉林：《台湾史》，台北：海峡学术出版社 2007 年版，第 318—319 页。

断台人之辫发、解放妇女之缠足作为台湾统治上之三大主义，若不断行此政策，则虽然领有台湾，亦无用处。”① 1895 年 9 月，总督府刊行“台湾开化良箴”，指出了台湾人宜戒之风俗习惯六项，其中强调缠足、鸦片、辫发三项戕害身心，有害卫生。② 但是“总督府劝诱风俗变革的目的在于同化”③。

一直以来，台湾地区福佬妇女的缠足之风盛行，但是主要负责家庭劳务的“查某婀”不缠足。1905 年，福佬人的缠足比例高达 68%，而客家人则不到 2%。19 世纪末，祖国大陆兴起放足运动。1898 年 6 月，重庆成立天足会；1902 年 4 月，清朝政府禁止缠足。随着放足运动的开展，天足、放足的呼声也传入台湾。1899 年末，黄玉阶、李春生等人筹组台北天然足会，次年 2 月 6 日获台北州府批准。3 月 10 日在大稻埕举行成立仪式，总督儿玉源太郎、民政长官后藤新平和台北州知事村上义雄等 250 人参加。3 月中旬的时候，会员已有 600 多人。该会在彰化、台中、澎湖、基隆、桃园、深坑、新竹等地先后成立支部，但由于经费不足，成效不大。1900 年 3 月，许廷光、连横等绅商名流在台南筹组天足会，6 月正式成立，会所在台南城内。由于经费困难，活动收效有限。1901 年底以后，放足运动一度呈现停滞状态。1903 年，到日本大阪参加博览会的台湾绅商 500 多人，目睹了日本女子的生活状况，纷纷呼吁重视女子教育及放足。④ 9 月 15 日，台南厅召开农业组合咨问会，讨论放足问题，并在规约中附

---

① 吴文星：《日据时期台湾社会领导阶层之研究》，台北：正中书局 1992 年版，第 249 页。

② 连温卿：《再就台湾文化的特质而言》，载《台北文物》第 3 卷第 3 期，第 104 页。

③ 李跃乾：《日据时期台湾社会风俗变革——以断发放足为例》，载《求索》2007 年第 2 期。

④ 《台湾教育会杂志》1903 年 9 月第 18 号，第 21 页。

加禁缠足条款。1911 年，台北厅参事洪以南之妻陈宇卿、艋舺区长黄应麟之妻施招等人发起解缠会，号召妇女入会。会长陈宇卿说，该会旨在于顺天理而全人道，以革除数百年的缠足之风，为未来的妇女开一光明之途。但该会影响不大，缠足者减少有限。1912 年 1 月 8 日起，宜兰解缠会由主要干部会同保正、医生等，挨家调查缠足女子，由医生检查是否解缠，能解缠者即登记为解缠足会会员，并赠送药水，因此不到一个月，市内放足者多达 868 人。[①] 1914 年 11 月，彰化成立解缠足会，由区长杨吉臣、参事吴德功、吴汝祥等人的夫人发起。[②] 鹿港区街庄长王道器也劝诱奖励解放缠足。1914 年 12 月，林献堂等人的夫人在台中发起解缠足会，并率先放足，到第二年 1 月 24 日召开解缠大会时，会员数及放足数已达到 1000 余人。[③] 1915 年前后是断发放足运动的转折点，总督府开始强制台湾人断发放足。1915 年 4 月 15 日，总督府通令各厅长将禁止缠足、辫发等事项附加在保甲制度中，并规定 6 月 15 日为缠足、辫发的最后期限。6 月 17 日，台湾总督府在台北举行“始政 20 周年纪念台湾展览会”时，奖励断发解缠行为，响应者达几十万人。[④]

鸦片是日本殖民当局的专卖商品之一，成为其主要的财政收入来源。[⑤] 在特许专卖制度之下，吸食人口一直维持一定比例，不过客家人吸食者的比例要低于闽南人和其他汉人。[⑥] 鸦片的买

① 《台湾新报》第 4204 号，1912 年 2 月 11 日。

② 《台湾新报》第 5188 号，1914 年 11 月 27 日。

③ 《台湾新报》第 5246 号，1915 年 1 月 26 日。

④ 廖赤阳：《台湾总督府户口、国势调查与台湾客家》，载《客家文博》2014 年第 1 期。

⑤ ［日］隅谷三喜男等：《台湾经济发展的成就与问题》，汪慕恒、陈大冰译，厦门：厦门大学出版社 1996 年版，第 6—13 页。

⑥ 廖赤阳：《台湾总督府户口、国势调查与台湾客家》，载《客家文博》2014 年第 1 期。

卖和吸食给台湾社会造成严重的危害。1930 年 1 月 20 日，蒋渭水致电国际联盟鸦片委员会，控告总督府违反国际公约，请求国际联盟出面制止。2 月 9 日，国际联盟派员赴台湾调查，林献堂、蒋渭水亲自与专员见面，陈述鸦片之害与当局举措之非。在确凿的证据和国际的压力下，殖民当局被迫表示重新审议鸦片政策。[①]鸦片吸食问题，日本殖民统治初期采取渐禁政策，但由于鸦片给总督府带来巨大的利益，直至末期总督府才最终停止鸦片制造。

日本殖民统治初期，总督府借保持旧风俗习惯来安抚台湾人民。1896 年 8 月，总督府对欲留台湾的百姓所作的五点宣告中，表示："日本政府断无强使土民改风俗易旧惯之事，自应听尔等之便，即将来为日本之臣民愿改者则改，或仍喜于旧服辫发亦仍循其旧惯焉。"[②] 同年 12 月，第三任总督乃木希典的民政方针是"本岛居民自祖先以来即奉为规范之旧惯故俗……应予废除，固不必论；然而如辫发、缠足、衣帽等，则须在一定的限制下渐收防遏之效，其他良风美俗则应继续让其保持以利施政。"[③] 是故，日本殖民当局初期劝导台湾人民剪去辫子的效果不佳。后来，随着新观念的建立与传播，台湾士绅开始断发，如李春生等人，[④]再如 1898 年 2 月 1 日，在日本人所办的芝山崖学堂，首批毕业生柯秋洁、潘光储、潘光凯、潘光明、潘乃文、陈兆鸾等人断发。[⑤] 与此同时，士绅们还在各地组织社会团体来推动断发活动。由于一些士绅担任参事、区长、街长、庄长、保正、甲长等基层

---

① 钟安西：《蒋渭水和台湾的抗日民族运动》，载《台湾研究》2007 年第 2 期。

② 《台湾新报》第 13 号，1896 年 8 月 20 日。

③ ［日］井出季和太：《台湾治绩志》，第 265 页。

④ 李春生：《东游六十四日随笔》，福州：美华书局 1896 年版，第 9—16 页。

⑤ 朱江淮口述：《朱江淮回忆录》上，台北：朱江淮文教基金会 2003 年版，第 444 页。

官吏，他们还利用保甲制度来推行断发。1911年，台湾士绅黄玉阶认为“断发不改装”有助于社会风俗的改良，组织成立以“剪辫发、仍穿唐装”为宗旨的断发不改装会。1913年，台中厅大甲区长朱丽决心去除蓄发恶习，捐赠学生帽奖励愿意剪辫的学童。大甲公学校校长金子政吉也倡导。当年年底全校学童400多人全部剪发。1914年3月，台中厅设立风俗改良会，由厅参事杜清、辜显荣、林献堂等人发起，各区长加入，积极推行断发放足。①一时之间，台湾民众剪辫之风盛行，或留向后平梳之短发，或剃光头。②女子发型一直以结发盛行，日本殖民统治中期开始流行剪短发，到了末期，烫发风靡一时。

日本殖民统治时期的台湾，随意收留和打发“查某婀”是普遍的现象，她们大多从童年开始为主家提供劳务，年届婚龄则面临以“陪嫁丫头”被“收房”或以“养女”成为“媳妇仔”的命运。

当时，闽台两地之间跨海通婚的情况继续存在，而且纳妾往往是家庭经济实力和社会地位的一种显示，妾和庶出子女在家庭里的地位远不如妻及其子女，庶出子女在户籍誊本里面没有数字序号，也没有名字排行。依照《周礼》的规定，男子三十而娶，女子二十而嫁。这一规定在台湾民间社会曾经有很大的影响力。20世纪20年代之后，由于社会风气渐开，女子的婚龄超出了二十的下限。③另外，曾任十九路军参谋长的黄强著有《台湾别府鸿雪录》，当中的《基隆登陆》一节也涉及跨海婚姻的内容：

---

① 朱江淮口述：《朱丽传》，台北：朱江淮文教基金会2004年版，第144、145页。

② 吴文星：《日据时期台湾的放足断发运动》，见《台湾社会与文化变迁》（上册），“中央研究院”民族研究所专刊乙种第16号，台北：1986年版，第80页。

③ 汪毅夫：《从台南石姓某家的户籍誊本看日据时期台湾社会的若干情况》，载《台湾研究集刊》1998年第4期。

> 船方下锚，风雨交加。大阪商船公司大小火轮驶靠开城丸船旁，两中国青年随小船来。登甲板后，彼此晤谈，始知一为林君克明，厦门大学美术系教授。一为黄君金水，台湾殷商黄君东茂之子。闻林君为黄君东茂新选之婿，早已来台，现婚期将届，故特迎其母太夫人来台主婚云。林太夫人同伴之柯君，乃林君挚友，此次来台观礼。[①]

日本殖民统治初期，大陆布料服饰依旧年年输入台湾，台湾男人在衣服方面，士绅商贾大多还是穿长衫马褂，在家穿对襟衫、大陶衫、琵琶裾、直裾等上衣，下衣则在衬裤之外套长裤子，外面再绑“裤腿”。后来，随着日本纺织品的大量输入，西式服装与日式服装逐渐被一些人所接受，一些士绅商贾开始改穿西装。日本殖民统治中期，普通市民、店员和工人渐渐开始改穿西装，但并不普及。日本殖民统治末期，台湾民众被动穿着日本人在战时为台人制作的“国民服”，绑着“脚绊”，头戴“国民帽”。[②] 因此，到了日本殖民统治中后期，在服饰上，台湾男人的穿着与日本人已无太大差别。女装方面，清末以来，妇女大多穿着大陶衫，衫长过膝，下衣除裤子外，外出做客大多穿裙子。日本殖民统治中期，西式裙服开始流行，中年以下较年轻的妇女，逐渐改穿短袖束身旗袍、大陶衫带洋式裙或者洋装、洋裙。当时，台湾人结婚，男女均逐渐改穿西式礼服。日式的足袋传入台湾，成为百姓的工作鞋。与此同时，日本式的柴屐也传入，逐渐取代台湾柴屐。到了中期，上海制的美华鞋，流行于台北。另

---

① 黄强：《基隆登陆》，见《台湾别府鸿雪录》，转引自汪毅夫：《台湾游记里的台湾社会旧影——读日据时期的三种台湾游记》，载《台湾研究集刊》2000 年第 2 期。

② 曹介逸：《生活习俗变迁：闲谈衣食住行为中心》，载《台北文物》1960 年第 6 卷第 3 期，第 78 页。

外，西洋的皮鞋也开始有人穿着。身体饰物方面，金器一直是人们的喜爱之物；日本殖民统治末期，因日本殖民者强制征收金银，金饰逐渐绝迹。

日本殖民统治时代，台湾各大城市开始出现电影院或专业剧院，全台有超过150间电影院播放从日本、上海甚至好莱坞引进的影片及日本政府制作的政治宣传片，从黑白默片逐渐发展到有声片甚至彩色片。日本殖民统治中期以后，非剧情类的教育片、新闻片、宣传片成为台湾本地电影制作的主流。由于电影流行，唱片公司也开始搭配电影来宣传唱片，当时的闽南话流行歌迎合台湾民众口味，歌词模仿歌仔戏七字一句，曲风则充满着日本情调。

清朝时期，台湾的乡村寺庙经常会搭台演出歌仔戏，这也是台湾民众重要的休闲娱乐方式。日本殖民统治时期，城市中一些歌仔戏剧场的兴建使这一传统文化有了进一步的发展。同时来自中国大陆和日本的各种专业表演及从西方传入的话剧也丰富了台湾民众的精神生活，其中值得一提的是文化剧。文化剧是日本殖民统治时期台湾出现的新型戏剧，它配合了台湾文化协会的抗日民族运动，其剧情大多讽刺日本殖民统治，具有激发民族意识的作用。由于它主要由文化协会成员主办与排演，故得名为“文化剧”或“文化戏”。其在台湾戏剧史上的意义政治性要超过艺术性，其产生、变迁与兴衰与日本殖民统治的时代背景、政治环境密切相关，其演出目的主要在于文化启蒙和激发抗日民族意识。

食物消费方面，台湾民众的三餐米食以从日本输入并改良的蓬莱米和本地生产的在来米为主，此外还有暹罗米和西贡米。当时，受日本人多吃牛肉的影响，台湾民众也逐渐食用。日本人带来福神渍、泽腌等酱菜和味之素调料味，也逐渐被台湾民众所接受。寿司、乌吞等日式点心开始传入台湾，新高制果株式会社出品的牛奶糖风靡一时。此后，日本两大糖果公司（森用和明治）

的产品也源源不断地来到台湾。与此同时，旅居台湾的日本人也逐渐被台湾的小吃所吸引，特别是台北的一些夜市，是他们经常逗留之地。除此之外，酒楼日渐成为个人应酬或商场交际的场所。

日本殖民统治时期台湾的住宅起居，初期大多保持中国传统的建筑样式，随着社会的变迁，日式的各种建筑逐一侵入，从“明治型”“大正型”，而至“昭和型”，市街住屋景观逐渐蜕变。从建筑的形式、构造与配置的改变，都显示了日本殖民统治时期台湾住宅起居的变迁。

随着科技的进步、社会的变迁和都市的发展，台湾的交通工具也发生很大的变化：陆地交通方面除了轿子之外，增加了人力车、自转车（脚踏车）、三轮车、机车、汽车等；水上方面，包括竹筏、戎克船和帆船等；空中方面，飞机开始投入使用，这些大大加快了交通的发展。①

从 1895 年到日本殖民统治中期，台湾民众的新年习俗大致和传统差不多，例如正月初一，百姓要以甜料、清茶供奉神明和祖先，并烧寿金和放鞭炮；正月十五日是上元节，有拜三界公、听香或听暗香、照月光、拔竹篙、偷摘菜嫁好子婿以及关椅子姑等风俗。1937 年之后，日本人推行“皇民化运动”，对台湾民众的新年习俗造成比较大的冲击，因此台湾的新年习俗有所改变。日本人规定行礼要行日本 90 度的弯腰礼，结婚要在日本花嫁神前结婚，而葬礼也要采用大和民族的安葬式。此外，还禁止演出传统的布袋戏、歌仔戏，甚至是歌谣民谣也不行。

时间方面，台湾于 1896 年 1 月正式进入格林尼治世界标准时间的系统，20 世纪初期完成全台报时系统。公司、铁路、公路

---

① 王莹：《日据时期台湾社会习俗的演变》，载《呼伦贝尔学院学报》2010 年第 5 期。

等机构根据标准时间运作。为了加强人们的时间观念和守时习惯的养成，总督府规定每年6月10日为“时的纪念日”，同时通过各机关团体宣传时间的重要性。日本殖民统治时期，台湾引进星期制度，定期休假使得社会大众有了休闲生活。总督府进而推广体育、音乐、美术、电影等活动，广设公园、开辟观光名胜，形成新的休闲生活。[①]

日本侵占台湾的行动，对台湾人口的流动造成了极大影响，地缘相近的闽粤台之间正常的人口流动因此被打破。在日本殖民统治台湾的50年中，日本殖民者对台湾民间信仰、社会习俗等进行了一系列改造，传统的宗教、民间信仰及社会习俗等备受摧残，使台湾社会生活发生了诸多改变，但源自中国大陆的传统宗教信仰及生活习俗仍具有强大的生命力。

① 陈鸿图：《台湾史》，台北：三民书局2006年版，第99页。

第十一章

抗战时期的台胞抗日活动

台湾虽早自1895年被日本殖民者侵占，但两岸人民血肉相连，彼此间的情感联系并没有因为日本殖民者的阻隔而中断。抗日战争全面爆发后，许多台胞纷纷投身于抗战的洪流当中，为反抗殖民统治、支援大陆抗日及反抗日本对外侵略而奋斗不止，绘就了一幅幅两岸人民携手共度时艰的动人画卷。

第一节　台湾同胞在岛内的反殖民统治斗争

20世纪30年代以来，随着日本帝国主义对外侵略步伐加快，台湾遭受的控制与压迫也日益加深，台湾同胞在殖民体制下动辄得咎，但严酷的殖民统治反而激起了台湾人民更加强烈地反抗。他们纷纷行动起来，秘密组织抗日活动，反对殖民者的“皇民化”，表现出台湾同胞不畏艰险的英雄气概及心向祖国的自觉追求。

一、殖民统治的强化

为从精神上控制台湾人民，日本殖民者一直以来都极力强调奴化教育，七七事变之后更是如此，殖民统治当局大力推行“皇民化运动”，期使台湾同胞“皇国臣民化”，成为日本天皇的“赤子”，全心全意地充当日本对外侵略的炮灰。为顺利贯彻“皇民化运动”，殖民政府先是开展所谓的“国民精神总动员运动”，台湾总督小林跻造于 1937 年 9 月在台湾设立“国民精神总动员本部”，下设州厅支部、市郡支会、街庄分会，中心内容为：“从本岛的特殊情况出发，将重点放在全体岛民对国家的报恩感谢上，确立对时局的认识，强化国民意识，刷新社会风气，强化后方支援，协助非常时期财政经济政策，维持治安、卫生，振作岛民精神。”① 其具体措施覆盖了社会的方方面面，概括起来主要有以下几点：加强日语普及而禁止习用汉语，为此禁止学校汉文课程的教学，废止报纸汉文栏；强制台湾同胞“敬神尊皇”，故而实施“寺庙整理”“寺庙神升天”运动，要求台湾民众参拜神社，家庭奉祀“神宫大麻”，进行家庭正厅改善；推行日本生活样式，割裂台湾同胞与中华传统文化的联系；推行“皇民化”思想教育；推行“改姓名”运动，以去除汉人色彩，加强“日本精神涵养”。

随着日本在侵略战争的泥淖中越陷越深，其对台湾的压榨也愈趋严酷，“皇民化运动”发展更加深入，进入到“皇民奉公运动时期”。此一阶段的“皇民化”不仅强调思想奴役，灌输“皇国臣民”思想，而且强调“挺身实践”，以实际行动“实践臣道”。故而在“皇民奉公”的名义下，工矿企业组织各种产业

① ［日］岛田昌势：《台湾国精运动的新开展》，载《台湾时报》1939 年 9 月。

“奉公团”，大幅度增加劳动强度，以榨取台湾工人的劳动成果，商业界则成立商业“奉公团”，配合战时经济统制政策，稳定市场。[①] 广大台湾民众不得不“金献纳”“储蓄报国”，将手中的金品与钱物供给日本用于殖民统治和对外侵略，此外还必须购买日本发行的国债、债券以充当军费。数以万计的台湾青年更是被迫参军，前往东南亚甚至大陆参战。据战后日本厚生省统计，台湾出身军人数为 80433 名，军属（含军夫）126750 名，合计 207183 名，其中死亡 30304 名。[②]

加强精神奴役的同时，日本殖民者对于台湾同胞的人身控制亦不曾放松。淞沪抗战爆发后，8 月 15 日台湾军司令部即宣布台湾正式进入战时体制，并恫吓道：“岛人阳表忠顺，而阴怀不逞，常有非国民之言行，若一旦闻知，即予剪除。”[③] 因此，台湾总督府逐渐强化台湾社会治安，动员保甲组织担当基层治安工作，加强对整个台湾社会的控制。甚至有人提出在台日本人“警察化”口号，即要求在台湾的全体日本人行动起来监视台湾人的动向。[④] 在这段时期，全岛到处都是日本的宪兵、特务，而被殖民当局以反日分子拘捕、处决的台湾民众更是不计其数。1938 年起，殖民当局又大量增加特高警察以加紧其在政治上的控制。

为有效搜刮岛内资源，支撑战争机器运转，殖民政府还将台湾经济纳入战时经济统制之下。日本对台湾的经济统制实际早在 1933 年就已经开始，由于世界经济危机影响，日本国内米谷大量

---

① 陈小冲：《日本殖民统治台湾五十年史》，北京：社会科学文献出版社 2005 年版，第 278 页。

② 周婉窈：《海行兮的年代——日本殖民统治末期台湾史论集》，台北：允晨文化事业股份有限公司 2003 年版，第 141 页。

③ 叶荣钟：《台湾人物群像》，台北：时报文化出版社 1994 年版，第 256 页。

④ ［日］近藤正己：《对异民族的统治与“皇民化”政策》，载《台湾近现代史研究》1988 年第 6 号。

过剩，于是1933年11月就颁布有《米谷统制法》，限制台米的对日输出。七七事变后，台湾的经济统制急速推进，工业、农业、交通、贸易、金融、劳务及物资等方面都被纳入了殖民政府的统一管控之下。1938年在警务局警务课下设经济保安科，1940年创设经济警察，负责取缔违反经济统制法令的行为，对民众生活予以干预。对不服从经济统制的言行，可以不经司法程序直接进行处分。据统计，仅1944年经济警察所检举的经济犯罪就达34991件，40691人。[①] 太平洋战争爆发后，总督府进一步加强了经济统制，设立有“名誉警察制度”和“义勇警察队”，动员民间“协力者”加入监控体系。为顺应战时经济统制的需要，殖民政府于1940年在州郡设产业部、厅郡建劝业课，1941年又把总督府企划部加以扩大，形成了完整的经济统制指挥体系。同时，总督府还积极动员民间力量推进经济统制的落实，各类组合（如水利组合、金融组合等）均受到当局的人事、财政控制，1939年，各生产、配给、价格和贸易统制组合达1572个。在社会团体方面，还在“皇民奉公会”系统内组织了各类产业“奉公班”，遍及农、工、商等各个行业，将广大民众纳入经济统制的轨道上来。[②]

总结起来看，日本殖民政府从政治、经济、文化、思想、社会等各方面将台湾绑架在战争机器上，使得台湾人民成为其对外侵略的牺牲品。然而，台湾同胞在高压的统治下并非一味沉默，而是奋起反抗，有力地配合着祖国大陆及世界人民的反法西斯战争。

---

① 林继文：《日本据台末期（1930—1945）战争动员体系之研究》，台北：稻乡出版社1996年版，第183页。

② 陈小冲：《日本殖民统治台湾五十年史》，北京：社会科学文献出版社2005年版，第255—256页。

二、台湾同胞对中华民族的自觉认同

两岸人民血脉相连，台湾同胞对传统文化的坚守以及对中华民族的自觉认同是“皇民化运动”最初开展的原因，同时更是其终归失败的主要因素。正是基于中华民族的强大凝聚力，台湾同胞强烈的祖国意识，才使得他们能够在高压环境下自发地与“皇民化运动”做着持续不懈的斗争。

抵制学习日语。一直以来，日本殖民政府都企图通过普及和推广日语来割裂台湾人民与中华文化、中华民族的联系，以达到奴化之目的，然而，这项措施一开始就遭到台湾人民的反对。在日语讲习所，人们表面上在学习日语，但只要日籍教师离去，便用汉语交谈，甚至用讲习所配备的收音机偷听祖国广播；在学校，有些学生“不顾日本殖民当局禁令，坚持用‘台湾语’讲演，引起校长恐慌，要求其中断演讲，但却得到与会校友的热情支持，继续演讲下去”①。故而，日本人在谈及“国语（日语）常用运动”时，几乎都指责台湾教师、学生、官吏、职员等阳奉阴违，在学校或官厅使用日语，返回家后却说汉语，抱怨在银行、公司、医院、车站、市场、公园等公共场所仍常听到台湾民众使用汉语交谈，而让人觉得有如置身外国。② 甚至指出，“国语（日语）常用家庭”成员在公共场合之外亦未必使用日语，在家中大多仍说汉语。③ 台湾人之间对常用日语者常加以冷嘲热讽。④ 总而言之，台湾同胞在一些公共场合不得不说日语，但在多数情况

① 佟建寅：《台湾历史辞典》，北京：群众出版社 1990 年版，第 54 页。

② ［日］庄野橘太郎：《关于国语普及“皇民化运动”》，载《台湾地方行政》1939 年第 5 卷第 9 号。

③ ［日］中美春治：《关于语言》，载《台湾时报》1941 年新年号。

④ ［日］菅野秀雄：《通向“皇民化运动”的道路》，新竹：1939 年，第 10 页。

下还是习惯使用汉语，汉语乃母语，这是深植于台湾同胞心中的。正因为如此，台湾民众为能够合法公开使用汉语，而以台湾地理上与大陆东南沿海、东南亚相邻为由，向殖民当局建议“（日本）南进目的地为华南及南洋，均为与台人同族同用汉文之闽粤人接触，为遂行国策，应充分授台人以汉文”[①]，只是日本人并不接受。鉴于日语普及率太低，以所谓的“国语（日语）家庭”为例，据不完全统计，1937—1943 年间台北州共有 3448 户的“国语（日语）家庭”，只占总户数的 1.3%，[②] 殖民政府采取了更为严厉的措施，如废止报纸汉文栏和禁止汉文书房、义塾等，但效果同样不彰。比如 1943 年台湾总督府强行禁止汉文书房后，“仍然有人改变方式，作为家庭教师而继续进行教学”[③]。1944 年台湾基督教长老会召开大会，用日语发言，但由于会议参加者听不懂日语而造成很大困难。[④] 日本殖民统治末期，“皇民奉公会演剧挺身队”在台湾巡回演出“皇民化”剧目时，鉴于听众不懂日语而不得不改为汉语出演。

拒不改姓名。姓氏是血统的重要象征，日本人认为要使台湾人成为“天皇赤子”，改姓名是“皇民化最有效、适当且实际的手段”[⑤]。故于 1940 年 2 月宣布“恩准”台湾人改用日本式姓名，表面上由台湾人自己申报，实际上却是大棒加胡萝卜，由警察胁迫并加以利诱，如在经济上对改姓名者增加米糖、面粉、布类等

① 潘公昭等：《今日的台湾》，上海：中国科学仪器公司 1948 年版，第 245 页。

② 陈小冲：《日本殖民统治台湾五十年史》，北京：社会科学文献出版社 2005 年版，第 280 页。

③ 陈碧笙：《台湾地方史》，北京：中国社会科学出版社 1982 年版，第 291 页。

④ [日] 村上嘉英：《旧殖民地台湾语言政策的一个考察》，载《天理大学学报》第 36 卷第 2 号。

⑤ 《台湾年鉴》，台北：1943 年，第 422 页。

日用品的配给，在教育上特准改姓名者的子弟进入专收日本人的学校就读等。即使如此，台胞改换日本式姓名的人数仍极少，到了 4 月才有 12 户改了姓名，到了 1941 年底，台湾改姓名者只占总户数的 1%，按人口计则为 1.2%。[①] 至 1943 年 11 月，台湾改姓名户数占总户口数的 1.69%，人口占总人口的 2.06%。[②] 就算改了姓名，不少人改换方式也是触犯了当局的禁令。日本殖民者曾对台湾人改姓名规定了诸多禁止项，其中之一为“与原来之姓有关之中国地名”[③]。实际上，许多陈姓人民偏偏改姓“颍川”，因颍川乃陈氏著名的聚居与发源地；刘氏改姓“中山”，这与历史上的中山靖王刘胜紧密相连；魏氏改姓“大梁”，因战国时魏国定都于此；黄姓改作“江夏”，因江夏是黄姓始祖发祥地。此外，某些人的改换姓名也是与原本的中国姓名紧密相连，如吕姓改为“宫下”，林姓改为“双木”，这都是由字形转换而来。

坚持传统的风俗习惯。迫使台湾民众的生活方式、风俗习惯全盘日本化也是“皇民化”的重要举措之一。为此，台湾民众又不得不穿和服、过阳历新年等，只是这些都与台湾同胞所习以为常的风俗习惯截然不同，故也遭到抵制。以过新年为例，殖民当局要求台湾人在过新年时不能有贴对联、放鞭炮等传统庆祝方式，而应按照日本传统在家门两边插门栓、门前挂稻草绳等，且必须过阳历新年而不能过农历年。“皇民化运动”以来，“废旧正月”逐渐蔓延至台湾全岛。1937 年 12 月，鹿港街成立“国民精神总动员协议会”，决议废止旧正月。1938 年 1 月，彰化市、北

---

① 陈小冲：《日本殖民统治台湾五十年史》，北京：社会科学文献出版社 2005 年版，第 281 页。

② ［日］近藤正己：《创氏改名研究之探讨与改姓名》，见《日据时期台湾国际学术研讨会论文集》，台北：台湾大学历史系 1981 年版，第 243 页。

③ 周婉窈：《海行兮的年代——日本殖民统治末期台湾史论集》，台北：允晨文化事业股份有限公司 2003 年版，第 56 页。

斗郡警告在旧正月贴对联者，且主张各银行、会社及工场不应给予旧历元旦上班者补假和额外津贴；北斗郡守、庶务课长等人企图在旧历除夕奖励全郡人民大扫除，元旦当天修缮道路。竹东地区，则更积极地废止旧正月的烧香拜佛和贺正活动。基隆郡矿区的劳工往往于旧历新年期间回乡一或二周过节，1940 年在“矿业报国”的时局下，“矿业报国助成会”从正月初二开始，举办一周的矿业增产安全周，极力防止劳工回乡，甚至威胁将处分违规者，并在各派出所开保甲会议、家长会宣传；苏澳郡也动员保甲和工场，在旧历新年期间实行“勤劳报国周”，让劳工继续工作。[①] 在“皇民化”旗帜下，在基层组织的积极推动中，台湾人民却一如既往地过着农历新年。《台湾日日新报》就无奈地报道：“（1939 年）1 月 29 日是农历新年，正逢星期日，天气又好。……大稻埕、万华本岛人密集的区域，各商店大多休业。从早上开始，穿美衣的男女涌现在街上。往北投的临时火车、巴士，更不要说市内巴士，各电影院都客满。废止旧历新年的宣传效果，毫无显现。只是没有看到非常喧噪的爆竹和红色的门联。”[②] 连台北地区都如此，台湾其他地区也就可想而知，恰如吴新荣的日记所载：“虽然大呼要废掉旧历，但在乡下生活的人岂能够轻易地忘却数千年来的习惯吗？”[③]

反对奴化教育。书房、义塾是台湾人民传播中华文化的重要阵地，对于台湾保存和延续民族文化具有重要意义，也是对抗日本同化教育的武器之一，故而其“尽管是一种旧式教育，但许多

---

① 林玉茹：《过新年：从传统到现代台湾节庆生活的交错与嫁接（1890—1945）》，载《台湾史研究》2014 年第 21 卷第 1 期，第 28—29 页。

② 转引自林玉茹：《过新年：从传统到现代台湾节庆生活的交错与嫁接（1890—1945）》，载《台湾史研究》2014 年第 21 卷第 1 期，第 29 页。

③ 吴新荣：《吴新荣日记全集（二）》，台南：台湾文学馆 2008 年版，第 198 页。

家长和学童却宁愿选择书房，而不愿进日本人设立的‘国语’（日语）讲习所或公学校”[①]。即使在殖民政府开设的学校当中，为抵制奴化教育对青少年学生的毒害，许多台籍教员也团结起来与“皇民化”思想强烈的日籍教员对抗，如“遇有校长或其他日本教员提出不当要求时，本岛教员便团结一致，根据理论排斥他们”，“对日本色彩最强烈的教员尽量排斥他们，使他孤立；他要做的事，大家故意不予合作，而只要发现他的缺点，便会在会议时群起而攻，尽量的指责他”。[②] 这种奴化教育不仅受到教师的抵制，也为学生所反对。例如 1941 年 5 月，中日战争正处在胶着状态，一天高雄旗山小学四年级的学生被日籍教员要求以《我对支那战争的看法》为题写一作文，小学生在作文中竟然写上“日本必败，中国必胜”。[③] 又如，日本人一直歧视台湾人，在学校中也不免如此，故在组织学生修筑战争工事时，就把台人子弟安排在受盟军轰炸的第一线，而日人子弟则被安排在最安全的地方，台籍子弟对这种歧视非常愤慨，“一股强烈反抗日本人的意念，就滋生在大家心中。大家也开始怀念自己的祖国……”[④]

固守传统的宗教信仰。明清以来，大批闽粤民众移民来台，奠定了当今台湾的人口结构，也形成了台湾宗教信仰的整体格局。受大陆影响，台湾同胞普遍信仰观音、妈祖、关公、土地、有应公等神灵，虽然繁杂但与中华民族固有的民间信仰紧密相连。日本殖民统治以来，特别是“皇民化”时期，殖民当局企图

---

① 陈碧笙：《台湾地方史》，北京：中国社会科学出版社 1982 年版，第 290 页。

② 吕新昌：《铁血诗人吴浊流》，台北：台湾文艺出版社 1984 年版，第 105 页。

③ 薛军力、徐鲁航：《台湾人民抗日斗争史》，北京：北京燕山出版社 1997 年版，第 222 页。

④ 《〈台湾光复三十五周年〉口述历史座谈会纪要》，载《近代中国》1980 年第 19 期，第 10 页。

“通过宗教促进皇民化”①，故而大力推行“诸神升天”、奉祀“神宫大麻”、参拜神社等活动，要求全岛“一街庄一社”，并厉行所谓的“正厅改善”，希望用日本的宗教代替传统宗教，从而割断台湾同胞与祖国的文化纽带。但台湾人民依然坚持原有信仰，对日本的天照大神持冷漠态度。在殖民当局的强迫下，台人不得不在家中摆上天照大神，但也仅止步于摆设而已，很多人根本没有拜过，即使参拜，也是“上面要我们早晚拜它，所以我们拜它，但不知道是什么意思”②。更有甚者，一些民众偷偷藏匿本要被焚毁的神像并加以参拜。崇宗敬祖、祭拜祖先在这一时期也是为殖民者所压制的，他们强迫台人毁去祖先牌位，但人们依然会在传统节庆日、祭日时祭拜祖先、扫墓。甚至有些宗族族长“在日寇压力重重之下，毅然出面领导，不为所屈”③，有的家族“仍能与诸宗循时序嘉节，维持集会于不坠，因是而被日本人嫉忌国族之团结，迭次迫令解散，族人不为所屈，虽一时阳示解体，而实愈坚强也”④。

在日本殖民者的严酷统治下，台湾同胞的内心深处依然对祖国充满向往，对中华文化自觉地予以坚守。这种坚守，这种对殖民统治的不懈抵抗，都是源于他们对中华民族的深深认同与眷念。恰如李友邦曾言：

台湾割后，迄于今日，已四十余年。虽日寇竭死力以奴化，务使台人忘其祖国以永久奴役于日人，然台人眷念祖国

① ［日］盐见俊二：《台湾统治方式与印度尼西亚统治方式》，载《台湾时报》1943年11月号。

② ［日］鹫巢敦哉：《台湾“皇民化”之诸问题》，载《台湾时报》1939年12月号。

③ 《王氏族谱》，台中：新远东出版社1965年版，第A205页。

④ 《张廖简氏族谱》，台中：新远东出版社1976年版，第C13页。

的深情，实与日俱增，时间愈久，其情愈殷，是并未尝有时刻的忘却过。

这种眷念的深情，隐藏在台人的心脑中，至为深厚，惟以日寇不许台人提及中国，所以也就不闻诸大雅之堂，而事实上却潜存于广众之间。①

三、台湾战时文学的祖国书写

在殖民政府的严酷统治下，台湾广大士绅及新知识分子内心都苦闷彷徨、充满挫败感，同时又对祖国充满眷恋和向往。他们渴望回归祖国，但现实又不允许，甚至连用汉语进行交流的权利也逐渐被剥夺。这种理想与现实的碰撞令台湾同胞苦闷的同时更激起他们创作的勇气，在文学天地里驰骋，抒发着对殖民统治的不满以及对祖国的思念，这其中尤以赖和、杨逵、吴浊流、钟理和等人为代表。在台湾作家凌厉而直切的自我心灵拷问中，仍充盈着民族抵抗意识，不管是吴浊流那样的抵抗作家，还是以张文环为代表的风俗画家，或者龙瑛宗一类的唯美追求者，都在心理、习俗、语言等层面，顽强沟通着跟祖国大陆新文学的血脉联系，执着地保持台湾文学的本土特色，其决绝性、策略性，都足以使战时台湾文学成为二战期间中国文学，乃至世界文学中独异而光辉的存在。②

赖和、钟理和、黄呈聪、黄石辉、郭秋生、张深切等提倡用写实的笔法，真实描绘台湾的社会环境、人物事件和风俗习惯，尤其要广泛运用台湾方言来抵制日本语言的创作。钟理和坚持用本民族的语言书写，从来不用日文写作，他说："原乡人的血，

---

① 王晓波：《台胞抗日文献选编》，台北：帕米尔书店1987年版，第184页。

② 黄万华：《战时台湾文学的抵抗意识》，载《中国文学研究》2004年第4期。

必须流返原乡，才会停止沸腾。”[①] 黄石辉在《怎么不提倡乡土文学》中说：“要用我们最亲近的语言，就是要用‘台湾话’描写台湾的事物”，“用‘台湾话’做文，用‘台湾话’做诗，用‘台湾话’做小说，用‘台湾话’做歌谣”。[②] 众所周知，“台湾话”就是以大陆入台的移民携带而去的闽南话和客家话为主，台湾的文字是汉字。在20世纪30年代的台湾，台湾本土先进的知识分子掀起了一场“台湾话文运动”。“台湾话文运动”的主要舆论阵地是《台湾新民报》，其社论明确说：“中国素称文教之邦，我们台湾人是汉民族的后裔。”蔡愁洞的《保正伯》和赖和的《归家》就是用台湾方言来描写的著作。《台湾革命史》中的相关记载，显示了当时台湾同胞对祖国语言的认同：

> 台湾自从割给日本后，日本政府所设的学校，都是教授日本语，那么台湾便没有机会研究中国语了。近台民便反动起来，有的甚至排斥日本语了，他们便跑回祖国来研究国语（汉语），归去台湾宣传国语了……有的回中国来请国语先生，去台湾教授，这样爱祖国的“国语热”，我们很可以看出他们对于祖国是怎样热心了！[③]

台湾文艺界人士胡秋原曾经说过：“乡土对外国而言，有西化俄化而回到中国人之意。乡土今以此处之乡土之台湾始，究必以大乡土之大陆终。”[④] 吴浊流也说过：“台湾文艺要根据台湾的

---

① 钟理和：《原乡人》，见《钟理和小说选》，北京：广播出版社1982年版。

② 黄石辉：《怎么不提倡乡土文学》，载《伍人报》1930年第9—11号。

③ 李南衡：《日据下台湾新文学（明集5）·文献资料选集》，台北：明潭出版社1979年版，第467页。

④ 胡秋原：《乡土文学讨论集·序》，台北：远景出版社1978年版，第20页。

特殊环境而产生一个个性，这个个性又要合于中国的普遍性，同时具备世界的普遍性，才有价值可言。”[①]

台湾小说中认同形象应该滥觞于赖和写于1943年的短篇小说《善讼人的故事》。[②] 它取材于民间传说，描写了清代一财主的账房林先生立志为民除害的故事。面对农民们“生人无路，死人无土，牧羊无埔，耕牛无草”[③] 的艰难困境，林先生选择站在了百姓这边，告发“头家”霸占农民土地的恶行，但当地官府因被财主买通反加害于他。摆脱监禁后，他只身渡海到省城福州上告，终于取得胜利。林先生最终是通过上诉到福州，依靠祖国大陆才获得成功。赖和通过这样的隐喻呈现了台湾与大陆之间的血肉联系，喻指台湾和大陆同根同源，台湾人民只有依靠祖国才能抵御外敌、重获民族自由，也反映出台湾民众对祖国大陆的依赖和信心。除此之外，林先生在福州一间茶楼遇见一个神秘客，可以看作是中国古代侠士文化的投射。“他（赖和）开创了一个立足乡土、反抗异族、认同祖国的卓越的传统。他为台湾文学与祖国文学系上一条坚固的纽带，宛若系结着胎儿与胎盘的脐带一样”[④]。

在杨逵的小说《模范村》中，尽管台湾百姓所崇拜的妈祖、观音菩萨必须换成写着《君之代》（日本国歌）的挂幅，但是私底下，农民还是将妈祖或者观音菩萨塑像藏在角落里面偷偷尊拜。这样的场景，无疑体现了包括作者在内的台湾百姓对祖国传统文化的认同和崇敬。卢沟桥事变，使得“模范村”的民众逐渐

---

① 吴浊流：《漫谈台湾文艺的使命》，载《台湾文艺》1964年第4期。

② 王淑秧：《光复前台湾小说中的民族意识》，载《文艺理论与批评》1989年第5期。

③ 赖和：《赖和作品选集》，北京：中国广播电视出版社1987年版，第132页。

④ 杨义：《中国现代小说史》第二卷，北京：人民文学出版社1998年版，第714页。

觉醒，意识到“我们还有祖国存在，这是在隔海那边”①。最后，主人公阮新民也毅然投身到祖国的抗日大军当中。1942年发表的小说《鹅妈妈出嫁》痛斥了日本帝国主义所谓“大东亚共荣圈”的殖民理论。小说把日本帝国主义象征为野草，把台湾知识分子象征为被野草包围的花苗。小说写道：“被野草抢夺了阳光和肥水的这些花苗，都变得又细又黄，非常软弱。正像那些苍白的知识青年一样，一点朝气都没有，因而枯死了也不在少数。”

吴浊流的长篇小说《亚细亚的孤儿》，以台湾知识青年胡太明的经历为主线，对日本殖民统治下的台湾人民的悲苦境遇以及他们不甘忍受异族压迫、盼望祖国强盛的心愿作了全景式的逼真描绘。胡太明出身旧式地主家庭，祖父胡老人是一个典型的中国传统文人，“春秋大义，孔孟遗教、汉唐文章和宋明理学”是其追求的思想境界，胡太明童年是在云梯书院接受中国传统的私塾式教育，这些都对其人格价值和道德修养的形成起着潜移默化的作用。长大后，胡太明在日语学校读师范，毕业后到乡间执教。伴随着形势的发展，胡太明逐渐意识到台湾人与日本人的差别，“太明静静地僵立着，满腔热血顿时沸腾起来，他宛如堕入深渊中似的，完全失却自主的能力；以前他自己所建立的那微不足道的明哲保身的理论，这里已经完全崩溃了。他踉跄地踏上归途时，竟茫然不知走向何方?”接着，胡太明一度选择去日本留学，后来也曾来到祖国大陆。因为台湾人的特殊身份，胡太明在日本和大陆都被怀疑为间谍，自我感觉到“孤儿”的悲凉。

台湾作家陈映真认为：“吴浊流的《亚细亚的孤儿》，是到目前为止，表现这种帝国主义下被残害的心灵的最生动的文学作品。”②

---

① 杨逵：《杨逵作品选集》，北京：人民文学出版社1985年版，第146页。

② 陈映真：《孤儿的历史，历史的孤儿——试评〈亚细亚的孤儿〉》，载《台湾文艺》1976年第10期。

书中第三篇中的“淑春”一节，胡太明春游鸡鸣寺。他面对依稀可辨的古城残迹，突然想起五代前蜀诗人韦庄的一首诗：“江雨霏霏江草齐，六朝如梦鸟空啼。无情最是台城柳，依旧烟笼十里堤。”通过这样的描写，作者将中国古典诗词自然地融入情节当中，增添了作品的民族色彩。书中还对春节作了描写：胡太明在云梯书院读私塾时，新春佳节一派热闹景象——“太明家里每年除夕都要杀一头猪来祭祀玉皇大帝的，到了那天，院子里设着祭坛，上座供着糖果、五香、酒食、长钱和金银纸等，下座供着鸡和肉类，两旁供着牲礼和猪羊。从早上四点开始，全家便齐集在院子里拜祭神明。胡老人和他的儿子穿着长礼服行‘三献礼’，向玉皇大帝、观音菩萨、关帝爷、妈祖和伯公一一许愿，祈求家道昌隆，并且感激过去一年的平安”。日本殖民者来了以后，只能过阳历年，“但那仅是形式上的新年，她又私下做了一些年糕，重新祭祀祖先和妈祖”，充分体现了老一代台湾人对传统文化难以割舍的情怀。另外，关于元宵节，有这样的描写：“这时，灯会已经达到高潮，五彩缤纷的花灯的火把排成长长的行列，还有喇叭队、小唱班，小孩和大人的化装行列。摇摇晃晃的仙人、仙始阁……各种花彩和古玩装饰得如同演戏一般。”在故事的结尾，主人公胡太明回到台湾以后，目睹了日本人给台湾带来的深重苦难，终于“噩梦初醒”，佯狂写下反抗日本的诗句：“甘为天下士，岂敢作贱民？击暴椎何在？英雄入梦频。汉魂终不灭，断然舍此身！狸兮狸兮！（日本人骂台湾人语）意如何？奴隶生涯抱恨多，横暴蛮威奈若何？同心来复旧山河，六百万民齐蹶起，誓将热血为义死！”最终，胡太明回到大陆投入抗日战争当中。胡太明一生的探索及其结局，形象地指出了回归祖国，和大陆民众一起同心收复旧山河的光明之道。

吴浊流短篇小说《先生妈》用对比的手法写了钱新发和他的母亲对“皇民化运动”的不同态度：儿子钱新发一副数典忘祖的

奴才行径，穿和服、说日语、住日式房子，但母亲却坚守中国人的习俗，“出来客厅应酬，身穿台湾衫裤，说出满口‘台湾话’来，声又大，音又高”；还把儿子给她准备的和服用菜刀砍得稀烂，痛呼：“留着这样的东西，我死的时候，恐怕有人给我穿上了，若是穿上这样的东西，我也没有面子去见祖宗”，甚至临终遗嘱里说“我不晓得日本话，死了以后，不可用日本和尚”为她办丧礼。病危之际，先生妈让她一向施舍的老乞丐帮她偷偷买来传统的中国食品——油条，她“拿油条吃得很快乐，嚼得很有味”，还向乞丐吐露了内心的痛苦，她说：“我从前贫苦得很……比现在还快活。有钱有什么用？有儿子不必欢喜，大学毕业的也是个没有用的东西。”由此可见，先生妈对辱没祖宗的儿子是极其痛恨的。这位先生妈是台湾同胞中永葆民族气节的典型，值得同情和赞扬。

王昶雄的《奔流》通过“我”的口吻，含蓄地表达了对祖国大陆的眷念和向往。此前，一直想成为日本人的“我”在历经诸事之后，受到很大的震动，终于觉醒：“我坐在青草上，眺望港口。自己现在所处的位置，和前方背后的山都是同样的高度。周围是名副其实的下界。任虚御风而不知其所止——古人在文中写得太好了。山峦、河流、对岸的村落，眼下的市街的屋子。一切都在阳光下，笼罩在烟雾中。这样反而叫人想起废港的风情之美。可以遥见遥远而荒凉地展开着的台湾海峡。海的花，融入了无穷的蓝，连吐出的气息都会染上颜色似的。曾是台湾长期间文化的发祥地、贸易港，盛名曾受讴歌的这个废墟，现在这样静静地睡眠在一片充满春的色彩的大自然上的情况，使我感觉，不可思议的，在我的心灵中，连系上某种悠久的东西，以及人智不可及的伟大的事物。”

在台湾“大河小说”中，钟肇政的《浊流三部曲》以台湾光复前后的历史转换时期为背景，通过主人公陆志龙的生活经历，反映台湾知识分子从苦闷彷徨而至觉醒的思想历程，贯彻始终的线索是对中华民族开发台湾光荣历史的追忆缅怀与赞叹不已。钟肇政的《台湾人三部曲》卷首的“楔子”与陆氏家族来台史的介绍，以及李乔的《寒夜三部曲》关于彭阿强一家在日本侵台以前披荆斩棘、开山拓土艰苦创业情景的描写，都特别强调中华民族与台湾人民、祖国大陆与宝岛台湾之间的血肉联系。[①] 例如在《台湾人三部曲》中，张凌云教育陆志骧说：“我们是五千年前统一中原的炎黄子孙……”当维梁在反日斗争中受挫后，跨越海峡，回到祖国大陆继续奋斗，作品的结尾写道：“好男儿，勇敢地走吧……在汕头上岸，然后经揭阳、兴宁而到原乡五华去走一圈，看看你的祖先所自来的地方，然后继续前进，深入祖国内陆。你将这样与祖国溶合而为一体，为开拓自己的前途，也为同胞而奋斗！”

张文环主编的《台湾文学》，创刊于 1941 年，其内容大多关涉纯粹台湾本土的生活。特别是关于中国传统社会结构里的家庭、婚姻、民情风俗，成为该刊关注的焦点。吕赫若的《财子寿》《风水》和张文环的《阉鸡》《地方生活》虽是用日语写作，但也是战时台湾作家在“皇民化运动”的严峻压力下所进行的民族文学活动。[②] 吕赫若的小说中总是细致刻画坟墓、祭祀、灵位、看相、看风水、拾骨等传统风俗，《风水》正是围绕周长乾老人想替父亲洗骨葬（即拾骨）这件事情而展开的，文中对于洗骨的过程和风水庇荫进行了详细的描述。《阉鸡》是在汉书房、中药铺等构成的民族传统背景上，以一只木雕阉鸡负载起主人公命运的沉浮。另外，小说中阿勇的妻子月里从扮演“拜拜”夜节车鼓

---

① 韩彦斌：《论台湾“大河小说”体现的民族向心力》，载《内蒙古工业大学学报（社会科学版）》2005 年第 1 期。

② 黎湘萍：《从吕赫若小说透视日本殖民统治时期的台湾文学》，载《中国现代文学研究丛刊》1999 年第 2 期。

队中的“车鼓旦”开始，渴望有“自己的日子”，跟外部世界的联系就是歌仔戏、客家剧、昭君画这样一些汉族民间艺术。在《山茶花》中，张文环写道：“做媒谈好亲事，就要把婚姻当事者两个人的生年月日，写在红纸放在神坛上，三日内家里如果发生疏失，便认为这件亲事没有指望，要从头作起。”这是闽台地区婚俗的具体场景。在张文环的《夜猿》中，主人公石有谅为了摆脱穷困潦倒的生活状况，在父亲好友的资助下回到故乡开办纸厂和笋厂。工厂由草创发展到成型，而日昌号的老板却任意压价收购产品。文中提到的夜猿不时出现，猿群身上体现出了鲜明的中国式的隐喻。另外，小说中描写了从“街路”（市镇）回到山村的石氏一家人过着一种属于中国人、特别是闽台山区人特有的传统生活。作品以中国农家的传统节日为线索，描绘了这个村落的百姓们过年过节的种种传统习俗，写出了日本殖民统治时期台湾人仍然保存着中华传统文化的生活实境，如“冬节，家家户户都得搓圆仔”，迎神赛会庆祝妈祖生日，除夕时要贴门联、贴红纸、贴“春”和“福”、拜神卜卦，从大年除夕到正月十五日要“呈灯”（添丁之意）等。

蔡秋桐的《王爷猪》描绘了“王爷祭”的过程：每家每户宰王爷猪，大张旗鼓游行，各庄轮值、各户摊派的规矩，祭坛、楹联、香座、香炉、神像的摆设，三献礼、跪拜、祈求、掷筊、许愿、还愿的仪式，炉主、头家、信民的心态和神态等，全庄老幼全沉浸在喜悦的忙碌中。

这一时期的台湾战时文学描写了抗战时期台湾的社会、经济、道德、伦理、家庭、女性等问题，表现的是一个充满中国文化特色的文化想象。尽管在当时的社会历史背景下，一些作家用日文创作，但是，他们作品中通过民俗、传统节日的描写，显露出鲜明的中国文化特征和属性，沉积着悠久而丰富的民族集体记忆，充满了中国民间气息。[①] 所有这些，都表明了台湾同胞对祖国的深刻眷恋和对祖国文化的神往。

四、其他反抗活动

七七事变以来，日本对台湾的殖民统治空前强化，在高压统治下，台湾民众不惧淫威，依然奋起反抗，组织抗日斗争。这些斗争虽规模小、较零散，缺乏组织和领导，但其中所包含的反抗意识、希求回归祖国的渴望以及反法西斯努力是不言而喻的。

台中人士庄遂中，对祖国的抗战十分关心，不顾殖民当局禁止收听大陆广播的禁令，经常收听大陆电台广播，并向周围人讲述。结果日本警察为杀一儆百，将其逮捕并杀害。

1937 年 11 月，宜兰矿工 700 余人发生暴动，反抗日本军警的压迫。次年 3 月，台湾工人领袖高裴为反对抽调台胞赴大陆作战，发动数千名矿工在宜兰暴动，同时有 500 多名进攻日军司令部，焚毁火药库，缴夺大量军火，后退入阿里山中，组建抗日游击队。

1937 年 12 月，台湾各地中华会馆及直属支部干部 300 余名，以秘密组织抗日救国团的罪名被捕，因拷问惨死者有台北总会馆总务易炳汉等 10 人，被捕处徒刑者 32 人，其中病死狱中者 15 人。[②]

1938 年夏，台湾久留米油库被抗日分子炸掉。当时油库储存的汽油全部被毁，守卫的士兵则死伤 70 多人。[③]

据美联社报道，1939 年 10 月 10 日，基隆壮丁 300 名被征入伍，开往大陆战场，于领得枪械后兵变，将日军士兵 30 名击毙，

---

① 焦雪菁：《日本殖民统治时期台湾与东北沦陷区乡土文学的比较》，西南大学硕士学位论文，2012 年，第 10 页。

② 安然：《台湾民众抗日史》，北京：台海出版社 2003 年版，第 308 页。

③ 《新华日报》1939 年 11 月 1 日。

又击毙日援军 145 名，并夺得机关枪后，退入山区进行战斗。[①]

1940 年，花莲、屏东、新竹等地发现秘密反战传单，号召台湾青年不要到大陆作战。据 1940 年 3 月 20 日上海各报记载，日军中反战台籍官兵秘密进行反战活动，以宁受军法制裁，不愿调大陆作战相号召，被从大陆战场押送台湾惩治。[②]

1940 年台南发生了李钦明事件。李钦明是台南州东石郡小学教员，他对殖民统治极为不满，故和兄弟李启明秘密联络 50 余人成立台湾民族主义青年团，计划大陆攻台时进行策应。李钦明在日记中写道“胜败兵家事不期，包羞忍耻是男儿。江东子弟多才俊，卷土重来未可知”，可惜这首诗被日警密探发现，5 月 27 日李钦明兄弟及其他百余人被捕，其中李钦明兄弟遭拷打至死。

1942 年 2 月，在大陆的台胞抗日组织台湾革命同盟会派人秘密进入台湾活动，并在台南袭击日本军警，散发传单 3000 余份，在当地造成重大影响。

日军偷袭珍珠港后，“台北帝国大学”学生蔡忠恕认为随着太平洋战争的爆发，祖国军队定会登陆台湾，于是联合众人计划发动武装起义，并组织台湾民众共同抗日以响应祖国。1942 年 4 月以后，蔡忠恕先后两次对同班同学陈国兴展开游说工作，想让其加入队伍中来，但陈国兴并未答应而且还向日本殖民当局告密。为打掉抗日组织，日本宪兵队利诱陈国兴充当间谍，潜入抗日学生社团当中，秘密调查收集情报。随后，陈国兴就定时向日本宪兵报告蔡忠恕的言行举动，如蔡忠恕曾言：“一九四三年义大利一定会战败。盟军将在一九四四年冬天大举袭击德国，一九四五年春天，德国就会屈服。那时候，日本就不得不投降了”。“祖国军就要来了。当祖国军登陆时，台湾人要准备随时起

① 安然：《台湾民众抗日史》，北京：台海出版社 2003 年版，第 309 页。

② 安然：《台湾民众抗日史》，北京：台海出版社 2003 年版，第 309 页。

来洒热血”。[①] 1944 年 4 月，日本殖民当局以研读汉文、抗日名义，在全岛展开近两个月的搜捕，蔡忠恕、郭琇琮等具有反抗意识和祖国意识的台湾学生近千人被捕，一时之间，监狱人满为患，日本宪兵队不得不增建拘留所。

1944 年春，台北高等商校学生雷灿南获得了一本宣传抗日的禁书。他看完后又再拿给具有民族意识的李苍降看，却不小心让担任日本密探的同学发觉而遭告密，雷灿南和李苍降被捕入狱。在狱中，一向崇拜文天祥的雷灿南始终没有揭发告密他人，且不断吟诵《正气歌》。在监狱的残酷折磨下，日本人认为其已陷入“精神错乱”状态，故于 6 月 9 日将其释放回家。到家之后，雷灿南却在妈祖庙前的广场上面对民众，意识清晰地批判日本帝国主义在台湾的殖民统治，故又被押回监狱。6 月 25 日，雷灿南最终被殖民者杀死于狱中。

第二节　台湾同胞在岛外的抗日活动

正当岛内的台湾同胞通过各种形式反抗日本殖民统治的同时，还有许多台湾同胞在岛外从事着同样的斗争。虽然他们所属团体不同，所处区域各异，但不变的是其对日本侵略的反抗，他们同大陆同胞一起并肩作战，有力地支援了大陆的抗日斗争和世界反法西斯斗争。

一、在大陆的台胞抗日团体

这一时期在大陆的台胞抗日团体可谓雨后春笋般地蓬勃发

---

① 蓝博洲：《日据时期台湾学生运动：1913—1945》，台北：时报文化出版企业有限公司 1993 年版，第 375 页。

展，较为著名的主要有：台湾青年革命党、台湾革命党、台湾光复团、台湾国民革命党、闽粤台湾归侨协会、闽台协会、台湾同胞抗日复土总同盟、台湾革命青年大同盟、台湾独立革命党、台湾民族革命总同盟、台湾革命团体联合会、台湾革命同盟会、台湾义勇队、台湾少年团、东区服务队等。它们有的是新组建的，有的是在原有的基础上发展起来的。

台湾青年革命党，负责人为陈友钦，主要活动为联络各学校和其他各部门的台湾青年从事抗日活动。台湾革命党负责人为张邦杰。台湾光复团以黄光军为团长，李建南为副团长。台湾国民革命党负责人为柯台山，主要由国民党台籍党员组成。

七七事变后，日本驻厦门总领事馆于 8 月 20 日关闭，居住在厦门的约四千名台胞不顾日本人胁迫，纷纷向祖国要求恢复中国国籍而拒绝撤回台湾。8 月 21 日，宋重克、施朱、游新民、叶永隆等留厦台湾青年酝酿组织台湾同胞抗日复土总同盟。9 月 4 日，总同盟正式成立，宗旨为“团结全体台湾同胞打倒日本帝国主义、恢复台湾故土”，并提出“与祖国同胞站在同一战线，用火与血和日本帝国主义作殊死战斗”口号，大力开展抗日复土活动。暨南大学学生王任本代表台胞在中山公园召开的民众大会上发表演讲，表达了台胞对祖国的向往与反抗日本帝国主义的决心。第二天《江声报》以《台湾代表请愿抗日》为题刊载了发言，有力地促进了台湾同胞抗日的积极性。厦门沦陷后，台湾同胞抗日复土总同盟重组为台湾革命青年大同盟而继续活动，如散发传单、袭击日军军事基地等。

台湾独立革命党原是李友邦于 1924 年黄埔军校学习时在孙中山的支持下成立的，后由于其被国民党逮捕入狱而暂停活动。1938 年李友邦在中共党员张毕来的协助下又恢复该党活动，鉴于日本的全面入侵，李友邦对台湾独立革命党的党章有所修正，其宗旨为“团结台湾民族，驱除日本帝国主义在台湾一切势力；在国家关系上，脱离其统治，而返归祖国，以共同建立三民主义之新国家”[①]。台湾独立革命党在此一时期的主要任务有二：其一组织台胞直接参加祖国抗战，其二在台湾本部发动各种暴动。为了贯彻执行任务，李友邦还制定了《台湾独立革命党行动纲领》。[②]此后，在国共两党的指导和支持下，台湾独立革命党发展迅速。1938 年 12 月，台湾抗日复土同盟宣布加入。同一时期，李友邦在桂林与日本进步作家鹿地亘和朝鲜义勇队陈关斌等筹划建立日韩台反法西斯大同盟。1939 年初在浙江金华成立了台湾义勇队。

台湾民族革命总同盟是 1938 年 9 月 18 日由台湾民众党再建委员会、台湾反战同盟、台湾光复团以及台湾众友会等组织组成，主席是谢南光。这一组织的成员中还包括有原台湾文化协会成员。其奋斗目标是推翻日本帝国主义在台湾的统治，建立各民族平等的民主革命政权。总体来看，台湾民族革命同盟的建立是与抗日民族统一战线的建立相呼应的，恰如其成立时所宣称的“凡与我们抱同样主张者，均愿与之切实合作”。为开展抗日统一战线，“未参加的台湾同志，希望其参加与合作，对于日本和朝鲜的革命同志，亦已切实合作，共同组织‘日鲜台反法西斯同盟’，为打倒我们的共同敌人日本帝国主义而共同奋斗”。[③]

随着抗战形势的发展，各抗日团体的联合显得日益紧迫和必要。为此，台湾独立革命党主动和台湾民族革命总同盟联络，决定联合起来共同促进台胞在抗日上的大团结。1940 年 3 月 29 日，合组的台湾革命团体联合会在重庆成立，成立宣言称：“为集中

---

① 魏永竹：《抗战与台湾光复史料辑要》，南投：台湾省文献委员会 1995 年版，第 176 页。

② 魏永竹：《抗战与台湾光复史料辑要》，南投：台湾省文献委员会 1995 年版，第 182 页。

③ 《抗战时期收复台湾之重要言论》，台北：近代中国出版社 1990 年版，第 14 页。

力量，加紧推动台湾革命运动响应祖国抗战，谨择于我民族革命史上具有重大意义之黄花岗纪念日，结成台湾革命团体联合会。……台湾独立革命党、民族革命总同盟誓愿精诚团结，群策群力，为促成祖国抗战胜利，台胞自由解放而携手奋斗。”[①] 联合会由谢南光、李友邦、张邦杰三人任常委，主席由常委轮流担任。其开展的工作主要有：号召散处各地的台胞革命团体和个人统一团结到联合会的旗帜下；向祖国当局建议加强对台胞革命组织的联系与领导；通过各加盟的团体，推动台湾及各地台胞的抗日活动，并协助台湾义勇队的扩充等。[②] 联合会的诞生为抗日台胞的联合树立了榜样，是年7月台湾青年革命党和台湾国民革命党宣布：“为参加祖国抗战建国，促成倭寇之崩溃，使我台湾同胞得以重返祖国，愿以本党之所有力量，集中于台湾革命团体联合会之内。”[③] 11月，台湾革命党也宣布加入联合会。美中不足的是，参加联合会的各个团体仍保留有原各自的组织，因此造成各成员、行动方法方面的分歧，使统一的效果大打折扣，故进一步的联合和组织迫在眉睫。

1941年2月，台胞各抗日团体齐聚重庆，在国民党中央组织部的策划下，决定成立一个规划、协调台胞抗日活动并作为与祖国各方进行联络、反映台胞要求的最高领导机构。10日，台湾独立革命党、台湾民族革命总同盟、台湾青年革命党、台湾国民革命党、台湾革命党等宣布成立统一的领导机构——台湾革命同盟会。同时，台湾革命团体联合会则宣布解散。台湾革命同盟会成立宣言称：“本同盟会之成立乃为谋台湾革命力量之集中与斗争

① 魏永竹：《抗战与台湾光复史料辑要》，南投：台湾省文献委员会1995年版，第183—184页。

② 薛军力、徐鲁航：《台湾人民抗日斗争史》，北京：北京燕山出版社1997年版，第258页。

③ 《新华日报》1940年7月26日。

阵线之统一，今后更当将此精神及运用本会之宗旨与纲领……万众一心，勠力与日本帝国主义作殊死战。祖国既不以台湾为弃地，且未视台湾人为化外之民，愿吾台湾内外五百余万民众敌忾同仇，一致执戈奋起，归依祖国……协助抗建大业，打倒共同敌人，以争取台湾民众之解放与自由，吾人更愿与东方和弱小民族及日本反侵略之革命民众携手，共同奋斗，打倒日本帝国主义，重建远东之和平秩序，不达目的，誓不停止！”① 台湾革命同盟会在组织关系上隶属于国民党中央组织部，其组织结构为总会、地方分会、区分会三级，开始总会设有主席团，后为加强领导，改设常务委员制，常务委员有宋斐如、李友邦、谢南光三人；地方分会有福建分会、西南分会、上海分会、汕头分会、厦门分会、广州分会等八个。台湾革命同盟会成立后开展了多方面工作，主要包括有搜集情报、开展军事行动和进行各种有关台湾的宣传，此外其还对国民党的对台政策制定具有重要影响。抗战以来，蒋介石虽多次强调要收复台湾但缺乏具体方案，同盟会故多次向国民党中央全会、国民参政会建议尽快设立台湾省政府，并起草有《台湾收复运动改进办法纲要》《台湾收回后之设计》《“台湾行政干部训练班”之设立办法》等，这些建议多是国民党当局未曾考虑或实施的，故国民党就择而纳之。

上述革命团体的建立不仅联合了台胞中的抗日志士，更是对抗日复台进行了有力宣传，提高了台湾同胞在祖国各党派、各阶层人民心中的地位，强化了祖国人民对台胞抗日活动的支持。

台湾革命同盟会成立以来，为有效地瓦解日军，助长日军内部的反战情绪，积极进行了广播宣传战。在重庆，每逢周五、周六、周日，由该同盟会会员任广播员，在中央电台用闽南话广

① 魏永竹：《抗战与台湾光复史料辑要》，南投：台湾省文献委员会1995年版，第185—186页。

播；并在国际广播电台用中、英语对外广播。在浙江沿海一带，专门设立了对敌广播班，由李友邦负责指导进行闽南话和日语广播；在永安方面由谢南光负责指导留闽的同盟会会员进行闽南话和日语广播。据从台湾回到大陆的抗战志士回忆称“广播效力甚大，传播甚速”①。

日本殖民统治为了分化两岸同胞的关系，故意派遣一些台湾籍无赖汉、罪犯来大陆从事违法犯罪活动，以达其“以台制华”的恶毒目的，故而在一定程度上引发了大陆民众对台湾同胞的恶感，这一点在厦门地区尤甚，于是台湾同胞陷于“既不容于敌人又不容于祖国”的尴尬地位。这种状况的存在极不利于抗日民族统一战线的建立，故台湾革命同盟会成立后，为促使国人注意台湾问题，改善对台湾同胞的观感，开展一系列宣传活动，称为“台湾日”。“台湾日”是由台湾革命同盟会策划，获得在重庆文化界和报界的17个团体支持的宣传活动。1942年4月5日为首个“台湾日”。该日，在重庆的抗建堂举行了复台宣传大会，由国民政府司法院副院长覃理鸣主持，到会有千余人。当晚中央电台播出特别节目，由台湾革命同盟会会员担任广播员，他们用日语、英语、闽南语演讲，以“清算的时候到了”“台湾光复运动”“中国抗战必胜、台湾光复必成”为题进行广播。重庆、福建各大报纸同时出版了“台湾光复运动专刊”，使台湾同胞的光复努力与祖国情怀得到前所未有的宣传。此外，《新华日报》还以《论解放运动》为题发表社论，指出：“自兹以后，我们必须与台湾人民紧紧地站在一起，决不让这些二十世纪的孤臣孽子，处在一个海岛中，苦斗无援。中国抗战的行列，已经有不少台湾革命人士参加，将来的胜利，必定是与台湾的共同胜利。”②“台湾日”

① 魏永竹：《抗战与台湾光复史料辑要》，南投：台湾省文献委员会1995年版，第217页。

② 《新华日报》1942年4月5日。

的举行对于大陆人民了解台胞抗战、深入了解台湾问题起到了巨大影响和作用，使台湾光复运动达到前所未有的高潮。

战后台湾地位和归属问题也是台湾革命同盟会重要关注的问题之一。1942 年 8 月美国《时代》《生活》《幸福》杂志发表的《太平洋关系》的小册子把台湾列为太平洋防御地带的一环，主张战后把台湾置于国际共管地位，这引起国内人士、台胞的极大愤慨。台湾革命同盟会郑重指出：

> 惟近来对于战后之台湾问题，或有主张归还中国者，或有主张共管者，或有主张为特别区域者，议论纷纷，莫衷一是，闻罗斯福总统与丘吉尔首相，亦曾论及此事，吾人对此问题，更是切肤之痛，前此曾经本会及在前方各地参加抗战之台湾同志，一再撰文辩正，本会今复郑重声明台湾土地原为中国领土，且系郑成功荜路蓝缕所开辟者，台湾人民百分之九十三为中国人，若以土地人民而论，台湾之归还中国，应无疑义，故去年创立《大西洋宪章》时，颜露尔将军告知中国人民书，曾大声疾呼曰："将来大战结束以后，过去日本利用武力以取得之殖民地，应一律脱离日本之桎梏，朝鲜应使独立，满洲及台湾，中国人达全人口百分之九十五，自应归还中国"，此种正确理论，当为吾人所爱戴，且台湾革命起自满清，迄至今日，其中心思想，则为排除异族，倭寇之所谓台湾难治者，则因台人具有伟大坚强之民族革命精神也。台湾一日不能获得民族自由解放，则台湾革命将无止期，台湾革命倘无终止之日，则东亚已无和平可言，遑论世界和平，本会深望世界有识之士，为使实现世界和平，必须一致主张战后台湾应即归还中国，而本会领导台湾革命方针，素以归宗祖国为中心，今后尤为坚决本此方针而努力，无论任何异族统治台湾，均为吾人所反对，誓必反抗到底，

虽再牺牲百万头颅，十年岁月，亦必争得民族之自由解放，今当《马关条约》四十八周年纪念日，本会同志于悲惨痛恨之余，特此宣言。[①]

此后其又多次重申此观点。1943 年底《开罗宣言》发表，确定了台湾战后归还中国的原则，这既是历史的正义，又是对台湾志士努力奋斗的肯定与呼应。

二、李友邦与台湾义勇队

李友邦，原名李肇基，祖籍福建同安，1906 年 4 月 10 日出生于台北芦洲。其父李万来从事教育，其二弟李友烈、幼弟李友士、堂侄李苍降先后都因抗日而牺牲或被捕，其妻严秀峰随他一起为民族解放运动而奋斗。李友邦家族可谓满门忠烈。

李友邦自幼就不满日本殖民统治，怀有强烈的爱国民族意识。在台北师范学校学习期间，加入蒋渭水等领导的台湾文化协会，积极参加反日活动。1924 年 4 月，因同林木顺等八人突袭台北新起派出所而被开除学籍，并遭到日警追捕，故李友邦与林木顺、谢雪红等人前往祖国大陆。李友邦受孙中山革命思想影响，入学黄埔军校二期，并在孙中山的鼎力支持下建立台湾独立革命党，主张光复台湾。1925 年 9 月，他从黄埔军校毕业，旋即被派去主持由国民党两广省工作委员会领导的台湾地区工作委员会。为开展工作，李友邦决定返回台湾活动。

李友邦回到台湾后迅速与台湾文化协会取得联系，共谋台湾民族民主革命的进一步发展，并在蒋渭水、王敏川等人帮助下为台湾地区工作委员会募得活动资金，支持了包括王万得在内的一

① 魏永竹：《抗战与台湾光复史料辑要》，南投：台湾省文献委员会 1995 年版，第 209—210 页。

批革命青年回大陆参加革命工作。1926 年底，李友邦前往台湾留学生重要基地的日本开展工作，由于受到日警通缉而不得不离日前往大陆。1927 年初李友邦来到广州，恰逢此时广东的台湾学生运动发展迅猛，故参加了广东台湾革命青年团。后来因蒋介石发动反革命政变，广东台湾革命青年团受此影响而遭取缔，其成员也流散全国各地。1929 年 10 月，李友邦在上海被日本侦探逮捕，关押于日本驻上海领事馆中。因证据不足被释放后，李友邦转赴杭州，在杭州国立艺术专科学校担任日语教师。

在任教期间，李友邦与共产党人的联系逐渐增多，其与福建籍的进步学生沈福文、胡以撰关系密切，经常一起共同学习，秘密阅读进步报刊和社会革命的理论书籍，宣传抗日救国，从事革命活动。

由于李友邦等人的革命活动频繁，引起国民党注意。1932 年李友邦再次被逮捕入狱，关押于杭州陆军监狱。李友邦的身体受到摧残而落下终身残疾，另一方面在与同为政治犯的共产党员（如骆耕漠）接触中进一步接受了马列主义的理论教育，积极参加了共产党人领导的狱中反抗斗争，增强了为台湾革命而奋斗的意志。

七七事变后，抗日民族统一战线逐渐形成，在此历史背景下国民政府迫于舆论压力开始释放政治犯，李友邦遂于 1937 年下半年被释放出狱。面对日本帝国主义的嚣张气焰，李友邦认识到只靠文化宣传和思想启蒙是不够的，萌发出武装抗日的念头。为此，在共产党人的协助下，他四处奔走积极联络国民党人士以获取支持，广泛团结在大陆的台籍人士，于 1939 年 2 月 22 日组建台湾义勇队。

台湾义勇队是唯一一个由在大陆的台胞组成的抗日武装团体。1939 年 1 月 20 日，台湾义勇队筹备委员会宣告成立，李友邦、张一之、郭汝侯、林心平、张庆璋等五人任筹备委员。筹委会以队部为最高指挥机关，下设文书、政治、总务三组，以支队为训练单位，每支队人数拟以 60 人为准。一支队设六个班，经费预算每月为 6909 元，其中经常费（生活费、办公费、事业费、医药费、台湾独立革命党津贴费、预备费）4515 元，预备费（临时费、服装费、移动费、筹备费）2300 元。①

筹备委员会成立后，首先就是要召集台胞入队。由于抗战爆发以来，大量台湾籍民被国民政府集中安置于福建崇安一带，故在陈仪的支持下，李友邦前往招募，从而为义勇队的建立寻得一支生力军。1939 年 2 月 19 日，由福建省政府派专车将第一批报名参加台湾义勇队的台胞 34 名送往浙江金华，台湾义勇队粗具规模。2 月 22 日，台湾义勇队正式在金华成立，同时李友邦还将来队儿童组建成台湾少年团。1942 年 5 月，金华陷落，台湾义勇队于 6 月撤退至福建浦城，10 月撤至龙岩，此后即以此为基地进行抗日斗争。发展过程中，义勇队规模不断扩大，1943 年有 301 人，1945 年总数达 381 人，扩编为 4 个区队。

义勇队成立后，为尽快把这支队伍投入抗战前线，李友邦在队部设立了指导训练组，对队员进行预备训练，训练科目有军事、政治、经济、历史、语文及对敌宣传技术等六科，此后这种预备训练成为一种制度，凡是要出去执行任务都要事先进行针对性的训练。在预备训练过程中，李友邦通过对队员的技能特长以及义勇队的实力分析，制定了“对敌政治、医务诊疗、生产报国、宣慰军民”四项重点工作任务，开展力所能及的抗战活动。②

对敌政治工作。台湾义勇队虽然规模较小，但有着大陆其他抗日队伍所不具备的优势条件，“本队队员既系台湾人，原来已

① 陈正平：《李友邦与台胞抗日》，福州：福建人民出版社 1998 年版，第 42 页。

② 陈正平：《李友邦与台胞抗日》，福州：福建人民出版社 1998 年版，第 44 页。

从日本帝国主义所给我们的奴隶教育之中，学得一点祖国抗战中所急迫需要的能力，即如善操日语能读日文以及能了解敌国内部情形和敌兵心理”[①]。鉴于此，李友邦选派人员深入前线及敌占区，如先后派李明法、陈一鸣、郭裕民、蔡人龙、周文钦等人分别前往浙江省国民抗敌自卫团、忠义救国军、第六十三师、第六十七师、第一九〇师、第十集团军等部队，从事搜集情报、政治感化、帮友邻部队翻译敌军文件或讯问俘虏口供、接听敌军广播加以分析归纳以供友军参考以及教友军学习对敌日文等工作。初期的对敌工作多以派个别人员出外执行任务为主，到1940年初训练工作取得一定成效，于是李友邦组建了战地工作队，开展较大规模的对敌政治工作，取得良好成效，也赢得民众和友军部队的高度评价。如第一九〇师师长余锦源曾评价道：“台湾义勇队，有一个分队，参加本师的抗战工作，各同志，器宇倜傥，材艺超群，做事踏实，为战友医病、授课、演讲、歌咏，自朝至夕，勤劳不辍，态度又诚恳和蔼，使得各战友欢娱感奋，依依不舍，他们不畏艰苦危险，更深入阵前工作，这种奋勇精神，不但把台湾的更生气象，给予吾人深刻印象，深信台湾的革命绝对成功，将使祖国同胞的抗战情绪，亦因振荡而愈趋高涨，真值得吾人的欣慰和钦佩！”[②] 台湾义勇队战地工作队为祖国抗战中的对敌政治工作树立了一个特殊的榜样，但是他们的成绩是来之不易的。如1940年7月21日，吴省三等义勇队战地工作队员跟随江西北部的军队，经过1000多里的急行军，赶到浙江奉化，部队与日军展开激战，义勇队队员跟着参加战斗，“我们各同志第一次参加战斗，精神感到很兴奋，也不觉得疲倦，跟着队伍到最前线去协

---

① 严秀峰：《台湾先锋》（合订本）上卷第1期，台北：海峡学术出版社2004年版，第5页。

② 陈正平：《李友邦与台胞抗日》，福州：福建人民出版社1998年版，第58页。

助作战。大炮和机关枪的子弹，疯狂地密集轰射，我们抱定牺牲的意志，尽我们的工作义务，向敌人喊出口号……翌日廿二日，收复镇海，待到奉化方面的敌人完全消灭了，捷报传到后方以后，一般的民众都很热烈的送了许多礼物来慰劳收复镇海的英勇将士，我们参加战地工作的同志，也受到长官们万分的钦敬。”①此外，义勇队还在军事上直接给予日军以打击。1942年夏，义勇队精干战士分三次抵达厦门，并在6月17日、30日以及7月1日，分别袭击了日本在厦门的兴亚院、虎头山的油库及庆祝会场，打死打伤日伪军百余名，并散发了大量的抗日传单，造成驻厦日军的恐慌。

医务诊疗工作。当时台湾义勇队的队员中，许多人是受过专业训练并有临床经验的医务人才，他们是抗战医务中一支不可多得的生力军。义勇队成立后，率先设立了医疗工作部，其后在金华城内、方六乡、尖头塘及义乌县义亭镇成立医疗所；组织医疗巡回队义务治疗病人；救治第三战区所在部队伤员以及协助友邻部队或地方单位的医务工作等。② 义勇队的医务工作开展不久，受到地方民众和抗日部队的欢迎，原有的设备已不敷使用，故李友邦决定进一步扩大医务工作的规模，如充实内部组织、增加医疗人员、采购医疗器具和药品等。1939年7月初，金华城内的医疗站改建为台湾医院，即后来的第一台湾医院。医院规定不收诊察费、挂号费，药费也只收一般医院的2/3，对于荣誉军人、出征家属及贫苦民众则一律免费，而只要是急诊患者无论寒暑、远近，都随时应诊。1940年11月，在浙江衢州成立第二台湾医院；1941年2月，在浙江兰溪设立第三台湾医院；1943年则在福建

① 严秀峰：《台湾先锋》（合订本）下卷第7期，台北：海峡学术出版社2004年版，第153—154页。

② 魏永竹：《抗战与台湾光复史料辑要》，南投：台湾省文献委员会1995年版，第237—238页。

建阳成立第四台湾医院。医院成立后，医务工作迅速展开，据统计，第三台湾医院成立后，三个医院每日就诊的人数已剧增到500多人，“几使从事医务工作之队员，没有休息的时间”[①]。台湾义勇队除在医院中救死扶伤外，更是会派遣小分队或个人去前线服务或参加当地野战医院工作。义勇队员们良好的医务道德和抗日热情，为他们赢得了社会的高度尊重和赞誉，被尊称为“台湾医生”。

生产报国工作。台湾义勇队所从事的生产工作主要是与军事和医疗相关的樟脑和药品的制作。据义勇队秘书室编写的《台湾义勇队一年来工作概述》可知，义勇队在浙江金华、云和以及福建崇安等地均有制造樟脑和药品的工厂。[②] 在他们的努力下，台湾义勇队的生产工作取得可喜的成效。李友邦在1940年的工作总结中写道：“后方生产工作：本队队员中，具有国防生产技术者亦多，除能制造素为台湾大宗出产且为军火及医界所必须之樟脑及樟脑油外，尚可制造目前急需之各种药品，此种工作，应祖国各方之请而派遣队员协助生产者，有浙江省建设厅在丽水所设之樟脑制造厂，有福建省建设厅在闽北崇安所设之樟脑制造厂；本队队员在该厂等设计制造，现已有大批出产。至于制药方面，则有金华某地药品制造厂聘请本队队员为技师，所制药品，皆视祖国抗战之需要而定。目下着手制造者，为战场上所迫切需要之麻拉利亚药水和皮肤药膏，与最近需要广大之胃病特效药。抗战以来，一以海口被日寇封锁，一以外汇之必须节用，以致国外药品之来源几以断绝，如奎宁一物，竟贵至战前数十倍，甚至于从无在战场上所多见之病，故尤为尽力，以应需求。同时我们更顾

---

① 严秀峰：《台湾先锋》（合订本）上卷第1期，台北：海峡学术出版社2004年版，第6页。

② 魏永竹：《抗战与台湾光复史料辑要》，南投：台湾省文献委员会1995年版，第238—239页。

全到祖国的物力能够达成‘物尽其用’，因之本队队员所能制造各药，全都采用祖国国产原料，以西法制造，这不特可以补救目前药品之缺乏，且可避免医药界长久依赖德日等国之弊。现今我们能制造出产的各种药品，多数正在送往前方部队去供给应用。”此外，台湾义勇队还自给自足，生产粮食。迁入福建龙岩后，为解决生活困难，他们自力更生开荒种植，到1944年11月，已垦荒13亩，开辟了两个青年农场，种植杂粮、蔬菜，逐步解决了全队的副食品供应问题。1944年7月至9月，义勇队共生产空心菜、冬瓜、茄子、芋头、南瓜等蔬菜6748斤，少年团共生产菜豆、红茄子、空心菜、金瓜、南瓜、葫芦等蔬菜3573斤，两者合计10321斤。①

宣慰军民工作。义勇队开展了形式多样的抗日宣传工作，其中影响较大的为办报、出版刊物以及创办台湾少年团。台湾义勇队创办有《台湾先锋》《台湾革命丛书》等刊物，后期还办有《台湾青年》报，这些报刊在宣传台湾革命历史、探讨台湾革命运动理论，报道台湾义勇队与少年团的抗日活动等方面，做了大量的宣传。台湾少年团成立之初由李友邦任团长，后来随着队伍的扩大，改由王正南任团长。台湾少年团虽是一批有待教育的少年儿童，但是成立后迅速投入了抗战当中，他们以公演话剧和戏剧、举办儿童联欢会、出版《台星》、教唱日语反战歌曲等方式在金华、浦江、绍兴、诸暨、龙岩及崇安等地宣传抗日思想，深受各地民众和军队的欢迎，起到了很好的鼓动效果。② 如有人评价其在浙东40天的战地宣传："以孩子的姿态，把他（她）的工作热情，所表现出来的顽强突击活泼的工作风，刺激了浙东儿童

① 福建省档案馆：《台湾义勇队档案》，福州：海峡文艺出版社2007年版，第299—302页。

② 严秀峰：《台湾先锋》（合订本）上卷第1期，台北：海峡学术出版社2004年版，第60—62页。

并引起社会一般成员无限的愧疚和鼓舞，直接的反映是物质捐助和精神慰劳以及整个城市和乡村疯狂燃烧的跳跃。在祖国抗战到了严重阶段而社会一般工作都呈着低潮的今天，能够像台少团这样起有力作用的劲旅是难得的。”① 少年团在衢州公演的独幕剧《台湾少年》以及《为了大家》等节目，也受到各界好评，当时报纸报道：“……在故乡（台湾）受敌人之压迫，因此造成坚强奋斗之精神，英勇革命的情绪……观者竟自流泪……”可见，义勇队和少年团的宣传工作不仅鼓舞了抗战士气，还密切了两岸同胞之间的友好关系。

总之，在李友邦的领导下，台湾义勇队和台湾少年团自成立以来一直转战闽、浙、赣等地区，在艰苦的环境中奋斗不止，努力践行着“保卫祖国，收复台湾”口号，为抗日做出了贡献，赢得了祖国同胞的尊敬和赞颂。

三、国民党领导下的台胞抗日活动

抗战时期，全国人民名义上是在国民政府的领导下进行反抗侵略斗争的，因此许多台胞或在国民党领导下或在国统区里进行着抗日活动。

台南人宋斐如，抗战前入东京帝国大学深造，抗战爆发后其毅然回国参加抗日活动。在汉口创办《战时日本》半月刊，分析日本形势，是当时后方一份脍炙人口的权威性杂志；同时其还担任《广西日报》总主笔，笔锋直指日寇，宣传抗战必胜。

在《战时日本》上，云林人李万居发表有许多文章，其中《汪逆的猴子戏》一文揭露了汪精卫的叛国嘴脸，此外李万居还在粤桂港澳、蜀山汉水之间从事着对日情报工作，在重庆时参与

---

① 严秀峰：《台湾先锋》（合订本）下卷第 8 期，台北：海峡学术出版社 2004 年版，第 191 页。

筹办台湾革命同盟会，并和翁俊明等人一起创办台湾革命同盟会的机关报《台湾民声报》。翁俊明为台南人，早年参加同盟会，是同盟会的第一位台湾籍会员。抗战爆发后翁俊明先是组织成立反日团体健行社，后又于1940年创办《台湾民声报》揭露日本侵华罪行。1942年他联络多家文化团体在全国发动了一场声势浩大的台湾光复运动，在多家报纸上开辟“台湾光复专刊”，宣传抗日御敌。1943年筹备建立中国国民党台湾党部，并以漳州为据点开展各种抗日活动，创办《台湾问题研究资料》，研究复台策略，并搜集敌军情报、派员潜入台湾了解台情、印制抗日传单在岛内散发、秘密在台籍日军中发展国民党员、发动台湾岛内人民反抗日本征税征兵。

另有台中人何非光从事电影工作，在重庆时期先后拍摄出《保家乡》《东亚之光》《气壮山河》《血溅樱花》等抗战影片，其中《东亚之光》更是被誉为“银幕上的一柄正义之剑”。而台北人陈维新则以实业报国的方式支援祖国抗战，1940年陈维新开始筹办重庆橡胶厂以填补国内橡胶工业空白，为抗战提供宝贵的橡胶制品。

也有台胞直接走上前线，在战场上奋勇杀敌。新竹人邹洪毕业于保定军校，后加入国民革命军。抗战爆发后他率部拒敌，1939年任新编陆军第二军军长，1942年升任第三十五集团军副司令，转战湘粤一带。1945年任粤桂边区总指挥，后因积劳成疾而病逝，国民政府追赠其为陆军上将。同为新竹人的黄国书在日本士官学校毕业后，抗战期间曾在汤恩伯部任旅长、师长、副军长等职。林正亨，台湾雾峰林家后代，抗战爆发后其毅然投笔从戎，报考南京陆军军官学校，毕业后随部前往广西，1940年参加了惨烈的昆仑关战役。1944年参加中国远征军赴缅作战，任步兵团指挥连连长，期间立下誓言：“饥餐倭奴肉，渴饮倭奴血，砍下日寇头颅当球踢!”在一次对日作战中，与8名日军肉搏，身负 16 处重伤，后经治疗 4 个多月方才痊愈。台湾人刘伯文在胡宗南部任骑兵教官，抗战期间培养了 2800 多名中国骑兵。

1938 年 10 月日寇进攻广州，在广州弃守前夕，丘念台奉第十二集团军总司令余汉谋之命，组织成立东区服务队，其成员构成既有台湾人也有大陆人，主要活跃于粤东地区，以宣传抗日、发展组织、训练民众为己任。1939 年，丘念台受聘为第四战区长官部少将参议，东区服务队工作重心即转移到更接近前线的罗浮山地区，曾试图组织武装抗日队伍，但最终因种种原因而未成功。转移至横坜后，东区服务队的工作重心为“安政教民”，发展地方教育事业，截至 1941 年底先后开办有小学校 45 间。与此同时，东区服务队还在罗浮山开展抗日宣传、支援前线军队、维持后方治安、调解地方纠纷和收集敌方情报等工作，并一度为配合盟军攻打台湾的计划，积极招募台湾抗日志士，搜集台湾情报，为美军物色台籍向导。对于东区服务队的工作成效，丘念台曾总结道：“我是坚决拥护政府抗日的，而且牺牲了自己研习的本学，走向穷乡僻壤去组训民众，感化青年；走向最接近敌人的前线地区去清除奸伪，和发动武装打游击。凡是我们到过的地方，都能赢得民众的信任与拥戴，赢得部队的爱护与亲近，这些是差堪自慰的。”①

1941 年 2 月，中国国民党中央组织部直属台湾党部筹备处在香港成立，翁俊明任主任，刘启光为秘书，陈哲生、李自修、叶永年分任组训、宣传、总务科科长。台湾岛内的工作，北部由周天望、南部由庄孟侯主持，大后方重庆联络站由林忠负责，桂林站由谢东闵负责。香港沦陷后，台湾党部筹备处转至内地。1943 年 3 月筹备处改为台湾党部，4 月 1 日台湾党部正式在漳州成立。

---

① 转引自陈小冲：《与祖国同生——台湾同胞在大陆的抗战足迹》，北京：九州出版社 2013 年版，第 173—174 页。

翁俊明为主任委员，林忠任执行委员兼书记长，丘念台、谢东闵、郭天乙、陈邦基、陈栋、杨万定、廖启祥等为执行委员，同时谢东闵兼宣传科科长。成立后，台湾党部主要任务有联络岛内工作同志，打入敌人重要军政机关内部窃取情报，吸收随日军进犯大陆的台湾籍优秀分子入党，当时吸收的台籍党员达 689 人。台湾党部为积极推进抗日复台工作，在组训方面，丘念台在粤东的工作队效果极佳；在宣传方面，除散发抗日传单外，更是编印有《台湾问题参考资料》，共出版 10 辑，提供了不少资料以供当局参考。开罗会议前，在关于台湾地位问题的讨论中，台湾党部明确表示了台胞回归祖国的决心和愿望。为便于抗战胜利后更好的接收和治理台湾，谢东闵在 1943 年就曾建议国民政府应开设培训地方行政干部和教育文化工作人员的训练班，1944 年中央设计局成立台湾调查委员会，接着又设置台湾行政干部训练班。[①]总之，台湾党部聚集了一大批台湾同胞，他们群策群力，为抗日战争胜利和收复台湾做出了贡献。

四、中国共产党领导下的台胞抗日活动

中国共产党始终坚持抗日立场，为抗日民族统一战线的建立做出了卓越贡献，从而奠定了抗日战争胜利的政治基础。其抗日主张也得到全国广大人民的拥护和支持，使得一大批秉持台湾解放和民族解放思想的台湾同胞纷纷追随而来。[②]

由于台湾青年普遍懂日语，故一些投奔解放区的台湾青年学生们就担负起了翻译和战俘管理的工作。在他们的努力下，我方能更便利地获取和破解日军信息情报，另一方面也促进了日俘转

---

① 魏永竹：《抗战与台湾光复史料辑要》，南投：台湾省文献委员会 1995 年版，第 14—15 页。

② 下文所使用的资料未特别注明出处者，都来源于中华全国台湾同胞联谊会主编、中国妇女出版社 1998 年出版的《台湾同胞抗日 50 年纪实》一书。

变为反战斗士。杨美华，高雄人，日本东京齿科医专学生，1945年只身由日本到山东，并加入八路军，先从事医疗工作，后因应前线需要而从事翻译工作，为瓦解敌军做出了贡献。台北市人沈扶，1937年于上海读书时决定奔赴延安，故在次年偕台籍青年李焕之、朱茂泽等进入延安鲁迅艺术学院学习。嗣后因抗战工作需要，被调往第十八集团军总政治部对日工作部门，研究和翻译日军、日本方面的有关军事政治形势情况，管理和教育日本战俘，并兼任野坂参三（后任日共中央委员会主席）翻译。康大川，1940年调任郭沫若领导的政治部文化工作委员会参加第三组的敌情研究和对敌宣传工作。1941年又前往俘虏收容所工作，进行管理和反战宣传，使日俘成为反战同盟成员。朱天顺，1939年由台湾来到大陆，次年即与中共豫鄂边区应城县委取得联系，在日占区做秘密工作。1941年随李先念部队反抗国民党顽固派。1942年2月在豫鄂边区党委任职，主要负责编写敌占区和敌伪军情报，此后又负责联络工作。在这段时间，其作为台湾代表参加了豫鄂边区第一届人民代表大会。1942年9月，被分配到新四军第五师政治部对敌部担任敌工干事，主要负责对日军宣传，被俘日军的审查、教育，收集敌情，照管日本反战同盟等，在其工作下，大多数日俘都能转变立场，从日本帝国主义侵华工具转变为反战战士。

来到解放区的台湾青年中有许多是学医出身，他们为改善解放区的医疗条件做出了自己的贡献。台南人林栋就是其中的杰出代表。林栋1943年毕业于日本名古屋大学，后赴太行抗日根据地参加抗战，先后任过教员、参谋等职。由于其原专业是药学，故任命其为八路军野战总部卫生材料厂（利华药厂）的研究部主任兼技师。他在极端困难的条件下，制造出50多种药品，供应前线及边区数十万军民。又如林思平，嘉义人，1935年入日本东京大学医学部就读，抗战全面爆发后参加了共产国际在日本建立的秘密组织——马列主义哲学小组，揭露日军在中国的滔天罪行。1943年回大陆后先在太原铁路医院当医生，以医生身份与党的地下交通员联系，为抗日根据地输送药品和医疗器械。由于身份暴露，1945年前往晋察冀根据地，发挥医疗技术特长，救治伤员。

也有一些台胞在党的安排下从事宣传和对外联络工作。董克，台南人，1938年到陕北公学学习，毕业后进入延安抗日军政大学继续深造。从抗大毕业后主要从事宣传工作，如在前线进行宣传鼓动，在冀鲁豫区委办的渭河日报社工作以及在新华日报社任职。同为台南人的杨诚，1936年加入中华民族解放先锋队，成为党领导下的青年组织一员。1937年10月进入延安，不久加入共产党。曾先后担任过青训班指导员、中央党校班主任兼党支书、泽东青年干部学校指导员兼中国问题教员。1940年延安成立归国华侨救国联合会，由于杨诚能流利地讲印尼语和英语，故任命其为侨联会主任，主管归侨工作。1942年中央海外工作委员会成立，又被调派到海外工作研究室印尼组工作，为密切国际友人同党的关系而奋斗。《大公报》是抗战时期影响力较大的报纸之一，台北市人李纯青在党的领导下进入《大公报》工作，认真研究日本并写出大量抗日文章，通过《大公报》社论宣传抗日思想，反对投降，批评国民党弊政，对欧美呼吁开辟第二战场，在开罗会议前力主中国收复失土台湾。

为打击日本帝国主义，许多台胞参加八路军、新四军及地方游击队，走上抗日战争的第一线。蔡啸，台南市人。1937年8月在福建龙岩投奔共产党，参加了由张鼎丞、谭震林领导的闽西南抗日游击队第二支队。后调入新四军，并逐渐成为一名优秀的军事指挥员。皖南事变后，其在艰苦的环境下领导便衣短枪队进行抗日斗争，并顺利完成任务。后调任新四军第六师第十八旅教导营营长，在其领导下教导营拔日军据点、反国民党顽固派的“围剿”、建立地方抗日民主政权。1943 年任第十八旅参谋处作战教育科科长，负责观察敌人动态、汇报敌情、提出战术建议、下达作战命令等。在紧张的作战生活中，仍不忘收集台湾的情报，为以后解放台湾的工作打基础。邱刚明，原在日本东京第一高等学校就读，抗日战争全面爆发后放弃学业，经华南转赴陕甘宁边区，参加大别山区的游击战。李子秀，原名吕芳魁，1943 年被强征进入日本陆军士官学校炮兵科学习，1945 年他逃离军营辗转回国并直接投奔解放区，进入晋察冀根据地，担任炮团军事教员，并为部队训练反坦克技术人才。

在解放区以外的地方，许多台胞同样在党的领导下从事着地下斗争，为解放区传递情报、输送紧缺物资，为被俘人员积极奔走，为投奔解放区的爱国志士搭建桥梁。李伟光，又名应章，1931 年前往厦门开设神州医院，并参加共产党，以其医院为掩护开展党的地下工作。后因地下党遭到破坏，于 1935 年初转到上海开设伟光医院，作为地下党的联络点，抗战时期秘密支援抗日战争。北京大学理学院化学系副教授苏子蘅在北平期间与夫人甘莹及同为北大教授的林耀堂等台籍教师，接受党的任务，动员并护送各界人士到解放区工作，为抗日武装输送了大批干部和人才。在北平的曾明如等人也为八路军、新四军募捐，送情报，搞联络，支持前线抗日。著名文学家张我军之子何标，1944 年开始组织文学团体台风社，以出版油印刊物为掩护开展学生工作，进行革命宣传。1945 年 3 月进入晋察冀根据地参加八路军，之后被指派回北平打入日伪华北绥靖军清河军官学校，进行瓦解日伪军工作。台南人刘景浩（原名吴文中），在上海期间曾任上海汪伪政权社会局局长、侨务委员会常委等职，此后又任中日实业银行总经理，期间他与潘汉年取得联系，并同李政文、于毅夫及新四军代表张执一保持工作关系，在其特殊身份的掩护下，保证共产党地下工作的顺利进行，并以黄金、房产等财产支援新四军，他的工作有力地支持了上海的抗日斗争。①

无论是在解放区，还是沦陷区，在中国共产党的领导下，台湾同胞们为抗日战争做了大量工作，有力地支援了抗战，他们同大陆同胞一起共同为民族的自由与解放、独立与统一而奋斗。抗战时期共产党领导台湾同胞抗战的方式与国民党并不相同：国民党方面在领导台湾同胞抗战时，更偏向于将台湾同胞集中到一个团体组织中，再统一领导管理，如东区服务队、台湾革命同盟会、台湾党部等；共产党方面在解放区内则没有如此倾向，众多台湾同胞分散在各解放区、根据地以及各自的工作领域，没有将他们再组成一个小团体加以领导，同时，共产党又对国统区内各台胞革命团体的建立和发展给予大力支持。

五、台籍士兵的反抗斗争

全面侵华战争爆发后，大量台湾青年被征召入伍，被派往东南亚、大陆充当炮灰。这些不得不参战的台籍士兵并不甘心将宝贵的生命浪费在这场不义战争当中，采取了一系列方式进行抵抗。如作战时对空射击、将子弹掩埋于土内并书写“台湾人”字条等。国共军队在同日军战斗时逐渐发现了上述行为，故而得知台籍士兵中有人抱有反战意识，心向祖国，于是专门针对性地开展策反工作，进行心理战、攻心战，并制订起义投诚奖励办法，取得良好效果。众多台籍士兵随机应变，勇敢地同日军战斗着，其方式主要有以下数种：一、在战斗中，倒戈射击日本指挥官，持械来归。二、候日军官兵熟睡，相约予以射杀来归。三、在出发途中，携械隐秘来归。四、在各据点值夜守卫时，引导我军潜入歼灭日军，并携出大批自动武器，弹药投诚来归。五、在工作时间乘机携械或利用工作之交通工具来归。六、利用战争时间与

① 安然：《台湾民众抗日史》，北京：台海出版社2003年版，第325页。

我军先行联络，内外呼应，杀敌来归。七、台胞亦有利用当地百姓与我军游击队联络，起义后，经百姓协助藏匿，昼伏夜出，照顾指引。[①]

1943 年 4 月 10 日，台北人彭自成趁日军操练夺得机枪后投入祖国的保安部队。在海南岛英州坡日军工程队当警卫兵的台籍青年罗金荣，因不满日本人的欺压，于 1944 年下半年的一个夜晚杀死值班的日本人，偷了 3 支步枪及子弹，投诚到崖县第二区公所。

1944 年底以来，台籍日军翻译同时为中共地下工作者的郑兴华将任一日本事务所负责人的台胞李朝山发展为我方人员，并将该事务所作为我军联络点使用，以方便传递消息和组织抗日活动。他们顺利地完成了组织交给的任务，如组织日军里的台湾人伺机暴动起义、提供日军动态、提供我军医院急需的医药制品，特别是消炎解痛退烧的注射液和各种丸、片、粉等。此后，该支队伍逐渐扩大，至日军投降时，已夺取三八式轻机枪 1 挺、转盘式机枪 1 挺、步枪 10 余支、手枪 10 多支，人员发展为 20 人左右。[②]

1945 年 1 月 19 日，嘉义人杨坤荣等 28 名台籍士兵击毙日军 50 多名，生俘 1 名，起义投诚。

台湾同胞柯仲吴以警察身份前往海南，后因暗中保护同胞而被日本人调为陆军。由于其在担当警察时就与国民党游击队副司令兼保安六团团长杨开东取得联系，故在训练期间与营区一位挑水夫（即国民党联络员）接洽保安六团准备起义。但由于挑水夫联系欠周而致计划泄密，柯仲吴只得与其余台籍士兵 3 人在 1944

① 魏永竹：《抗战与台湾光复史料辑要》，南投：台湾省文献委员会 1995 年版，第 43 页。

② 中华全国台湾同胞联谊会：《台湾同胞抗日 50 年纪实》，北京：中国妇女出版社 1998 年版，第 284—295 页。

年底起义投诚。以海军通译身份被征召奔赴海南岛的台籍士兵罗崑茂因心向祖国而被日军猜忌，故将其调往广州湾。但其仍然迅速与祖国谍报人员接上头，经两个月策划本来约好一二十人同时起义，但被发觉，只好在1945年初提前率6人起义，罗崑茂当场打死日军2人，然后与其他6人携1挺机枪，6支步枪、手枪，掷弹筒2门，子弹数百发投诚。[①]

台胞陈狮在海南岛的日军中工作，常利用工作之便将日军情报秘密送给我军，后被日军发现而受尽酷刑，后为我游击队营救。在日军工作的郭耀传也常为我军传递情报，并参与营救我方被俘的抗日地下工作者。

在远离祖国大陆的东南亚地区，台湾同胞同样也坚持抗日活动。随日军进入缅甸作战的台胞千方百计地利用机会脱离日军。有一位叫林田清的台胞，在缅甸日军中当兵。他利用机会将日军俘虏的大批中国军人和盟军官兵偷偷放走，自己也携带武器投奔祖国。[②] 被征发到菲律宾等东南亚地区作战的台籍士兵一时无法回到祖国，就在当地暗中帮助华侨游击队和美军，给游击队送情报、枪、物资。他们对所管理的俘虏也极端优待，还给俘虏装置无线电，与外间通讯。因为他们知道，帮助中国的盟军，就是帮助中国抗日。[③]

为反抗日本殖民统治和对外侵略，台湾同胞和大陆人民一起进行了不屈不挠、可歌可泣的斗争，涌现出许多英雄人物和感人

① 魏永竹：《抗战与台湾光复史料辑要》，南投：台湾省文献委员会1995年版，第283—286页。

② 《抗战时期收复台湾之重要言论》，台北：近代中国出版社1990年版，第238页。

③ 薛军力、徐鲁航：《台湾人民抗日斗争史》，北京：北京燕山出版社1997年版，第238页。

事迹，他们以实际行动支持祖国抗战，支持世界人民的反法西斯战争，他们的斗争是中国人民抗日战争及世界人民反法西斯战争的组成部分。台湾同胞不计个人得失，不惧生命危险，同日本殖民者、侵略者进行殊死搏斗，体现了两岸同属一家、不可分割的关系，两岸人民是血肉相连、情感相通的，它不是任何外力所能隔断的。抗战的胜利，台湾的光复清楚表明两岸人民只有携手并进才能共度时艰，创造未来。

后　记

《台湾通史》六卷本的出版，是各位热心台湾历史文化学术研究的同仁们通力合作的成果。在此，我要向以下参加本书撰写的各位先生，致以衷心的感谢！

第一卷：宋光宇（台湾“中研院”）、刘慧钦（厦门大学）、刘益昌（台湾“中研院”）

第二卷：陈启钟（龙岩学院）

第三卷：王尊旺（福建中医药大学）、李颖（闽江学院）、庄林丽（福建工程学院）

第四卷：林国平（闽南师范大学、福建师范大学）、马海燕（闽南师范大学）

第五卷：王日根（厦门大学）、苏惠苹（闽南师范大学）

第六卷：施沛琳（闽南师范大学）、赵庆华（天津外国语大学）

全书台湾少数民族部分：徐泓（南开大学、厦门大学）

福建人民出版社编辑在承担本书出版的过程中，付出了艰辛的劳动，对此，一并致以衷心的感谢！

陈支平

图书在版编目（CIP）数据

台湾通史．第五卷，日本殖民统治时期／陈支平主编；王日根，苏惠苹著．--福州：福建人民出版社，2020.11（2024.6 重印）

ISBN 978-7-211-08105-9

Ⅰ.①台… Ⅱ.①陈… ②王… ③苏… Ⅲ.①台湾—地方史—近代 Ⅳ.①K295.8

中国版本图书馆 CIP 数据核字（2019）第 245797 号

台湾通史·第五卷·日本殖民统治时期

TAIWAN TONGSHI · DIWUJUAN · RIBEN ZHIMIN TONGZHI SHIQI

作　　者：陈支平　主编　王日根　苏惠苹　著

责任编辑：田成海

美术编辑：白　玫

出版发行：福建人民出版社　　**电　　话：**0591—87533169（发行部）

网　　址：http://www.fjpph.com　　**电子邮箱：**fjpph7211@126.com

地　　址：福州市东水路 76 号　　**邮政编码：**350001

印　　刷：福建新华联合印务集团有限公司

地　　址：福州市晋安区福兴大道 42 号

开　　本：700 毫米×1000 毫米　1/16

印　　张：16.75

字　　数：218 千字

版　　次：2020 年 11 月第 1 版　　2024 年 6 月第 3 次印刷

书　　号：ISBN 978-7-211-08105-9

定　　价：63.00 元

本书如有印装质量问题，影响阅读，请直接向承印厂调换。

版权所有，翻印必究。